FUTURE VISION III
We must have no more partisan fighting.

미래비전 III
더 이상 당파싸움은 안됩니다.

Can you see it?	보이십니까?
Intellectuals of mankind!	인류의 지식인들이여!
The world is on fire.	지구촌이 불타고 있습니다.
In 2025, is the Republic of Korea	2025년 대한민국은
the people's masters?	국민이 주인입니까?
Or are they the slaves of politicians?	아니면 정치인들의 노예입니까?
If our country is a democracy and	우리나라가 민주주의가 맞고
the people are the masters,	국민이 주인이 맞다면
we must step forward ourselves.	우리는 스스로 나서야 합니다.
And we must move forward together.	그리고 함께 전진해야 합니다.

Author **Seo Kyung-rye**
서경례 저

Justice Broaden Contents

Seo Kyung-rye

JB Contents Research Institute
Mediator of Suwon High Court
Writer, poem "Our songs"
seu553600@naver.com
Jbcri2020@gmail.com

FUTURE VISION Ⅲ

Author Seo Kyung-rye
Publisher Seo Kyung-rye
Editor Seo Kyung-rye
Translator Seo Kyung-rye
Publishing Justice Broaden Contents
Publication Date 2025.04.10.
Adress Hicks U Tower A-2402호, 184 Jungang-daero, Giheung-gu Yongin-si, Gyeonggi-do Korea.
Printing Myungjin CNP

Price 33,000won
ISBN 979-11-974750-9-2 04300
ISBN 979-11-974750-7-8 (set)

CONTENTS

왕따 북한에 대하여(1~11) About bullying North Korea (1~11)	• 006~029
검찰조직 Prosecution organization	• 030~031
왕따 북한에 대하여(12~16) About bullying North Korea (12/16)	• 032~041
능력자와 무능력자	• 042
왕따 북한에 대하여(17/30) About bullying North Korea (17/30)	• 044~075
왕따 북한에 대하여(31~50) About bullying North Korea (31~50)	• 076~125
왕따 북한에 대하여(51~78) About bullying North Korea (51~78)	• 126~189
Century 21CC 미래기획서	• 190~203
체제가 다른 집단의 통일(1~21) Unification of groups with different systems (1~21)	• 204~252
국민교육헌장	• 254
국민교육헌장과 인류평화	• 256
체제가 다른 집단의 통일(22~40) Unification of groups with different systems (22~40)	• 258~305

국민여러분

필자는 지난 4년간 나라가 위기임을 미리 알고 국가의 정책적인 부분에서 많은 메시지들을 남겨왔습니다. 이 책은 그렇게 집필한 메시지들의 연장선 상에 있는 것이고, 그중에서 통일에 대해 중점을 두고 있습니다.

몇 번이고 언급했었던 남북한 통일안과 러우전쟁의 중재안에 대해서 미래비전Ⅲ를 통해서 그 비전의 대단원을 정리하고 중재안과 통일안이 어떻게 가능한지를 설명드리고자 본 책자를 발간합니다.

본서는 우리 대한민국이 왜 통일이 필요하고 어떻게 통일해서 그 엄청난 과실을 국민 모두가 함께 누릴 수 있는지를 설명한 위대한 대한민국의 미래를 밝히는 비전서입니다.

아무쪼록 국가와 민족을 사랑하고 인류를 사랑하는 필자의 마음이 우리 독자들의 가슴에 전달되기를 간절히 바라면서 겸손한 마음으로 이 책속에 우리 모두의 염원을 차곡차곡 담았습니다.
감사합니다.

2025.04.09./서경례/인류평화를 지향하는 마음으로

왕따 북한에 대하여(1/78)

김정수님의 댓글이 있어서 답을 드리고 다시 의사 편으로 가자고요. 의사들 곪아 터진 잘못된 저 문제가 다 제자리를 찾아가기까지는 시간이 걸립니다.

[북한을 우리편으로? 방법은 문재인처럼 덤프로 돈을 쏟아붓던지 이재명처럼 들어다 주던지~ 걔들은 안변해요. 아버지 세대부터 남에게 협박해 뜯어먹는 것만 보고 배웠으니~]
라고 주셨네요.

참으로 중요한 메시지가 많이 담겨 있습니다.
1. 기왕에 우리 국민 모두가 아시는 일이니 문재인 전 대통령이나 현 이재명 대표가 북한에 돈을 많이 주었던가 봅니다.

맞습니다.
북한은 돈을 준다고 변하지 않습니다.
그러니 비싼 달러를 준것은 몰라서 그리 잘못 방향을 잡은 것 그들이 돈으로 변하고 대통령이나 이재명 대표를 특별히 신뢰할 것이라는 잘못된 착각을 한 것이 맞습니다.

어쩔수가 없어요. 몰랐으니
그러니 지금부터는 그런 방법을 쓰는 것은 어리석다는 것을 우리는 배웠습니다.
본시 사람을 돈으로 좌지우지할 수 있다는 생각 자체가 잘못된 계산입니다.

2024.06.25./서경례/돈과 사람은 나란히 가되 별개

About bullying North Korea (1/78)

I will reply to Kim Jeong-su's comment and go back to the doctors' side.
It will take time for the doctors' rotten problems to go back to their proper place.

[North Korea on our side?
The method is to dump money like Moon Jae-in or give it to them like Lee Jae-myung. North Korea doesn't change. They learned from seeing their fathers' generation threaten others and extort money.]
He said.

It really contains many important messages.
1. According to our friend's opinion, former President Moon Jae-in or the current opposition leader must have given a lot of money to North Korea.

That's right.
North Korea doesn't change just because we give them money.
It's true that they made the wrong mistake of thinking that they would change into money or trust them especially if they were given money.

So we learned that it is foolish to use such methods from now on.
The very idea that people can be controlled by money is a wrong calculation.

2024.06.25./Seo Kyung-rye/Money and people go together but are separate

왕따 북한에 대하여(2/78)

"걔들은 안 변해요."
라는 말. 우리 친구님들은 쉽게 변하던가요?
사람에 대해 오랫동안 쌓아온 편견을 없애려고 필자가 끊임없이 설명을 해 주어도 쉽게 변하던가요?

여기 우익으로 기울어진 분들은 문재인 대통령 시절 어떤 액션을 취했던가요? 그냥 한쪽 하는 대로 따라서 욕만하고 있었잖아요.
정답을 제시해서 그들이 알아듣도록 하지 못한 책임은 우리들 모두에게 있습니다.

잘났든 못났든 대통령을 합의로 선거로 뽑았으면 책임도 공유되는 것 지난 정부도 지금 정부도 똑같은 것이지요.
그러니 지난 정권의 부족함을 그리고 지금 정권의 부족함을 우리부터 다시 알아서 국민이 주인이니 행동으로 옮겨 봅시다.

모두가 위에서 감 떨어지기만을 바랄 뿐. 필자의 메시지를 전달조차 못하는 형국에서 우리가 무슨 할말이 있을까요?

사람이란
물질 B가 아닌 영혼을 가진 A라는 존재는
알아야만
아는대로 생각을 전환할 수가 있습니다.

고집을 부리고 탁한 편견이 앞에 있거나 모르고 있으면 친구님들도 지금처럼 미움이 앞을 가려 도저히 변하지 못하듯이 자유진영보다는 한 단계가 뒤처져 있는 공산 독재시스템에서 간신히 권력을 잡고 있는 김정은의 지적 능력이 자연의 이치를 아는 도인도 아니고 덕치를 할 수 있는 철인도 아니고 지식인.

돈을 받아도 변할 수 없는 것이 정상입니다.
그것을 이상하게 볼 필요가 없답니다.
김정은이 먼저 변하기를 바라지 말고 우리부터 먼저 한 계단 위로 올라가서 변해야만 통일은 가능합니다.

2024.06.25./서경례/상대는 지식인 독재자임을

About bullying North Korea (2/78)

They say North Korea doesn't change.
Do our friends change easily?
Do you change easily even when I constantly explain to you the prejudices you have built up over a long time about people?

What actions did the conservatives here take during the Moon Jae-in presidency?
We are all responsible for not being able to give them the right answer and make them understand.

If the people elected the president through consensus, then the responsibility is shared.
The previous government and the current government are the same.
So let's start by recognizing the shortcomings of the previous and current governments and put them into action since the people are the masters.

A person is not a material B, but a being called A with a soul.

A person
must know
in order to change his thoughts as he knows.

If we are stubborn and do not know, our friends will not be able to change like they are now. Similarly, Kim Jong-un, who is barely holding on to power in the communist dictatorship system that is one step behind the free world, cannot change.
Kim Jong-un's intellectual ability is not that of a master who knows the laws of nature, nor is he a man of virtue who can govern, but rather an intellectual.

Even if he received money, it is normal that he cannot change.
There is no need to find that strange.
Don't expect Kim Jong-un to change first. We must first go up a level and change to achieve peaceful unification.

2024.06.25./Seo Kyung-rye/The Opponent is an Intellectual Dictator

왕따 북한에 대하여(3/78)

자유와 평화

자유와 평화는 핵무기가 지켜 주는 것이 아니고, (칼은 칼로 망하고 핵무기는 핵무기로 망하는 원리가 있으니, 제3차 세계대전으로 확전될 때는 핵무기 있는 곳이 먼저 선제공격 타깃이 된다는 것도 알아야 함)

무력적인 힘이 지켜주는 것이 아니고, 자유와 평화는 먼저 상대를 아는 자가 차지하는 선물이고, 상대와 대화능력이 있고 상대가 무엇을 필요로 하는지를 아는 자가 지켜낼 수 있습니다.

2024년 현재 대한민국의 자유와 평화는 러우 사태의 중재안과 통일안을 낼 수 있는 실력을 갖춘 대한민국이 되는 것이 스스로 실력으로 자유와 평화를 지키는 유일한 방법입니다.(중재안이 인정되면 그 신용으로 통일도 수월함)

그렇게 실력이 발휘되면, 세계가 대한민국을 필요로 할 때에 서로서로 한반도를 먼저 지키게 되어 있으니 정치인들이 자유와 평화를 힘이 지킨다고 얘기하거든 국민도 대한민국도 도저히 지킬 수 없음도 간파해야 합니다. 자유와 평화는 인류를 사랑하는 지혜로운 연구물을 생산할 수 있을 때에 저절로 지킬 수 있습니다.

2024.06.25./서경례/무력적 힘의 시대가 끝나고 있으니

About bullying North Korea (3/78)

Freedom and peace are not protected by nuclear weapons.
(There is a principle that a sword is destroyed by a sword and a nuclear weapon is destroyed by a nuclear weapon, so you should also know that when the war escalates into World War III, the places with nuclear weapons will be the first target of preemptive strikes.)

Freedom and peace are not protected by military power. (Watch carefully how Russia's Putin is being chased away even though he has strong military power.)
Freedom and peace are gifts that those who know the other party first take. They can also be protected by those who have the ability to communicate with the other party and know what the other party needs.

As of 2024, the only way for the Republic of Korea to protect freedom and peace with its own power is for the Republic of Korea to become capable of proposing a mediation plan for the Russia-Ukraine situation. (If the mediation plan is accepted, unification will be easy with its credibility.)

When the world needs the Republic of Korea, they will protect the Korean Peninsula first. Therefore, when politicians say that freedom and peace are protected by force, We must also realize that such people are incapable of protecting either the people or the Republic of Korea. Freedom and peace can be protected naturally when we can produce wise research that loves humanity.

2024.06.25./Seo Kyung-rye/The era of brute force is ending

왕따 북한에 대하여(4/78)

심철구님의 댓글입니다.
필자도 오래전 과거엔 똑같은 생각을 했었으니 많은 분들이 그러할 것입니다. 보수측도 진보측도 알아야만 하는 부분입니다.

[힘으로 강력히 압박하는 것도 상대를 제압해야 못 건드린다는 생각이 듭니다. 누구처럼 가식적으로 평화 찾아 나라를 위태롭게 한 인물이 있잖습니까.?]

과거 좌익세력들이나 과거 정부가 평화통일을 외친것은 상대를 모르는 막연한 상태에서 혼자만의 환상으로 외쳤던 것이니 당연히 성과가 없었던 것입니다.

북한에 돈을 준다고 소떼를 잔뜩 밀어 준다고 북한이 변하거나 움직이는 것은 분명 아닙니다. 우리 친구님들한테 필자가 달러 뭉치를 잔뜩 준다고 친구님들이 필자를 사랑해 주시겠습니까?

사람과의 관계에서 B라는 물질을 주고 A라는 존재와 대화를 시도할 때에는 A라는 존재의 특성을 알아야만 가능합니다.

물질인 달러나 쌀이나 젖소를 주는 것은 서로 만남을 갖게 해주는 중간 매개체이니 그것만 가지고는 안됩니다.
다들 몰랐으니 과거의 일을 가지고 탓을 하거나 원망은 하지 맙시다. 함께 다들 몰랐잖아요.

의사가 환자의 육체인 B만 만지고 정신인 A를 치료하지 않아서 반쪽짜리 치료가 되어 점점 암환자가 넘치고 있는 지금의 상황과 같은 것. 너도 나도 모두 다 몰랐고 이미 지난 일들인데 그것을 탓한다는 것은 에너지가 낭비되니 우리만 손실입니다.

왜냐하면 지금이라도 에너지를 하나로 모아서 그들이 못한 통일을 하는 것이 국민이 경제적으로 도약할 수 있는 방법이기 때문입니다.
지금은 통일안과 중재안이 미래비전입니다.
뭉치면 살고 흩어지면 죽는다고 누군가가 얘기를 했던가요. 맞는 말입니다.

2024.06.26./서경례/지금은 뭉쳐야만 사는데, 모래알처럼 흩어지고 있는 중

About bullying North Korea (4/78)

This is a comment from Shim Cheol-gu.
I used to think the same thing a long time ago, so many people would think the same.

[I think that you have to subdue the opponent with force so that the opponent can't touch you. Who is this person who hypocritically sought peace and endangered the country?]

The past leftist forces and the past governments called for peaceful unification because they were vague and fantasized about it alone, without knowing the opponent, so of course there were no results.

It is clear that giving money to North Korea and pushing a herd of cattle will not change or move North Korea. Would my friends love me if I gave them a bunch of dollar bills?

When you give a material like money, B, and try to talk to A, you have to know the characteristics of A.

When we meet someone, giving them a material like dollars, rice, or salted cows is an intermediary that allows us to meet each other, so it won't change anything with just that. Since we all didn't know that fundamental principle, let's not blame or resent the past. We all didn't know.

It's like the current situation where doctors only treat the patient's body, B, and do not treat the mind, A, so the treatment is half-baked and the number of cancer patients is increasing. Blaming them for things that have already happened in the past is a waste of energy and only we will lose.

Because even now, if we gather our national energy as one and achieve unification, which they were unable to do, the way for the people to make an economic leap forward is to do so. The vision for now is the unification plan and the mediation plan.
Did someone say that if we unite, we will live, but if we divide, we will die? That's right.

2024.06.26./Seo Kyung-rye/Now is the time to unite

왕따 북한에 대하여 (5/78)

[힘으로 강력히 압박함으로써
상대를 제압해야 우리를 못 건드린다.]

대부분의 사람들이 위와 같은 생각을 합니다. 심철구님도 대통령실도 좌익 우익세력들도 다들 그런 생각을 합니다. 최초의 핵무기 개발자이면서 죽음이고 파괴자라고 스스로 자신을 인정했던 천재 오펜하이머 박사도 그렇게 생각했던 적이 있었습니다.

똑똑한 사람들은 그렇게 다 생각합니다. 과거 필자도 그랬고 친구님들도 오펜하이머 박사도 핵무기 개발자들 모두 다
그래서 그는 과학자의 양심을 걸고 무시무시한 핵무기 개발에 자신이 그동안 공부했던 모든 인생지식을 다 씁니다.

그가 개발하는 핵무기가 인류를 위협할 수 있는 처음이자 마지막이 될 것이니 그 무서움으로 압박을 해서 다시는 인류가 전쟁을 하지 말도록 해야 되겠다고요. 일본 히로시마와 나가사키에 떨어진 리틀보이와 팻맨 핵폭탄이 실험도 염두에 두고 겸해서 투하된 것은 아닐까요?

일부러 민간인이 많은 지역에 또한 일본이 패망할 것을 이미 아는 시점임에도 가능한 많은 피해가 날만한 지역으로 또 효과적인 고도에서 떨어뜨릴 것을 친절하게도 알려 줍니다.
그렇게 인간은 오펜하이머 박사가 만든 핵무기의 가공할 위력을 테스트하는 실험용이 됩니다.

히틀러가 사람을 더 많이 죽였을까 아님 오펜하이머 박사가 더 많이 인류를 죽였을까? 트루먼이 지시했으니 트루먼이 죽였나! 아니지 핵무기의 근본 원리를 아인슈타인이 제공했으니 아인슈타인이 제일 많이 죽였다고 해야하나!

그렇게 오펜하이머 박사도 트루먼도 트럼프도 바이든도 무력적 힘인 핵무기로 지금껏 세계를 압박했는데~~ 푸틴이 말을 잘 듣던가요? 하마스가 또 헤즈볼라가 핵무기 보유국 이스라엘과 미국의 말을 잘 듣던가요?

2024.06.26./서경례/지금의 결과를 볼 것

About bullying North Korea (5/78)

[We must suppress the opponent by applying strong pressure with force so that they cannot touch us.]

Most people think like the above.
Mr. Shim Cheol-gu, the presidential office, and all politicians think like this. The developer of nuclear weapons. Even the genius Dr. Oppenheimer, who admitted that he was a death and a destroyer, thought like that.

Smart people all think like that.
That's why he put his conscience as a scientist on the line and used all the knowledge he had learned in life to develop the terrifying nuclear weapons.
He thought that the nuclear weapons he was developing would be the first and last that could threaten humanity, so the United States should use that fear to pressure humanity so that humanity would never go to war again.
Do you know that the Little Boy and Fat Man nuclear bombs that were dropped on Hiroshima and Nagasaki in Japan were experimental bombings?

He kindly informs the operator that he will drop it in an area with many civilians and at an effective altitude, even though he already knows that Japan will fall. In this way, humans become test subjects for the incredible power of the nuclear weapons created by Dr. Oppenheimer.

Did Hitler kill more people or did Dr. Oppenheimer kill more people?
Did Truman kill them because Truman ordered it?
No, Einstein provided the fundamental principles of nuclear weapons, so should we say that Einstein killed the most?

Dr. Oppenheimer, Truman, and Biden have all used nuclear weapons, which are brute force, to pressure the world so far~~ Did Putin listen well to them now?
Did Hamas listen well to Israel and the United States, which also possess nuclear weapons?

2024.06.26./Seo Kyung-rye/ Let's see the results now.

왕따 북한에 대하여(6/78)

강력한 무력으로 상대를 제압할 수 있다고 생각했던 오펜하이머 박사도 몰랐던 것이 있었습니다. 친구님들도 마찬가지고. 핵무기 같은 힘으로 상대를 무릎꿇리고 꼼짝하지 못하도록 하려면 현저하게 힘의 불균형이라는 조건이 전제되어 있어야만 가능하다는 사실 인정하시는지요.

그런데
미국이 핵무기를 최초로 만들었으나 지금은 그 기술이 러시아도 금방 탈취해 가져갔고, 심지어 최빈국 북한도 중동의 독재국 이란도 가지고 있다는 사실. 다들 아시지요.

여기서 중요한 사실을 드립니다.

평준화.
기술의 평준화.
우리나라도 기존교육이 평준화되었고, 유튜브로 기존의 지식이 평준화가 되어 있다는 것 이것이 무엇을 의미할까!

우리도 모르는 지난 70년 동안 세계는 이미 글로벌 사회로 한 국가이고, 기술이 이미 평준화가 되어 있었던 것이라서 기술적 정보는 이미 미국이나 한 국가의 전유물이 아니라는 사실입니다.(중요한 부분이니 이 부분을 잊지말아야 다른 것들도 이해됨)

최초의 핵무기 기술이나 원자력 기술도 이미 퍼져있고, 배를 만드는 조선기술도 원래 우리 것이 아니지만 우리가 세계최고가 되어있는 지금은 기술이 이미 세계 공동의 자산이 된 것

따라서 군사력을 따질 때에 남한이 무기 숫자로 볼 때에는 북한보다 한참이나 앞선다고들 하지만 그것은 핵무기를 빼고 얘기할 때 맞는 것이고, 핵무기까지 합해서 얘기한다면 무력적인 힘은 남한이 북한보다 결코 앞서는 것도 아닌 군사적 무력에선 균형을 이루고 있는 형국입니다.

2024.06.26./서경례/무력적 힘의 균형

About bullying North Korea (6/78)

Even Dr. Oppenheimer, who thought he could subdue his opponent with strong force, didn't know something. My friends are the same. Do you recognize that in order to make an opponent kneel and immobilize him with power like nuclear weapons, there must be a significant imbalance of power?

However, the United States first developed nuclear weapons, but now Russia has quickly seized the technology, and even the poorest country, North Korea, and the dictatorship of the Middle East, Iran, have them. You all know this.

Here are some important facts.
Equalization.
Equalization of technology.
Our country's existing education has been standardized, and existing knowledge has been standardized through YouTube. What does this mean?

The world has already become a global society for the past 70 years without us even knowing it. What this means is that technology has already been standardized.

The important part is that technological information is no longer the exclusive property of the United States or any one country, so we must not forget this part so that we can understand other things.

The first nuclear weapons technology and nuclear power technology have already been spread, and the shipbuilding technology that makes ships was not originally ours, but now that we have become the best in the world, the technology has already become a global common asset.

Therefore, when considering military power, it is said that South Korea is far ahead of North Korea in terms of the number of weapons, but that is true when talking about excluding nuclear weapons.

If we include nuclear weapons, South Korea is not ahead of North Korea in terms of military power, but in terms of military power, it is balanced.

2024.06.26./Seo Kyung-rye/Balance of Military Power

왕따 북한에 대하여(7/78)

중재안을 만들어라.

북한을 바라보는 관점이 균형잡힌 시각이 될 때까지 외부의 지적인 도움이 없이는 그렇게 쉽지가 않습니다. 부디 너무나 단순한 상식에서 우리 지식인들부터 한단계 올라갑시다.

하나하나 차근차근 분석을 통해서 우리의 생각속에 자리잡은 오류를 바르게 정리해 보자고요.

지금 국제정세가 폭풍 속으로 가고 있으니 부디 정부는 섣부른 입을 조심하시고,

미국하고 손발은 맞추어가되 한쪽에서는 하루 빨리 모두를 위한 중재안을 준비해야 합니다. 모르면 필자가 지혜를 빌려줄 수가 있으니~

2024.06.26./서경례/중재안을 서둘러 준비해야

About bullying North Korea (7/78)

Create a mediation plan for the Ukraine-Russia war.

I will give you wisdom until our people's perspective on North Korea becomes balanced.
Without external intellectual help, it is not easy to correct knowledge that has accumulated errors for too long.

Please, let's go up a level from our intellectuals, starting with simple common sense.
Let's analyze one by one and correct the errors that have taken root in our thinking.

The international situation is now going into a storm, so please, Korean politicians, be careful with your words.

You should work hand in hand with the United States, but on the one hand, you should quickly prepare a mediation plan for the United States, Europe, Russia, and Ukraine. If you don't know, I can lend you some wisdom~

2024.06.26./Seo Kyung-rye/You should hurry and prepare a mediation plan

왕따 북한에 대하여(8/78)

김정수님의 댓글 중에서
[아버지 세대부터 남에게 협박해 뜯어먹는 것만 보고 배웠으니~]라고 주셨습니다.

친구님 말씀이 맞습니다.
북한이 위의 주신 내용대로 남들한테 구걸하고 협박하고 국제적으로도 왕따이고, 질이 많이 떨어진 방송의 직설적 표현이며~

아무튼 촌스럽게 공산주의 사회가 미적 분야도 자유진영보다는 촌스럽습니다. 그러니 난민이 공산국가로 가는 것 봤어요?
안 갑니다. 난민들도 전부 자유진영으로 가는 것은 이유가 있는 것이겠지요.

국제적인 회의 장소에서도 그저 작은 조폭처럼 어찌해서든지 기여보다는 뜯어먹으려고 합니다. 할 수만 있다면 그리고 그건 위의 세대부터 보고 배웠어요. 그러니 친구님의 말씀이 맞습니다.

친구님의 말씀이 틀린 것이 하나도 없으니 거기서부터 우리가 하나씩 풀어봅시다.

아버지 세대부터라고 주셨습니다. 북한이 6.25 전쟁 전후에는 남한보다 부자였습니다. 통계를 보시지요. 북한이 남한의 3배 부자 남한은 꿀꿀이죽을 얻어먹는 최빈국

우리 선배들도 예전에 없을 때는 거지처럼 구걸하며 초콜릿 얻어먹고 사탕 하나라도 얻어먹고. 땅에 떨어진 사탕도 주워서 손으로 쓱싹해서 입에 넣었고, 수박도 남들 집의 소유물을 도둑질해서 먹었습니다. 살아야만되니 어쩌겠어요. 잘했지.

2024.06.27./서경례/상대방인 북한도 알고

About bullying North Korea (8/78)

Among Kim Jeong-su's comments,
[North Korea has only seen and learned how to threaten and extort from others since the father's generation.]

My friend is right.
As you said above, North Korea begs and threatens others and is an outcast internationally.

Anyway, the aesthetics of a communist society are more rustic than those of a free world. So have you seen refugees go to communist countries?
They don't. There must be a reason why all refugees go to the free world.

Even at international conferences, they are just like small-time gangsters, trying to take advantage of others rather than contribute.
And they learned that from the generation above them.
Since what you said is not wrong at all, let's start from there and solve it one by one.

You said it was from their father's generation. North Korea was richer than South Korea before the Korean War. Look at the statistics. North Korea is three times richer than South Korea, and South Korea is the poorest country where people are forced to eat rice cakes.

When our seniors didn't have money in the past, they begged like beggars to get chocolate or candy, and they would pick up candy that fell on the ground, wipe it clean with their hands, and put it in their mouths. They even stole watermelons from other people's houses to eat. Back then, our seniors had to survive, so what could they do? They did well.

2024.06.27./Seo Kyung-rye/The other party, North Korea, also knows

왕따 북한에 대하여(9/78)

설명할 것이 많아지지만 할 수 없이 해야겠지요. 북한이 세습체제를 지금도 유지하고 있습니다. 그들 스스로를 북조선이라고 부르고 있습니다. 벌써 국가체제 이름에서도 한 수가 떨어지네요. 대한민국이라는 이름이 무척이나 크고 웅장한 반면 북조선은 작습니다. 아직도 조선시대.

북한을 바라볼 때에는 남한의 기업이 혈연관계를 이용해서 기업을 이어가듯이, 김일성과 김정일과 김정은을 별개로 보면서 이해하기보다는 북한을 하나의 기업처럼 하나의 팀으로 보아야 상황이 이해가 쉽습니다.

김일성이 남한 땅을 꿀꺽 먹고 싶어서 또 그들이 경제면에서도 우위에 있었으니 남한이 너무 한심하게 보여 거지같으니 쓸어버리고 수중에 넣으려 남침을 합니다.

구 소련의 스탈린은 당시에 남한이 미국의 절대 사수 지역을 획정한 애치슨 라인에서 제외된 것을 알고 미국이 당연히 신경쓰지 않으리라고 판단했습니다.

그러나 욕심많은 김일성과 스탈린 그들의 입장에서 볼 때에는 너무나도 재수없는 놈 맥아더 장군 그러나 남한입장에서 볼때는 머리좋은 구세주인 멋지고도 코큰 사나이 맥아더 때문에 실패하고 미국에 미운 오리새끼로 찍힙니다.

미국과 소련은 원수지간
세계의 경찰국가로 한창 성장하는
미국 트루먼한테 북한이 찍혔어요.

반면 북한보다도 허약하고 가난했고 무식했던 남한에는 알 수 없는 뭐에 홀려서 미국인과 전 세계의 젊은이들의 목숨을 남한 땅 냄새나던 곳에 투자합니다. 어마어마한 목숨값을 이미 6.25전쟁 때부터 남한에 묻었으니

2024.06.28./서경례/미국에 찍힌 미운 놈 북조선

About bullying North Korea (9/78)

I have a lot to explain, but I have to do it.
North Korea still maintains a hereditary system. They call themselves the Joseon Dynasty. North Korea is already one step behind in the name of its national system.
The name of the Republic of Korea is very large and magnificent, while North Korea is small. It is still the Joseon Dynasty.

When looking at North Korea, rather than viewing Kim Il-sung, Kim Jong-il, and Kim Jong-un as separate entities, just as South Korean companies use blood ties to continue their businesses, it is easier to understand the situation when you view North Korea as one team, like one company.

Kim Il-sung wanted to swallow up South Korea's land, and they had an economic advantage, so they invaded South Korea to swallow up South Korea.
When Stalin of the former Soviet Union found out that South Korea was excluded from the Acheson Line, which the US had set as an absolute defense zone, he judged that the US would naturally not care.

However, from their greedy point of view, they failed because of the unlucky General MacArthur. From South Korea's perspective, it failed because of the smart savior, the handsome, big-nosed man MacArthur, and North Korea was labeled as an ugly duckling by the United States.

The United States and the Soviet Union became enemies, and North Korea was labeled by Truman, who was growing into a world police state.

On the other hand, South Korea, which was weaker, poorer, and more ignorant than North Korea, was bewitched by something unknown and invested the lives of Americans and young people from all over the world in a place that smelled like South Korean soil.
The United States had already buried an enormous price of life in South Korea since the Korean War.

2024.06.28./Seo Kyung-rye/North Korea, the Ugly Guy Labeled by the United States

왕따 북한에 대하여(10/78)

친구님들도 어디에 투자하고 나면 그것 때문에 다른 곳으로 눈을 못 돌리고 거기에 다시 투자를 하고 신경 쓰고 몰두합니다.

미국이 최빈국 남한을 6.25전쟁에서 구해낼 때 이미 너무 많은 그네들의 희생을 치른지라 이 쪼끄만 나라 남한을 그때부터 밀가루며 사탕이며 초콜릿이며 분유가루 등 먹이기 시작합니다.

길거리 지나가다가 다 죽어가는 고양이인 줄 알고 새끼 한 마리를 살리고자 우유먹이는 등 시간을 투입하다가 그렇게 고양이인 줄 알았는데 나중에 보니 멋진 호랑이 성체가 되어 늠름한 모습으로 변해가듯이 남한이 딱 그런 형국입니다.

반면 북한은 어찌 되었나! 38선 이북에 갇힙니다. 아무도 북한이 갇혔다는 생각을 못하고 있지만 북한은 꼼짝없이 갇힌 형국이 되는 것이지요.

물론 거기에서 구사일생 미리 남한으로 멋모르고 넘어온 많은 이들은 남한에 터를 잡고 고향을 그리며 지금도 잘살고 있지만 그때 북한에 갇힌 이들은 운명적으로 하늘과 땅의 다른 삶을 살아갑니다.

38선 이남은 미국이 금이야 옥이야 해가면서 자립을 할 수 있도록
1. 물심양면 도와주고
2. 제도적 부분이 안정
되도록 일본을 통해서도 한국은 모방하고 미국의 민주주의 체제를 모방하고
3. 서양의 기술이 들어오고 거기에 교육과 문화까지 들어옵니다.
(필자도 어린시절 엘비스 프레슬리의 노래를 무척이나 좋아했었음)

반면에 북한은 이미 소련 중공군과 같이 노는데다 미운짓만 골라하니 미국한테 찍혔잖아요.

그렇게 떠오르는 강자 미국은 남한은 이뻐하고 미운 놈 북한은 더욱 말을 안들으니 아예 크지도 못하도록 목줄을 조이기 시작합니다.

북한 사람들이 아마도 체격도 남한보다는 작을 겁니다. 미국때문에 키도 못커서~^^
UN이라는 이름으로 각종 제재를 단행하니 별 수 없잖아요. 혈관에 피가 안흐르듯 경제적인 에너지의 흐름이 막힌 상태가 북한.

위에는 중국과 러시아 같은 덩치 큰 건달과 깡패들이 떡 버티고 있고 남한엔 미국이 미군까지 데려다가 파란 두 눈을 부릅뜨고 지키고 있고 그래서 북한은 숨막힙니다.

2024.06.30./서경례/북한의 운명이 그때부터

About bullying North Korea (10/78)

Friends, once you invest somewhere, you can't look elsewhere because of it, and you invest and worry about it again.

When the US saved South Korea, the poorest country, from the Korean War, they had already paid too much for their sacrifices, so they started feeding South Korea flour, candy, chocolate, and powdered milk from that time.

Imagine passing by on the street and thinking that it was a dying cat, and trying to save a kitten by feeding it milk.
You thought it was a cat, but later you saw that it had turned into a magnificent adult tiger, and that's exactly how South Korea is.

On the other hand, what happened to North Korea? They are trapped north of the 38th parallel. No one thinks North Korea is trapped, but North Korea is trapped without a fight.

Of course, those who managed to escape from there and made it to South Korea early are living well in South Korea, but those who were trapped in North Korea at that time are destined to live lives that are completely different from heaven and earth.

South Korea, south of the 38th parallel,
1. Helps the US in both material and spiritual ways to become independent,
2. Korea imitates the US democratic system through Japan so that the institutional part can be stabilized,
3. Western technology is introduced, and education and culture are also introduced.
(I also loved Elvis Presley's songs when I was young.)

On the other hand, North Korea has already been picked on by the US because it only does things it hates. In this way, the rising powerhouse, the US, starts to tighten its leash so that South Korea is an unlovable bastard and North Korea does not listen even more, so it cannot grow at all.

North Koreans are probably smaller than South Koreans. They can't grow tall because of the US~^^
They can't help it because the UN is enforcing various sanctions.

North Korea is in a state where the flow of economic energy is blocked, just like blood doesn't flow through the blood vessels.
Big gangsters and thugs like China and Russia are standing tall in the upper countries, and the US is guarding South Korea with its blue eyes wide open by sending US soldiers, so North Korea is suffocating.

2024.06.30./Seo Kyung-rye/North Korea's fate from then on

왕따 북한에 대하여(11/78)

그렇게 뜻대로 되지 못한 상태에서 남한과 구소련 중국에 둘러싸인 북한은 미국과 러시아가 가진 가공할 핵무기가 꿈속에서도 아른거릴 정도로 근사하게 보이고 그것만 있으면 이 굴욕을 벗어나 안전할 것 같은 생각이 듭니다. 지금 남한의 우익들 생각처럼.

그리고 세계의 합의점을 고려하지 않는 낙후된 의사결정 시스템을 물려받은 김정은은 도대체가 이해가 되지 않고 부당한 느낌이 있었으니
왜? 미국은 핵무기를 가져도 되고 나 북한은 핵무기를 갖지 못하게 하는 거지?.
라는 생각을 합니다. 당연히 선진국들이 부당하게 느껴지니 그는 미국의 요구를 무시하고 다른 모든 것을 포기하고 핵을 끌어안고 버팁니다.

미련하지만 그 덕분에 남한은 핵무기를 제외한 모든 자유세계의 에너지를 북한 몫까지 받을 수가 있었고,

어쨌든 공산주의 북한 체제가 옆에 동맹으로 있다보니 러시아 중국은 남한까지 곁눈질을 하지 않았으니. 남한의 성장에는 미련스럽게 핵무기를 고수한 북한의 희생도 있었던 것이지요.

공산독재 시스템에서 힘을 가지면 목적달성을 위해 주변을 공격할 확률이 민주진영보다는 높습니다. 미국의 압박은 북한이 힘을 갖지 못하도록 만드는 결정적인 역할을 했지만 지금은 그 미국도 힘겨운 시대가 도래했습니다.

남한의 성장이 우리의 실력이라고 다들 알겠지만 미국을 포함한 전 세계의 도움과 희생이 없이는 그토록 짧은 기간에 세계의 기술을 따라잡는 것이 사실은 불가능했다는 것이지요.

2024.06.30./서경례/주변의 희생을 먹고

About bullying North Korea (11/78)

With the war not going as planned, North Korea was surrounded by South Korea, the former Soviet Union, and China. North Korea thought that the incredible nuclear weapons of the United States and Russia were so cool that they were dazzling even in their dreams, and that if they had them, they would be safe from this humiliation.

And Kim Jong-il and Kim Jong-un, who inherited an outdated decision-making system that did not consider the world's consensus, felt uncomfortable and unfair toward the United States.
Why? The United States can have nuclear weapons, but North Korea cannot have them. Of course, he felt that the advanced countries were unfair, so he ignored the demands of the United States, gave up everything else, and embraced nuclear weapons.

Although North Korea was foolish, thanks to that, South Korea was able to receive its share of all the energy of the free world except nuclear weapons.

In any case, since the communist North Korean regime was by its side as an ally, Russia and China did not even bother to harass South Korea, so the growth of South Korea was also due to the sacrifice of North Korea, which foolishly clung to nuclear weapons.

In a communist dictatorship system, if they have power, they are more likely to attack the surroundings to achieve their goals than in the democratic camp. Such pressure from the United States played a decisive role in preventing North Korea from gaining power, but now even the United States is going through difficult times.

Everyone knows that South Korea's growth is our ability, but it is actually impossible to catch up with the world's technology in such a short period of time without the help and sacrifices of the entire world, including the United States.

2024.06.30./Seo Kyung-rye/Korea is the hope of the future that grew up eating sacrifices from the entire world.

검찰조직

한 나라에서 국가를 통치하는 과정에 있어서 누군가는 수사와 압수수색을 담당하고 기소를 할 수 있어야만 합니다.
그리고 그것은 한 곳이면 충분한 것인데요.
우리나라는 검찰조직이 있으니 검찰조직과 경찰조직이 있으면 너무나 충분합니다.

공수처는 검찰조직의 아류로 만들었다가 엉뚱하게 큰 거 한건을 해서 멋지게 폼좀 잡겠다고 현직 대통령을 체포했으니, 시대를 바꾸는 역할자는 되는데 악역이네요.

악역은 피하는 것이 상책인데 권력에 눈이 멀면 악역을 받아먹을 수 밖에 없는 것이지요.
차제에 모든 수사관련한 것은 검찰 한곳에서 체계적으로 담당하면 되는 것입니다.

그리고 경찰과의 수사권 조정은 많은 권한을 경찰조직에 양보해서 같이 융합해서 처리하면 되는 것이지요. 그리고 경찰조직에서 오랜기간 경력을 쌓다보면 당연히 실력이 상승됩니다.

요즘은 경찰 통과시험도 역시나 쉽지않게 과목을 조정하고 난이도 조정하고 있었으니, 경찰에서 실무를 경험하다가 검찰조직으로도 함께 승진이 가능해야만 모순이 없답니다. 경찰신분에서 검사신분으로도 가능해야만 하고 경찰에서 시작했어도 검찰총장도 할 수 있어야 하는 것이지요.

우리가 편견없이 바라본다면 그것이 이상한 것이 아니고 미래의 바람직한 방향이 됩니다.
검경 수사권 조정이라든가 조직개편에서 대수술이 어떻게 필요한지를 필자가 힌트를 드립니다.

2025.03.02./서경례/ 검찰의 공수처 압수수색을 바라보며

Prosecution organization

In the process of governing a country, someone must be in charge of investigations, searches and seizures, and prosecutions. And one place is enough for that. Since our country has a prosecution organization, it is enough to have a prosecution organization and a police organization.

The National Civil Service Investigation Office was created as a derivative of the prosecution organization, and then arrested the current president to show off, so it is a role that changes the times, but it is a villain.

It is best to avoid villains, but if you are blinded by power, you cannot help but accept villains. In the meantime, all investigation-related matters should be handled systematically by one prosecution organization.

And the coordination of investigative authority with the police can be handled by ceding a lot of authority to the police organization and merging them. And if you have a long career in the police organization, your skills will naturally improve.

These days, the police passing exam is also not easy, so the subjects and difficulty level have been adjusted, so it is not contradictory to be able to get promoted to the prosecution organization after gaining practical experience in the police. It should be possible to move from a police officer to a prosecutor, and even if you started out as a police officer, you should be able to become the prosecutor general.

If we look at it without prejudice, it is not strange, but a desirable direction for the future. I will give you a hint on how major surgery is needed in adjusting the investigative authority of the prosecution and police or in reorganizing the organization.

2025.03.02./Seo Kyung-rye/ Looking at the search and seizure targeting the Senior Civil Servants Investigation Office

왕따 북한에 대하여(12/78)

남한에 보내는 북한의 메시지들이 거칠고 원색적인 뉘앙스로 결코 논리적이지 않습니다. 질이 낮은 비난을 쏟아부으니 남한의 우익세력들은 그렇지 않아도 남침한 과거의 전과가 있어서 싫은데 거기에 질적으로 떨어지니 더욱 상종못할 집단이라고 생각하는 것이 당연합니다.

그러나 더 깊은 역사적 주변적인 상황과 자연의 이치를 깨달아 안다면 남한이 먼저 북한의 몫까지 인류사회가 축적했던 기술과 문화와 경제력을 차지했었다는 사실을 인정해야 합니다.

우리가 폐허속에서 가난할 때 빵 10개를 북한하고 나누어 먹기보다는 일단은 남한이 먼저 성장하는 것이 필요해서

(자녀가 여러명 있을때 가장 똑똑한 자녀를 공부시키고 나머지 자식들이 그 뒷바라지를 위해 돈을 벌러 공장에서 노동을 했던 원리를 잘 생각하면 이해됨)

미국이나 일본의 경로를 통해서 오롯이 혼자 지적인 에너지를 독차지했었다는 사실도 말씀드립니다.

2024.07.01./서경례/먼저 발전하는 남한

About bullying North Korea (12/78)

The expressions sent to South Korea by North Korea's Kim Yo-jong and others are rough, illogical, and low-quality.
The conservatives in South Korea already dislike North Korea because of its past record of invading the South, and they think that it is an even worse group because it is inferior in quality.

That is why they insist on invading the North. However, if we realize the deeper historical circumstances and the laws of nature, we must acknowledge that South Korea first took over North Korea's share of technology, culture, and economic power accumulated by human society.

When we were poor in ruins, it was necessary for South Korea to grow first rather than sharing 10 loaves of bread with North Korea.

If we were more mature intellectuals, I would also say that it is true that we used to monopolize intellectual energy solely through the path of the United States or Japan.

(If you think about the principle that in the past, when parents had several children, they would educate the smartest child and have the other children support him, and the younger siblings would work in factories to earn money to support the smart child, you can understand.)

2024.07.01./Seo Kyung-rye/South Korea Develops First

왕따 북한에 대하여 (13/78)

우리가 인류전체를 크게 보고 미래를 조망하지 못한다면 항상 편견에 빠지고 오류를 범합니다. 문제를 해결한다거나 대화가 가능할 수가 없고, 통일은 너무 요원해지고 긴장은 고조되고 세계 전쟁으로 가는 것이지요.

지금은 벌써 세계대전으로 한 발짝 가고 있으니, 지금부터 우리라도 제대로 분별하고 지혜로 간다면 세계가 뒤집어져도 우리는 미래의 방향을 정답대로 찾아가고 빠른 시간내에 평화통일도 가능합니다.

또한 북한과 남한을 군사적으로 비교할 때에는 무기의 숫자나 기술력만 가지고 남한이 우위에 있는 것도 아니고, 핵무기를 가지고 있다고 해서 북한이 우위에 있는 것이 아니고, 모든 사안을 종합적으로 보아야만 그 단계를 바르게 판단할 수 있습니다.

그렇다면 국제사회에서도 왕따 취급하는 식량조차 부족한 열악한 사회가 북한인데 그들이 남한을 이해해주고 먼저 배려한다는 것은 어불성설. 우리가 똑똑하고 잘났다는 전제가 아닌 억지를 부리는 그들 입장에서도 한 번쯤 생각하는 지혜가 필요한 때입니다.

2024.07.03./서경례/우리부터 상대 입장으로

About bullying North Korea (13/78)

If we do not see the whole of humanity in a big picture and do not foresee the future, we will always fall into prejudice and make mistakes.
We cannot solve problems or have conversations, and unification becomes too distant.

Then, tensions in the world will increase, and we will head toward World War III.
Now, we are already one step closer to a world war, so if we discern properly and move forward with wisdom from now on, even if the world turns upside down, we will find the right direction for the future, and peaceful unification will be possible in a short period of time.

Also, when comparing North Korea and South Korea militarily, North Korea does not have the upper hand just because it has nuclear weapons, and South Korea does not have the upper hand just because it has a large number of weapons. We can only judge the stage correctly when we look at all issues comprehensively.

North Korea is also treated as an outcast in the international community.
North Korea is a poor society that even lacks food, so it is impossible for them to understand and take care of South Korea first. If we are true intellectuals, we should not assume that we are smart and good. And it is time for them, who are being unreasonable, to think about it at least once.

2024.07.03./Seo Kyung-rye/Let's start from the other person's perspective.

왕따 북한에 대하여(14/78)

지금껏 한쪽으로 기울어진 정보를 오랜기간 접했기에 그 정보에 기초해서 북한에 대한 생각을 가진 사람들도 이제는 오류를 바로잡아야 통일이 가능합니다.

북한이 저리 소리없이 일그러진 사회로 변해가고 핵무기가 미래의 북한을 생존하게 만들 대안인양 그것 하나만 알고 있는 북한입니다. 그래서 미국과 선진국의 무시와 차별을 받는 만큼 남한은 상대적으로 더욱 인류사회가 도왔다는 사실.

심지어는 쿠바마저도 남한 대한민국을 좋아하지 북한을 좋아하지는 않습니다. 결국 공산국가 쿠바의 관심과 에너지도 남한 대한민국한테 빼앗기고 있었다는 사실.

여기 남한에는 북한을 좋아하는 자생적 간첩들도 있는 듯한데 그들조차도 북한에 가서 살라고 말하면 싫다고 합니다. 난민도 싫다고 안가는 곳. 또한 지금까지 평화통일을 외치면서 우익세력들과 척을 지고 갈등을 표출했던 좌익세력들도 지금까지의 모든 생각과 방법들이 정답이 아니었음을 인정해야 하겠습니다.

입으로 평화통일 그러나 방법은 몰라. 그러면서도 평화적으로 무언가 업적을 과시하고자 온갖 거창한 발표는 다했다는 사실. 인정할 수 있을까요!

모른다는 것조차도 몰라서 소떼도 바치고 쌀도 바치고 달러도 바치고 했지만, 잘못된 방법은 갈등을 낳고 다시 갈등 반복하면서 이번엔 역으로 옜다 똥이나 먹어라 하면서 오물풍선을 그 대가로 받는 형국입니다.

오물풍선은 지금까지 정부가 했던 모든 행위들이 북한을 도왔던 것이 아니고 북한은 어떠한 변화도 없이 그 자리에서 전진없이 똑같은 생각을 하고 있음을 반증하는 것. 북한은 오물풍선을 보내고, 우리 남한은 오물풍선을 받고~ 오물풍선이 의미하는 것이 사실 참 많습니다.

그런 상황에 대한 인식을 먼저 하고나서 그렇다면 이제는 어떻게 하는 것이 우리 남한이 북한을 위하고 돕는 것인지도 알아야만 하겠습니다.

2024.07.07/서경례/오물풍선이 의미하는 것들

About bullying North Korea (14/78)

North Korea has been quietly changing into a distorted society, and it only knew that nuclear weapons were the only alternative that would allow North Korea to survive in the future.

So we must acknowledge that South Korea has been helped more by human society than North Korea has been ignored and discriminated against by the United States and advanced countries.

Even Cuba likes South Korea and South Korea, but not North Korea. In the end, the interest and energy of the communist country Cuba were stolen by South Korea and South Korea.

Here in South Korea, there seem to be homegrown spies who like North Korea, but even they say no when told to go and live in North Korea. North Korea is a place that even refugees do not go to.

In addition, the left-wing forces that have been calling for peaceful unification while opposing the conservative ruling party and expressing conflict must also acknowledge that all their thoughts and methods up until now were not the right answer.

They offered cattle, rice, and dollars because they did not even know that politicians did not know, but the wrong methods only created conflict and repeated conflict. Then, this time, North Korea is telling South Korea to eat shit and throwing sewage balloons in return.

The sewage balloons prove that all the government's actions so far have not helped North Korea, and that North Korea has not changed at all and is still thinking the same way without making any progress.

We must first recognize this situation and then figure out what South Korea should do to truly help North Korea.

2024.07.07./Seo Kyung-rye/What the sewage balloons mean

왕따 북한에 대하여(15/78)

보수 측 지지자들은 그동안 남한이 북한에 주었던 것들을 가지고 상대방을 비난하고 성토하겠지만 우리가 관점을 달리 본다면 그럴 필요는 없습니다.

예컨대 대기업이 고아원에 또는 심장병 어린이 재단에 자금을 지원했다고 해서 또 남한이 그간 여러 경로를 통해서 아프리카에 도움을 주었다고 해서 그만큼 자금의 양이 고갈이 되는 것이 아니었다는 사실을 아시는지요?

진실로 말하면 남한에 있는 경제력은 연구자금이고 미래대안을 만들 자금이고 각종 콘텐츠를 만들어야 하는 자금이니, 그것만큼은 채워지고 있었습니다.

최근 깊어지는 부채증가와 경제력의 손실은 북한에 물자를 주어서 그런 것이 아니고, 막대한 세금을 저출산이다 뭐다 하면서 엉뚱한 곳에 낭비하고 국민의 삶과는 전혀 관련없는 탄핵이며 고소고발이 난무하고 정책 없이 표류하고 있다 보니 국가가 뒷걸음질을 치고 있기 때문입니다.

그리고 북한에 소떼를 주고 쌀을 주고 했던 것들은 북한을 돕고 싶다는 과거 정부의 의지를 읽을 수가 있으니, 그러한 생각과 의도를 바르게 긍정적으로 잘 읽어서 해석해 보면 방법적으로는 몰랐지만, 남한의 과거 정부도 북한도 나름 노력하는 과정 중에 그동안 있었다고 보면 정확합니다.

세계에서 한글을 물려받아 똑같이 쓰고 당장에라도 언어로 소통이 가능한 북한이 지구상 가장 가까운 우리민족임에는 틀림없이 맞으니, 우리가 크는 동안 궁상맞게 떨어진 형제에게 쌀이나 달러를 준 것을 가지고 따지는 것도 어리석음입니다.

그것은 북한을 남남이나 적대적인 세력으로 본다는 것이니 우리가 북한을 적대적 관점으로 보는 한, 대화는 요원하고 남한의 발전도 통일도 더 이상은 못가는 원리를 아시는지요?

2024.07.07./서경례/북한도 남한도 멈춤상태

About bullying North Korea (15/78)

The right wing criticizes the other side for what South Korea has given to North Korea. However, if we look at it from a different perspective, there is no need for that.
Do you know that the amount of funds did not decrease just because large corporations provided funds to orphanages or foundations for children with heart disease?

To be honest, the economic power in South Korea is research funds, funds to create alternative future plans, and funds to create various contents, so those were filled.

The recent deepening debt increase and loss of economic power are not due to providing materials to North Korea.
It is because the country is regressing due to the waste of enormous taxes in the wrong places, impeachment, special prosecution, and lawsuits that are completely unrelated to the lives of the people, and the country is drifting without policies. These days, the Democratic Party and the Republican Party are fighting over South Korea, so the United States is also shrinking.

And the fact that they gave cattle and rice to North Korea shows the will of the past government to help North Korea. If we read and interpret such thoughts positively, it is correct to say that South Korea and North Korea have been in the process of making efforts, even though we did not know about it in terms of methodology.

Among the many countries in the world, North Korea, which inherited the Korean alphabet and uses it in the same way as South Korea and can communicate with us through language right away, is undoubtedly the closest people to us on Earth. It is also foolish to argue with our brothers who were left behind while we were growing up because we gave them rice or dollars. That means we see North Korea as a stranger or a hostile force.

However, as long as we see North Korea from a hostile perspective, dialogue with North Korea is far away. Then, do you know the principle that South Korea's development and unification cannot go any further?

2024.07.07./Seo Kyung-rye/Now, both North Korea and South Korea are at a standstill

왕따 북한에 대하여 (16/78)

똑같은 현상을 보고 그를 어찌 볼 것인지의 관점도 나누어지며 사물을 보는 관점도 나누어져 있고, 인생을 보는 관점도 긍정과 부정으로 나누어져 있습니다. 따라서 북한을 보는 관점도 적국으로 볼 것인가? 아님 통일을 해서 같이 가야 하는 형제로 볼 것인가는 나누어져 있고, 우리는 선택할 수 있습니다.

그런데 여기서 아주 중요한 사실을 모르고 있으니 만일에 상대방인 북한을 적으로 보는 한 허리가 잘린 우리 남한의 발전과 상승도 여기까지만 가능하고 올라가지 못한다는 사실이 중요합니다. 그리고 그동안 멈춘 반쪽을 다시 온전하게 퍼즐을 맞추는데 열정을 쏟는 대신에 남한 이 조그마한 땅내에서도 서로 싸웁니다. 할 일이 없기 때문입니다.

여러분이 정치인들의 입을 잘 보세요. 그리고 노트에다가 그들이 한 얘기를 써보세요. 정책인지 남탓인지 아님 자신의 얘기인지 각 당파끼리도 서로 아귀다툼 탄핵하며 싸우지요.

당파내에서도 또 서로 혼자만 최고자리 차지하겠다고 다시 계파끼리 물고 뜯고 싸우지요. 서로가 상대방을 잡아먹지 못해서 아귀다툼을 하고 있는 것을 우리는 어제도 오늘도 늘 보고 있습니다.

비싼 옷을 입고 마이크에다가 비전을 제시하는 것이 아니고, 상대방을 무너뜨리고자 웃으면서 교묘하게 안간힘을 쓰는 모습이 지금 남한 대한민국이니 이것이 누구 책임이며 폭풍이 휘몰아쳐 오는 지구촌에서 그 파도를 넘고 국운이 상승할 수 있겠습니까?

분별없이 무지한 국민책임입니다. 정치인들 책임이 아니라는 사실을 알아야만 하겠습니다. 民主국가라고 한다면요. 이러한 것들은 우리가 해야할 새로운 미션이 없기 때문이고 통일은 그 역사적 미션 중의 하나입니다.

2024.07.08./서경례/우리가 민주국가일까?

About bullying North Korea (16/78)

We see the same phenomenon and the perspectives on how to view it are divided, and the perspectives on things are also divided. The perspectives on life that humans see are also divided into positive and negative. Therefore, our perspectives on North Korea are also divided as to whether to view it as an enemy or as a brother who must go together through unification, and we can choose.

However, we do not know a very important fact here. If we view the other party, North Korea, as an enemy, the development and rise of our truncated South Korea can only go this far and cannot go up. And instead of pouring our passion into putting the half that stopped in the meantime back together as a complete puzzle, politicians fight each other even in this small land of South Korea. This is because political gangsters have nothing valuable to do.

Please listen carefully to the mouths of politicians. And write down what they say in a notebook. Let us discern whether it is a policy, blaming others, or our own story.

Each party also fights and impeaches each other. We have seen it before and today, that they are fighting each other because they cannot eat each other.

The current South Korea is the Republic of Korea, where politicians are not wearing expensive clothes and presenting their visions into microphones, but are trying their best to bring down the other party.

Who is responsible for this, and can our country overcome the waves and rise in the storm-swept world? It is the indiscriminate and ignorant responsibility of the people.
We must realize that it is not the responsibility of politicians.

If we say that we are a democratic country where the people are the masters.
(South Korea is actually a dictatorship now).
This is because we have no new missions to fulfill, and unification is one of those historical missions.

2024.07.08./Seo Kyung-rye/Are we a democratic country?

능력자와 무능력자

실력자는
상대방을 탄핵할 필요가
없습니다.

왜냐하면
상대방까지도 함께
갈 수 있는 지적인 내용이
충만하기 때문입니다.

탄핵을 외친다는 것은
그 자체로
이미 내면의 장착된
본인의 실력이 없기 때문입니다.

그것은
누구든지 해당이 되는
근본 원리가 되는 것

이제는
사람의 입에서
왜 탄핵하자는 말이
나오는지도 알아야만
탄핵제도가 없어집니다.

따라서
실력자가 드러나는 미래에는
탄핵제도도 없어집니다.

우리 인생은
상대방을 살려서
함께 가기에도 너무나 짧은
찰나의 시간을 사는 것

시간이 없어서
아주 많은 것들을
한꺼번에 설명드리지
못하지만 두고두고 계속
모든 설명을 드리겠습니다.

2025.04.08./서경례/부족한 시간을 가지고

The Competent and the Incompetent

The competent do not need to impeach the other party.
Because they are full of intellectual content that even the other party can go with.
Calling for impeachment is in itself because the person does not
have the ability that is already equipped inside.

That is a fundamental principle that applies to anyone.
Now, we need to know why people are talking about impeachment,
so that the impeachment system will disappear.

Therefore, in the future when the competent are revealed,
the impeachment system will also disappear.
Our lives are too short to even save the other party and go together.

I do not have time to explain many things at once,
but I will continue to explain everything over and over again.

2025.04.08./Seo Kyung-rye/With insufficient time

왕따 북한에 대하여 (17/78)

통일을 어떻게 할 것인가?
어떻게 저리 오물 풍선을 둥둥 내려보내는 어이없는 행태의 북한을 변하게 하고 도울 수 있을 것인가?

우리부터 변해야만 가능합니다. 이것은 움직일 수 없는 진리가 됩니다. 가진 자가 먼저 변해야만 하고, 윗자리에 앉은 자가 먼저 변해야만 합니다.

똑같이 저급하게 확성기를 튼다는 등 전단을 뿌리는 등 자극할 필요는 없습니다. 남한이 아니라도 미국이 알아서 자극하고 있으니 굳이 남한까지 그리할 필요는 없고 백전백승하려면 우리가 알아야만 하겠습니다.
무엇을 알아야만 할까요?

1. 상대방이 무엇이 필요한지를 먼저 알아야만 하고,
2. 우리가 가진 것이 무엇인지를 다음 알아야만 합니다.

최근에 북러 합의문에서 보여 준 것을 유심히 잘 봅시다. 북한이 러시아한테 무엇을 원하고 있는지 상상할 수 있을까요?

개인도 그러하고 국가도 그러하듯 서로가 만난다는 것은 주고받을 것이 있기 때문입니다.

"주는 것이 받는 것이니라." 라는 말을 어딘가에서 보았던 적이 있습니다. 오래전 그 말을 가지고 생각속에서 많이도 반문했었는데, 그 말이 참으로 어려운 말입니다. 그 말의 깊이는 내용이 많이 길어지니 다음에 기회가 되면 원리를 풀어 드리기로 하겠습니다.

다시 북한문제로 돌아가 상대방이 필요한 것을 먼저 살피는 것이 선행되어야만 하고, 그다음에 우리가 가진 것을 아는 것이 중요합니다. 우리는 우리가 무엇을 가졌는지도 잘 모르고 있습니다.

2024.07.08./서경례/만남은 이유가 있어야만 하고

About bullying North Korea (17/78)

How will South Korea achieve unification? How can we change and help North Korea, which is sending such a balloon of waste?

We must change first. This is an immutable truth. Those who have must change first, and those who have developed first and are in the top positions must change first.

There is no need to turn on the loudspeaker to agitate the North Korean people in the same low-level way.
If we are to lead unification, we must know. What do we need to know?

1. We must first know what the other party, North Korea, needs.
2. We must know what we have in the following order.

Let's take a close look at what was shown in the recent North Korea-Russia agreement.
Can you imagine what North Korea wants from Russia?

As with individuals and countries, when they meet each other, it is because there is something to give and receive.

I have seen the saying somewhere, "To give is to receive." I have thought about that saying many times in my mind a long time ago, but it is a truly difficult saying.
The depth of that statement is quite long, so I will explain the principle next time when I have the chance.

Returning to the North Korean issue, it is important to first examine what the other party needs, and then know what we have. We do not even know what we have.

2024.07.08./Seo Kyung-rye/There must be a reason for the meeting.

왕따 북한에 대하여(18/78)

왕따 북한이 미국에 쫓기는 러시아 푸틴한테 바라는 것이 있습니다. 푸틴이 하도 다급하다 보니 그동안 지지리 궁상이 넘쳐서 쳐다보지도 않던 북한에 손을 내민 것은, 군사적인 무기 탄약 등과 용병이 급한 까닭입니다.

그렇지만 사실은 러시아가 성장하기 위해서 필요한 것들도 전부 한국에 있으니 우리는 두마리 배고프다고 길길이 날뛰는 늑대를 둘다 잡아야만 하는 형국입니다.(우크라이나 러시아는 지금 멀쩡한 젊은 남자들이 전쟁터의 희생양으로 씨가 마르고 있음)

북한의 김정은 식량도 부족합니다. 남한은 쌀이 넘쳐서 그놈의 쌀을 정부가 1조 4천억 원 정도 세금을 들여서 사들이고 농가소득을 유지해야 한다는 측과 그렇게 하면 비축된 쌀을 처리도 못하기에 농가도 소비자도 좋지 못하니 시장경제에 가능한 맡겨야 한다는 측과 정답 없는 싸움을 하고 있습니다.

그러니 그렇게나 말이 많은데 북한 거기는 쌀이 남아도는 남한과 달리 쌀이 없어 식량난이 심각하니 친구님들은 잘 생각을 해보자고요. 북한은 에너지도 부족하니 그것도 바라지만 더욱 간절히 바라는 것이 기술입니다.

기술이 더 비싼 비물질 지식이라서 그렇습니다. 첨단기술 개발이 그리 간단한 것이 아니니 비싼 것이 당연한 일인데 김정은이 그것을 또 간절히 전달받기를 바라고 있습니다.

그런데 김정은 자신도 해법을 전혀 모르는 더욱 큰 고민이 따로 있으니 그것이 무엇일까!
지금 북한의 집권층이 남한의 K문화가 들어오는 것을 무척이나 두려워하고 있습니다. 국민이 눈을 뜨면 권력을 유지하기가 사실상 불가능하기 때문입니다.

사실이 그러하니 남한은 북한의 정권유지를 불안하지 않게 하면서도 인간존중을 잘 접목시켜서 북한 인민을 한 단계 성장시킬 교육시스템으로 김정은을 도와주는 것이 또한 중요합니다.

2024.07.08./서경례/김정은이 아는 것과 모르는 것

About bullying North Korea (18/78)

North Korea wants something from Putin, who is being chased by the West, NATO, and the United States. The reason Putin reached out to North Korea, which he had not even looked at because it was so poor, is because he urgently needed military weapons, ammunition, and mercenaries. However, the truth is that everything Russia needs to grow is in South Korea. We have to catch two hungry wolves that are running wild. (In Ukraine and Russia, healthy young men are dying as victims of war.)

North Korea's Kim Jong-un is also short on food. There is an opinion that South Korea has an abundance of rice, so the government should spend about 1.4 trillion won in taxes to buy that rice and maintain farm income.
Another view is that if we do that, we will not be able to process the stored rice, which will be bad for farmers and consumers, so we should try to adapt to the market economy as much as possible. That is why they are still fighting a fight with no right answer.

In this reality where there is so much talk, North Korea, unlike South Korea where there is an abundance of rice, has no rice and is suffering from a serious food shortage, so friends, let's think carefully. North Korea is also lacking energy, so they want that a lot, but what they want even more is technology. That's because technology is more expensive non-material knowledge. Since developing cutting-edge technology is not that simple, it is natural that it is expensive, but Kim Jong-un is desperately hoping to receive it.

However, Kim Jong-un himself has an even bigger concern that he does not know the solution to. What is it? The ruling class in North Korea is currently very afraid of South Korea's K-culture coming in. This is because it is virtually impossible to maintain power if the people open their intellectual eyes.

Since this is the case, it is also important for South Korea to help Kim Jong-un with an education system that will help the North Korean people grow to the next level while making sure that North Korea's regime is not anxious about maintaining it, and by properly incorporating respect for humanity.

2024.07.08./Seo Kyung-rye/What Kim Jong-un knows and does not know.

왕따 북한에 대하여(19/78)

김정은이 간절히 원하는 것 중의 하나가 첨단기술입니다만 푸틴이 그것을 호락호락하게 줄 리 없습니다.

기술은 국가의 경제력과 국방력과 직·간접적으로 모든 부문에서 관련이 되는지라 비싼 것이고 국가의 자산인지라 대한민국이 미국과 동맹을 맺은 사이지만 미국이 호락호락하게 주지는 않았던 것

그래서 영리하고 얌체인 대한민국 두뇌들이 때로는 미국이 힘들게 연구한 기술을 인생을 걸고 훔치기까지 했던 과거를 잘 상기하면 이해할 수가 있습니다.

그렇다고 대한민국이나 미국 또는 러시아가 북한을 기술적인 부문에서 영원히 배제하고 우리만 기술독점을 할 수 있을까요?

그렇지는 않습니다. 그런 사실을 또 각국 정부는 모르고 있습니다. 우리가 교육에서 평준화라는 말을 들어 보셨으니 설명을 드립니다만 지구촌도 기술의 평준화가 벌써 시작되었습니다.

미국이 그토록 힘들여서 오펜하이머를 비롯한 인류의 모든 천재 과학자들 데려다가 엄청난 돈을 쏟아부어 만든 핵폭탄 제조기술이 소련에 넘어가지 않았던가요?

간첩이 넘기든 누가 넘기든 어떻게 해서든지 기술이 넘어갑니다.
그러니 우리 대한민국은 어찌하면 좋을까요! 친구님들의 생각은 어떠신지요?

2024.07.09./서경례/인류의 기술평준화

About bullying North Korea (19/78)

One of the things that Kim Jong-un desperately wants is cutting-edge technology, but Putin will not give it to him easily.

Technology is expensive and a national asset because it is directly and indirectly related to the country's economic power and defense power in all sectors.
Although South Korea is allied with the United States, the United States did not give it to him easily.

So if we recall the past when the smart and docile South Korean brains sometimes risked their lives to steal the technology that the United States had worked hard to research, we can understand.

But can South Korea, the United States, or Russia permanently exclude North Korea from the technological sector and monopolize the technology for themselves?

No. The governments of each country do not know that fact.
Since you have heard the term "equalization" in education, I will explain it to you. The global standardization of technology has already begun.

Didn't the nuclear bomb manufacturing technology that the United States worked so hard to create by bringing in 4,000 scientists including Oppenheimer and pouring a huge amount of money fall to the Soviet Union?

Whether it's a spy or someone else, the technology will be passed on somehow.
So what should we do about our Republic of Korea?
What do you think, friends?

2024.07.09./Seo Kyung-rye/Technological Equalization of Humanity

왕따 북한에 대하여(20/78)

우리 대한민국 우익세력들이 착각하는 것이 하나 있습니다. 여기 남한이 과거의 6.25 때처럼 전쟁이 발발하면 미국이 그 옛날처럼 도와주리라는 착각. 그러나 착각은 그만해야 합니다.

필자가 미국을 우리나라처럼 생각해야 한다고 드린 이유는 미국이 앞으로 우리를 도와줄 것이라서가 아니고, 그 옛날 목숨을 던져서 한국을 살려낸 빚을 우리가 아직도 갚지 못했기에, 점점 나약해져 가는 현재의 미국에 그 빚을 갚고 미국과 함께 도약하기 위해서입니다.

미국의 힘이 상승하던 시절에 한국을 구사일생으로 살려냄으로써 미국은 지금처럼 어지러운 시절을 대비해 보험을 들어놓은 것과 같은 형국입니다.

미국과 UN의 이름으로 우리 대한민국에 뿌린 목숨값이 얼마나 되리라고 보십니까?
여러분의 목숨값이 얼마나 될까요? 과연 돈으로 환산할 수가 있겠습니까?
여러분의 목숨이 귀하듯이 우리를 위해서 죽어간 저 수많은 영혼들의 목숨이 또 얼마나 비싼 것인지를 우리가 알고 있습니까?

그것뿐만이 아니라 6.25 이후에도 지금까지 미국은 만년 무역적자를 감수하면서 한국에 이런저런 에너지를 주고 있었으니 트럼프의 저 심통 맞은 볼멘소리가 그냥 나오는 것이 아닙니다.

물론 트럼프는 구체적으로 무엇을 한국한테 빼앗겼는지 정확하게는 모르다 보니 이것도 빼앗기고 저것도 빼앗기고 했다고 성토하고 방위비를 5배로 올려 달라고 난리를 치고 있는 것이지요.

그러나 방위비로 끝날 일이 아니라는 사실.
트럼프가 하는 말이 힘이 강할 때에 나오는 행태가 아니고 미국이 점점 쇠약해져 갈 때에 나오는 표현들입니다. 무언가가 부족하고 없다는 느낌을 받는 것

2024.0710./서경례/이제는 갚아야 할 때인데

About bullying North Korea (20/78)

There is one thing that our conservatives in South Korea are mistaken about. They think that if a war breaks out in South Korea like it did during the Korean War, the United States will help them like it used to. However, it is time for South Korea to stop making this mistake.

The reason I said that we should think of the United States as our country is not because the United States will help us in the future. It is because we have not yet repaid the noble debt that they gave us by sacrificing their lives to save Korea in the past, and we need to repay that debt to the United States, which is becoming increasingly weak, and make a leap forward together with the United States.

By saving Korea by a hair's breadth during the time when America's power was rising, the United States is like taking out insurance to prepare for the current turbulent times.
How much do you think the lives that were sacrificed in the name of the United States and the UN are worth to the Republic of Korea? How much is your life worth?

Can you really convert the value of your life into money? Just as your lives are precious, do we know how precious the lives of those countless souls who died for us are?

Not only that, even after the Korean War, the US has been suffering from a perennial trade deficit and has been providing various energies to Korea, so Trump's heartbreaking and blunt remarks are not just coming out of nowhere.

Of course, Trump does not know exactly what was taken away from Korea. That is why he is making a fuss, saying that this was taken away and that was taken away, and asking for a five-fold or more increase in defense spending.

However, the fact is that the current demands of the US are not limited to defense spending. Trump's words are not behavior that comes out when he is strong, but expressions that come out when the US is gradually weakening. He feels that the US is lacking something now.

2024.07.10./Seo Kyung-rye/It is time to pay back the US

왕따 북한에 대하여(21/78)

트럼프의 그 빈궁한 느낌을 채워줄 수 있는 것이 지금 바로 우크라이나 러시아의 중재안입니다. 미국을 겨냥한 북한의 ICBM의 방향을 차츰 없애버림으로써 한반도의 망나니인 북한에 대한 미국의 고민을 풀어주는 것은 통일안입니다.

그동안 미국이 희생해서 살려놓은 남한 땅. 북한의 김정은이 노상 총부리를 겨누고 있느라 정작 본인들은 사정없이 빈곤해지고 찌그러지고(북한의 GNP GDP 등을 비교해도 알 수 있으나 그런 통계조차도 북한은 제대로 없음) 남한은 전 세계 모든 선진국들이 무기 생산을 감축할 때에 북한이 고맙게도 호시탐탐 저리 있어주니 거기에 대비하느라 부지런히 무기강국으로 도약할 수 있었던 남한 땅.

지금의 자랑스러운 K방산의 일등공신은 다름 아닌 북한이었음을 아는가! 김정은 자신도 모르고 남한의 똑똑한 지식인들도 북한을 비난만 할 줄 알지 K방산의 일등공신이 북한인 줄을 까맣게 모르는 것이 현실입니다.

생각을 해보자고요. 느슨해질만하면 각종 사고를 내고 다시 정신줄 놓을만하면 연평도 사건 터뜨리고 이젠 오물풍선까지, 그 바람에 남들 무기감축할 때 부지런히 생산라인 늘리고 연구에 박차를 가했다는 사실을 아는가!

그런 역학관계를 알리없는 북한이 눈떠보니 남한 놈들은 잘살고 본인들은 허접한 현실을 깨달았을 때는 이미 너무 늦었다는 것 그래서 김정은은 무척이나 기분이 나쁩니다.

그렇게 그네들의 의지와는 상관없이 남쪽 대한민국을 키우고 희생양이 되어 저리 깡패로 변했고, 미국도 쪼끄만 대한민국 하나 다 키우고 나니 이젠 늙어가는 현실을 지식인들이여 아시는지요?

2024.07.10./서경례/대한민국 하나를 키우느라

About bullying North Korea (21/78)

The one that can fill Trump's sense of poverty is the mediation proposal of Ukraine and Russia. Also, the unification plan is to gradually eliminate the direction of North Korea's ICBMs aimed at the US, thereby solving the US's worries about North Korea, the scapegoat of the Korean Peninsula.

South Korea is a land that the US has sacrificed and saved. While North Korea's Kim Jong-un is constantly pointing his gun at South Korea, they themselves have been inevitably becoming impoverished and miserable.
(You can see this by comparing North Korea's GNP GDP with South Korea's, but even such statistics are not accurate for North Korea.) When all the advanced countries in the world reduced their weapons production, South Korea was able to diligently leap forward as a weapons powerhouse by preparing for North Korea's presence. So, South Korea!

Do you know that the greatest contributor to the current proud K-Defense Industry was none other than North Korea? Kim Jong-un himself does not know, and even South Korea's smart intellectuals only know how to criticize North Korea, but they are completely unaware that the top contributor to K-Defense is North Korea.

Let's think about it. Whenever the South Korean government becomes lax, North Korea provokes and causes various accidents. Whenever they lose their senses again, they bring up the Yeonpyeong Island incident and now they are sending sewage balloons.

Do you know that because of that, while advanced countries were reducing their weapons, our Republic of Korea was diligently increasing its production lines and spurring research! When North Korea, unaware of such dynamics, opened its eyes and realized that South Koreans were living well while they themselves were shabby, it was already too late.

That's why Kim Jong-un feels so bad. In that way, regardless of their will, North Korea raised South Korea into a K-Defense weapons powerhouse and became a scapegoat, turning it into a gangster. Even the United States is now aging as a national power after raising even a small Republic of Korea.

2024.07.10./Seo Kyung-rye/The US and North Korea are the contributors to the development of the Republic of Korea

왕따 북한에 대하여(22/78)

북한이 당장에 필요한 것이 있고 천천히 필요한 것들이 있습니다. 그리고 북한이 필요한 것은 식량기술(특히 산업기술) K-문화 K-방산기술 교육시스템 산업시설 등등 너무 많습니다. 오리온 초코파이 생산시설과 기술도 북한엔 없습니다.

아! 남한에 핵무기가 없던가요? 그것만큼은 북한도 남한에 요구하지를 않습니다. 이미 그들이 가지고 있기 때문입니다.

그러고 보니 그들이 필요한 것들은 직접적으로 달러를 주는 것이 아니고 시간을 두고 하나씩 만들어가야만 하는 것들입니다.(의미있는 문장이니 깊이 생각해야만 합니다)

남북한의 평화통일이라는 것이 하루아침에 되는 것이 아닙니다. 일단 통일합의문을 먼저 작성하고 공표한 후에도 시간을 두고 남북한의 격차가 없어질 때까지 지속적인 왕래가 오랜기간 필요합니다.

우리 조그만 대한민국 남한땅이 품고 있는 것들이 얼마나 대단한지를 다들 모르고 있었습니다. 우리가 무지해서 모르면 있어도 못쓰고 통일도 못합니다.

그리고 저리 당파싸움만 오늘도 어제도 계속하다가 이젠 당내싸움까지 하는 건달이 되어 국민의 고혈만 흡입하고 있습니다. 국민은 멍들다가 자살로 죽어가고~

필자가 우리가 가진 것의 위대한 가치를 다 열거하면 너무 많은 내용이 필요하니 위의 것들 중에서 북한이 좋아하는 초코파이만 예를 들어 볼까요?

북한에도 역시나 그 초코파이가 그렇게나 인기라고 하더이다. 지금 남한에서 초코파이 같은 과자를 누가 생산합니까? 다른 모든 공장과 마찬가지로 초코파이 같은 과자공장에서 일하는 수많은 사람들이 전부 한국인일까요?

외국인 노동자들이 우리 노동시장에서 차지하는 비중이 2024년 통계로 고용보험에 가입한 외국인 노동자 수가 23만 3,000명이라고 합니다. 2021년 불과 1만 8,000명이던 외국인 노동자 수가 2024년 고용노동부가 발표하는 통계로만 보아도 23만 3,000명이 됩니다.

그런데 이 수치는 그나마 통계에 잡힌 고용한 경우만을 상정하고 있을 뿐 실제로는 이보다 훨씬 더 많다는 사실을 우리 국민은 알고 있을까요?

필자가 지금 외국인 노동자들과 동고동락을 같이하면서 그 실태를 리얼하게 체험하고 있습니다. 우리 국회의원들이 외국인 노동자들 없이는 대한민국 저 수많은 공장이 돌아가지 않는 리얼한 현실을 체감하고는 있을까요?
체감한다고 하면 대책은 있는 자가 정치를 하고 있을까요?

퇴직해서 나이 든 한국인들은 취업을 하고자 해도 받아주지도 않는 그 일자리가 외국인 노동자들한테는 나이가 60이 넘어 불편한 몸을 이끌고 다님에도 가능하고, 임신을 한 여성도 받아주는 등 무한으로 열려져 있는 지금의 현실을 우리 정치인들이 알고는 있을까요?

따라서 그 일자리를 얻을 수 있는 기회에 있어서 한국인들이 역차별을 받고 있는 이 기막힌 현실을 대통령이 알고는 있을까요?

한쪽에서는 대기업이 무역으로 돈벌고 한쪽에선 거대한 숫자의 외국인 노동자들한테 세계 각국으로부터 유입된 돈이 다시 나가고 있는 현실을 유심히 잘봅시다.

이리 가다간 인건비 비싼 대한민국으로 전 세계의 돈을 좇는 외국인 노동자들 시체있는 곳에 독수리 모여들듯 다 모이게 생겼습니다.

여기서 잠깐 생각을 할 수 있도록 필자가 질문을 드립니다. 지금 한국의 저 수많은 외국인 노동자들 인건비가 비쌀까요?
북한 지역에다 남한 기업의 생산시설을 우리가 가동할 때 북한 인민의 인건비가 비쌀까요?

About bullying North Korea (22/78)

There are things that North Korea needs right now and things that it needs slowly. And there are so many things that North Korea needs, such as food technology (especially industrial technology), K culture, K defense technology, education system, industrial facilities, etc.
North Korea does not have Orion Choco Pie production facilities and technology.

Oh! Didn't South Korea have nuclear weapons? North Korea doesn't demand that from South Korea either. They already have it. Come to think of it, the things they need are not things that we give them directly, but things that we have to make one by one over time. (This is a meaningful sentence, so you have to think about it deeply.)

Peaceful unification of North and South Korea is not something that can be achieved overnight. First, after the North and South Korea first draft and announce the unification agreement, continuous exchanges are needed for a long time until the gap between the two Koreas disappears.

We have not known how great the things that this small Republic of Korea, South Korea, holds are. If we are ignorant and do not know, we cannot use them and we cannot achieve unification. And they have been fighting within the party for days and days, and now they have become gangsters who are sucking the blood of the people. The people are getting tired and dying by suicide~

If I were to list all the great values we have, it would take too much content, so let's just take Choco Pie, which North Korea likes, as an example. Choco Pie is also said to be very popular in North Korea. Who produces snacks like Choco Pie in South Korea right now?

Are all the countless people working in snack factories like Choco Pie, just like in all other factories, Koreans? The proportion of foreign workers in our labor market is 233,000 according to 2024 statistics. The number of foreign workers, which was only 18,000 in 2021, will increase to 233,000 in 2024 according to statistics released by the Ministry of Employment and Labor.

But do our citizens know that this number only assumes the employment of 10 or more foreigners, which is included in the statistics, and that the actual number is much higher? I am experiencing this reality by sharing the joys and sorrows of foreign workers.

Do our lawmakers realize the real reality that countless factories in Korea cannot operate without foreign workers? If they do, do they have a solution in politics? Do our politicians realize that the jobs that Koreans want to work for are endlessly open to foreign workers? Therefore, do the president or Lee Jae-myung realize this shocking reality that Koreans are being discriminated against in terms of opportunities to get those jobs?

Let's take a close look at the reality that on one side, large corporations are making money through trade, and on the other side, the money that has flowed in from all over the world is going back to the huge number of foreign workers. You can see why Koreans are losing more money.

If things continue this way, foreign workers who are chasing money from all over the world will all gather in South Korea, where labor costs are high, like eagles flocking to a dead body.

Here, I will ask you a question so that you can think about it for a moment. Are the labor costs of the numerous foreign workers in South Korea expensive right now?
If we build production facilities for South Korean companies in North Korea, will the labor costs of North Korean people be expensive?

왕따 북한에 대하여 (23/78)

우리 한국이 얼마나 좋은 그들의 먹잇감인지 설명을 더 드릴까요? 3개월 여행비자로 외국인 노동자들이 들어와서 3개월 동안 불법으로 취업해서 알차게 돈을 버는데 심지어는 주거비도 절감하고 내지 않습니다.

기숙사가 있는 식당이나 공장에선 기숙사에서 공짜로 거주하고, 탈의실이 있으면 그 탈의실에서 커다란 여행가방을 놓고 잠을 잡니다. 공짜로 밥도 공장에서 주니 3끼니를 무료로 해결합니다.

그리고 다시 3개월이 끝나면 본국으로 기분전환도 할 겸 갔다가 다시 와서 그 일터에서 똑같이 일합니다. 그렇게 10년을 일하면서 동생도 데려오고 남편도 데려오고 거동이 불편한 엄마도 데려오는데 기막히게도 그들을 모두 검증없이 공장에서 받아줍니다. 그리고 한국인들은 일자리가 없어지는 것이지요.

그런데 그들 본국에서는 질이 낮아서 결코 주류집단에 끼지 못하고 버티지 못하는 그들이 여기에서는 한국인들과 똑같은 급여를 받아 갑니다.

미국도 외국인 불법체류자들과 미국인들과는 급여차이가 나는데 여기서는 법으로 묶어 놓아서 안전하게 불법체류자들이 보호를 받는 이상한 현실을 우리 국민은 아시는지요?

2024년 현재 월 300~400만 원 받아가고 조선소에선 시간당 16,000원씩 받아 갑니다.
외국인 불법체류자들과 언어가 통하는 북한인민 중에서 어느 곳이 더 기업측에서 볼 때 경쟁력 있는 임금일까요?

남한의 외국인 노동자들이 실질적으로 점령한 거대한 공장의 현실.
(유출되는 돈의 규모도 엄청남)

2024.07.11./서경례/남한에서 외국으로 유출되는 돈의 규모를 아는가?

About bullying North Korea (23/78)

Should I explain more about how good a prey our country? They come to Thailand or China on a 3-month tourist visa and work illegally for 3 months, earning a lot of money, even cutting down on housing costs and not paying.

In factories with dormitories, they live in the dormitories for free, and if there is a changing room, they sleep in the changing room with their large suitcases. The factory also provides free meals, so they eat 3 meals for free.

Then, when the 3 months are over, they go back to their home country to change their mood, and then come back and work in the same workplace. They work like that for 10 years, bringing their younger siblings, their husbands, and their mothers who have trouble moving, and surprisingly, the factories accept all of them without any verification. And Koreans lose their jobs.

However, in their home countries, they are of low quality and can never be included in the mainstream group and cannot survive, but here, they receive the same wages as Koreans.

In the US, there is a wage gap between illegal foreigners and Americans, but do our citizens know the strange reality that illegal foreigners are safely protected by the law?

As of 2024, they receive 3 to 4 million won per month, and at shipyards, they receive 16,000 won per hour. Let's look at the salary. Among the illegal foreign residents and the North Korean people who speak the same language, who would be more competitive and have lower wages from our company's perspective?

The reality of a huge factory practically occupied by foreign workers in South Korea. (The amount of money flowing out is also enormous.)

2024.07.11./Seo Kyung-rye/ Do you know the amount of money flowing out of South Korea to foreign countries?

왕따 북한에 대하여(24/78)

내년 시급이 10,030원으로 최종 결정이 났습니다만 일주일 40시간 일하고 나면 200만 원 정도 나올 것입니다.

기업은 기업대로 자금부담이 다시 가중되어 인력을 줄여야만 하는 현실이지만 급여를 받는 노동자들은 지금 9860원과 별반 크게 다르지 않습니다. 솟아오르는 이자와 물가를 따라 잡기엔 턱없이 부족한 금액입니다.

따라서 노동자들은 특근이며 야근이라도 시간을 늘려서 해야만 물가가 비싼 대한민국 현실에서 집사느라 대출받은 이자를 내고 살수가있습니다.

현실이 이러하니 하층의 노동자들은 그저 짐승처럼 장시간 육체노동에 시달려야만 합니다. 그렇다면 경영자쪽은 만족할 수 있을까요?

갈수록 급여는 오르고 효율은 제자리이니 수익률은 떨어지고 늘어나는 인건비를 감당하기가 벅찹니다. 사정이 이러하니 노동자들이 만족하겠습니까? 아님 오리온 초코파이 회장님이 만족하겠습니까?

바로바로 외국인 노동자들만 대만족하고 내년에도 악착같이 한국에 몰려올 것입니다.
그들은 한국에 돈때문에 옵니다. 오로지 돈맛을 보았으니 외국인 불법취업 노동자들은 절대로 이 노동자리를 포기할 수 없습니다.

교육을 많이 받고 가치관이 변한 젊은 한국인들이 장시간 노동일 대신 자기개발 시간을 가지려고 하는 것과 다른 현상인데요.
그것도 이유가 있습니다.

갈수록 경영하기가 힘들어지는 환경에서 경영자측은 한 사람한테 가능한 노동력을 최대한 짜내야하니 긴 장시간 피로도와 일의 강도가 세서 한국 젊은이들은 하루 12시간은 일하지 않습니다.

우리나라 젊은이들이 힘든 노동을 하지 않으려고 하는 것이 아니고요. 교육적인 성장을 할 수 없도록 기계처럼 장시간(12시간 근무와 주 6일 근무) 일을 해야 하는 환경을 만들어놓는 한 한국 젊은이들은 못갑니다.(중요한 부분임)

따라서 10~12시간 동안을 일해야만 하는 현재 2교대 시스템에서 커다란 변화가 필요한 시점입니다만 정치인들이 이 부분을 연구하지를 않습니다. 한국인들은 그 우수성으로 인해서 노동현장에서도 교육적인 성장을 할 수 있도록 기회가 주어져야만 하는 것이지요.

그러니 그 자리를 외국인 노동자들이 대신 메워주고 있는 장시간 노동현실. 그러나 시간이 지나면 그 외국인 노동자들의 또 거대한 세력을 형성해서 경영자 측의 갈 길을 잡을 것임을 전혀 모르고 있는 기업 현실.

여기서 딱 3년만 하루 12시간이상 일주일에 6일씩 때로는 주 7일을 밤낮으로 일하면 가져가는 돈이 한달에 300~500만 원 이상입니다.

여기에서 한달치가 그들의 본국에서는 1년치를 버는 셈이 됩니다. 그리고 3년간만 고생하면 집도 사고 사업체도 꾸릴 생각을 할만큼 1억 이상 거금이 만들어집니다. 그건 그들 본국에선 10억 원의 가치를 지닌 것

2024.07.12./서경례/외국인 노동자들의 천국으로

About bullying North Korea (24/78)

The final decision was made for next year's hourly wage at 10,030 won, but after working 40 hours a week, you will only earn about 2 million won. Companies are having to reduce their workforce due to increased financial burdens, but workers receiving salaries are not much different from the current 9,860 won. It is not enough to keep up with rising interest rates and prices.

Therefore, workers have to work overtime and overtime to pay the interest on loans for housing in the high cost of living in Korea.
In this reality, lower-level workers have no choice but to suffer long hours of physical labor like animals. Then, will the management be satisfied?

Wages are increasing and efficiency is stagnant, so profitability is falling and it is difficult to afford the increasing labor costs. Given these circumstances, will the KCTU be satisfied? Or will the president of Orion Choco Pie be satisfied?

Foreign workers are very satisfied and will continue to flock to Korea next year. They do not come to Korea to study or travel, but for money. Having only tasted money, illegal foreign workers can never give up their jobs.
This is a different phenomenon from young Koreans who have received a lot of education and have changed their values, who want to spend time on self-development instead of working long hours.
There is a reason for that.

In an environment where it is becoming increasingly difficult to manage, managers have to squeeze as much labor as possible out of one person, so young Koreans do not work 12 hours a day due to long hours of fatigue and high intensity of work.

It is not that young Koreans do not want to do hard work. As long as we create an environment where they have to work long hours like machines, preventing them from growing educationally, young Koreans will not be able to do it. (This is an important part.)

Foreign workers are very satisfied and will continue to flock to Korea next year. They do not come to Korea to study or travel, but for money. Having only tasted money, illegal foreign workers can never give up their jobs.
This is a different phenomenon from young Koreans who have received a lot of education and have changed their values, who want to spend time on self-development instead of working long hours.
There is a reason for that.

In an environment where it is becoming increasingly difficult to manage, managers have to squeeze as much labor as possible out of one person, so young Koreans do not work 12 hours a day due to long hours of fatigue and high intensity of work.
It is not that young Koreans do not want to do hard work.
As long as we create an environment where they have to work long hours like machines, preventing them from growing educationally, young Koreans will not be able to do it. (This is an important part.)

Therefore, it is time for a big change in the current two-shift system where they have to work for 10 to 12 days, but politicians are not studying this part. Koreans should be given opportunities to grow educationally in the workplace because of their excellence.

So, the reality of long working hours where foreign workers are filling those positions. However, the reality of companies that are completely unaware that as time goes by, these foreign workers will form a huge force and take control of the management's path.

Here, if you work 12 hours a day or more, 6 days a week, sometimes 7 days a week, day and night for exactly 3 years, you will earn 3 to 5 million won a month.
Here, one month's worth is equivalent to one year's worth in their home country.
And if you work hard for just 3 years, you will make over 100 million won, enough to buy a house and start a business. That is worth 1 billion won in their home country.

2024.07.12./Seo Kyung-rye/To a paradise for foreign workers

왕따 북한에 대하여(25/78)

필자가 왜? 북한의 역할과 통일안에 대해서 얘기하고 있는데 뜬금없이 공장에 대해서 초코파이 등을 생산하는 외국인 노동자들에 대해서 얘기할까요? 필자가 외국인 노동자들을 싫어해서 일까요?

그런 이유가 아니고, 통일을 하려면 현재 남한의 노동현실을 알아야만 하겠기에 드리는 설명입니다. 왜냐하면 북한과 통일을 하면서 동시에 남한의 노동현장들도 대변혁을 동시에 진행하면 남북한이 동시에 새로운 차원으로 다들 한 단계 올라가기 때문에 통일문제 이것은 또한 필연적으로 우리의 경영문제, 노동개혁문제가 되는 것이기도 합니다.

현재 노동개혁을 얘기하면서 주3일 출근이니 노동시간을 줄이니 늘리니하는 얘기들을 하는데, 어찌 노동개혁을 그리 초등학생 수준으로 생각을 할 수가 있을까요? 지금 곪아터진 노동자 문제가 그리 간단하지 않습니다.

그러니 겨우 버티고만 있는 기업의 경영자와 노동자들 외국인 노동자들 문제도 이제는 근본부터 풀어야만 더 이상의 부작용을 방지하고, 위대한 통일로 연결이 됩니다.

2024.07.13./서경례/노동개혁과 통일

About bullying North Korea (25/78)

Why am I talking about factories out of the blue when I am talking about North Korea's role and unification? Why am I talking about foreign workers who produce Choco Pies and other products? Is it because I have a bias against foreign workers?

It is not for that reason. I am explaining this because we need to know the current labor situation in South Korea if we are to achieve unification. Because if we unify with North Korea and simultaneously carry out a major transformation of South Korean labor sites, both South and North Korea will simultaneously rise to a new level. The unification issue also inevitably becomes our management issue and labor reform issue.

Currently, when we talk about labor reform, we talk about working three days a week and reducing or increasing working hours, but how can we think of labor reform at such an elementary school level? The labor issue that has now burst open is not that simple.

So we must now fundamentally resolve the issues of managers, workers, and foreign workers who are barely holding on to prevent further side effects and lead to great unification.

2024.07.13./Seo Kyung-rye/Labor Reform and Unification

왕따 북한에 대하여(26/78)

여러분이 상상해 보세요. 돈을 쫓아서 온 외국인 노동자들이 한국에서 과연 뿌리를 내리고 살 수가 있을까요?

한국말을 배우려하고 한국에서 새로운 교육을 받고 한국인으로 흡수되고자 하는 이가 아니라면 공장이 사라지고 없으면 모두 본국으로 돌아갑니다.

본시 돈을 찾아서 왔기 때문에 당연한 결과가 되는 것이니, 이들을 진정으로 위한다면 이젠 대한민국이 그들의 나라 즉 대한민국이 아닌 저개발국가에 일터를 창출해서 그들 본국에서 일할 수 있도록 세계경영을 시작하고 동시에 노동시간조절과 인성교육도 병행해야 합니다.

세계는 지금 작은 공장부터 삼성반도체 현대자동차까지 지구촌 인류전체가 거대한 노예구조로 아주 정교하게 짜여 있습니다.

Of the people
By the people
For the people

이것이 민주주의를 의미하는 유명한 말입니다만 지금 우리의 노동 현실은 어떠한가!

2024.07.14./서경례/For the people

About bullying North Korea (26/78)

Imagine this.
If the factories that are currently operating cannot make money, would foreign workers be in Korea?

If there are no factories, they will all return to their home countries.
They came here looking for money, so this is a natural result.

Therefore, if Korea truly cares for them, it should create jobs in their countries, that is, underdeveloped countries.
In order to enable them to work in their home countries, it should start global management and at the same time adjust working hours and provide character education.

So, I am telling you that it is not right to earn money in other countries as illegal immigrants and try to live off of it in their home countries.

The world is now very intricately organized into a gigantic slave structure, from small factories to Samsung Semiconductor and Hyundai Motors.

Of the people
By the people
For the people

This is a famous phrase meaning democracy, but what is our labor reality now?

2024.07.14./Seo Kyeong-rye/For the people

왕따 북한에 대하여(27/78)

Government of the people, by the people, for the people will not perish from the earth.
사람(국민)을 위한 사람에 의한 사람의 정부는 지구상에서 사라지지 않을 것이다.

누가 링컨한테 연설문을 만들어 주었는지는 몰라도 진리가 담긴 멋진 내용이니 지금까지 생명을 가지고 있습니다. 위의 문장은 미래의 예언이지 그 당시에 실현될 수는 없는 말이었던 것인데, 말이 너무 빨리 먼저 나왔습니다.

위의 문장을 수학방정식 또는 아인슈타인의 방정식으로 생각하시고 Government를 다른 조직체로 대입해도 좋습니다. 예컨대 Factory로 넣어 볼까요?

사람을 위하여 존재하고 사람들에 의해서 만든 사람의 공장이나 기업 회사 등은 지구상에서 사라지지 않을 것이다.
거꾸로 다시 풀면 사람을 위해서 존재하지 않고 사람이 주인공이 아닌 빵이나 초코파이나 반도체로 돈을 벌기 위한 목적의 조직체는 지구상에서 사라진다.

우리가 지금까지 공장에서 사람 중심으로 모든 경영을 한 적이 있었을까요? 지금까지는 생산품을 따라서 거기에 맞추어서 사람이 움직이고 있었습니다.

그런데 그것을 거꾸로 바꾸는 것이 미래의 방향이 됩니다. 왜냐하면 미래는 AI로봇이 알아서 단순노동은 다할테니 이미 사라지기 위한 멍석은 깔리고 있는 셈이 됩니다. 로봇의 발전은 이제 겨우 시작이고 갈수록 발달하고 인력대체가 진행될 것입니다. 그러나 여러분들은 걱정하지 않으셔도 됩니다. 로봇과 사람은 본시 근본이 다른 것이기에 서로가 할 일이 따로 있어요.

그렇게 변화의 방향을 모르니 로봇을 두려워하고 미래를 향한 전진은 없어 지금 대한민국의 공장들도 힘들게 버티고 있는 것이지요.
이 상태로는 더 윗단계로는 못 올라갑니다.

2024.07.14./서경례/무엇을 위한 공장일까?

About bullying North Korea (27/78)

Government of the people, by the people, for the people will not perish from the earth.

I don't know who wrote Lincoln's speech, but it is a wonderful content filled with truth, so it has survived until now. The sentence above was a prophecy of the future, and it was something that could not come true at the time, but the words came out too quickly. In fact, Lincoln himself died without knowing the depth of the words.

Think of the sentence above as a mathematical equation or Einstein's equation, and you can substitute Government with another organization. For example, let's try putting it in as a Factory.

Factories or companies that exist for people and are created by people will never disappear from the Earth. If we solve it in reverse, organizations that do not exist for people and are not the main characters and whose purpose is to make money with bread, Choco Pies, or semiconductors will disappear from the Earth forever.

Has there ever been a time when we managed everything in a factory centered on people? Up until now, people moved according to the products produced.

However, changing that in reverse is the direction of the future. Because in the future, AI robots will do all the simple labor, so the groundwork for their disappearance has already been laid. The development of robots is just beginning, and they will continue to develop and replace humans. However, you don't have to worry. Since robots and people are fundamentally different, they have separate jobs to do.

Because we don't know the direction of change, we are afraid of robots and have not made any progress toward the future. That's why factories in South Korea are struggling right now. They can't go up to the next level in this state.

2024.07.14./Seo Kyung-rye/What is the factory for?

왕따 북한에 대하여(28/78)

북한 문제를 다룰 때엔 항상 통일을 염두에 두고 생각을 해야 하겠습니다.
필자가 쓰는 표현들이 조금은 냉정한 듯 보이지만 우리 자신의 감정과 모순과 허영과 무지를 들여다볼 때엔 냉철하게 자신을 객관화 시켜야만 보이는 법이고 지금은 인류역사에서 가장 중요한 때이고 가장 험난한 파도가 몰아쳐 올 것이기 때문입니다.

그러한 때에 대통령이 나토 순방길에 "그 어느 때보다 한미동맹이 굳건하다."라고 말한다면 이는 몰라도 너무 모르는 아기같은 소리.
나토가 대한민국 대통령을 부르는 이유는 딱 하나 "기여를 하라"라는 뜻 다시 해석하면 중재안을 가져오라고 부르는 것임을 저리 모르고 있는 우리나라 대통령과 정치인들을 보는 국민은 착잡합니다.

그리고 미국이 한국을 동맹이니까 또다시 피 흘려서 지켜주어야만 하는 이유가 있을까요? 우리가 미국의 입장이 되어 봅시다.

미국은 6.25때 한국에 기여하고 희생하고 목숨 바쳐 보험을 들었는데 그래서 필요한 때에 중재안을 주어서 그 대가를 받아야만 하는데 밥값도 못하는 우리를 누가 지켜줍니까?

친구님들만이라도 착각은 그만해야 하겠습니다. 지금까지 팽팽하게 긴장을 주는 역할을 하고 K방산을 만들어 주고 국제사회의 왕따가 된 북한도 적이 아닌 것처럼 남한을 살려내고 그 값을 받아먹지 못해서 쪼그라들고 있는 고마운 트럼프의 미국도 동맹이 아니랍니다.

필자가 드리고자 하는 메시지는 2024년 대한민국은 결단코 동맹도 없고 적도 없습니다. 우리가 세계의 평화에 기여를 못할 때에는 모두가 적대적이 될 것이고, (미국도 북한도 나토도 러시아도 모두 다) 우리가 기여를 한다면 누구도 그 누구도 우군이 되고 친구가 됩니다. 그러니 모든 것은 우리하기 따라서 달라지는 것이지요.

2024.07.18./서경례/중재안도 못내는 정치인들

About bullying North Korea (28/78)

When we deal with the North Korean issue, let's always keep unification in mind.

The expressions I use may seem a little cold, but when we look into our own emotions, contradictions, vanity, and ignorance, we must be objective and cool.

This is because now is the most important time in human history and the most difficult waves will come crashing down. We must have the ability.

If the president says during his NATO tour at such a time, "The ROK-US alliance is stronger than ever," that is a statement that is too ignorant.

The reason NATO is calling the South Korean president is to "contribute." If we interpret it another way, it means calling him to bring a mediation plan. Our president and politicians do not know this.

And is there a reason why the US should shed blood to protect South Korea again because it is an ally? Let's put ourselves in the US's shoes.

The US contributed to Korea during the Korean War, sacrificed itself, and took out insurance by risking its life, so when it needs to, it should receive compensation by providing a mediation plan. Who will support us when we can't even do that?

North Korea, which has played a role in keeping Korea tense, created K-Defense Industries, and become an outcast in the international community, is not truly an enemy.

Also, Trump's America, which is shrinking because it saved South Korea and can't receive the price, is not an ally unless we play that helpful role.

The message I want to give is that in 2024, the Republic of Korea will have absolutely no allies or enemies. When we fail to contribute to world peace, everyone will be our enemies (including the US, North Korea, NATO, and Russia), and if we contribute, anyone will become our ally and friend. So everything changes depending on what we do.

2024.07.18./Seo Kyung-rye/Politicians who can't even provide a mediation plan

왕따 북한에 대하여(29/78)

방위비 요구 대처법

트럼프가 본인 스스로 미국이 보험회사라나 어쨌든 트럼프는 보험금을 타먹어야만 하는데 한국에 자동차 선박 컴퓨터 반도체 등 다 털렸다고 입이 닷발은 나왔어요.

사실 한국한테 털린 것이 그것만이 아닌데도 아직 목숨값은 얘기를 하지 않아 다행입니다. 목숨값만 털린 것도 아니고~

진짜로 한국한테 무엇을 얼마만큼 털렸는지 정확하게 안다면 돈을 요구하는 것이 아니고 미래 연구물을 요구할 터인데 트럼프가 욕심만 잔뜩이지 아직 까맣게 모르니까요!

1. 추가분은 미군빼라.
추후 방위비 5배 요구하거든 돈이 없으니 추가되는 만큼 미군을 빼가라고 하세요. 일부만 그럴 수는 없다고 하거든 전부 빼가라고 하세요.

2. 미해결로 남기에 그 욕심을 채운다고 해결이 되지는 않을 것이기에 그렇습니다. 궁극적으로는 서둘러 미국이 성장할 수 있는 중재안과 미래 비전을 제시해야 하겠습니다.

2024.07.20./서경례/서둘러서 중재안을

About bullying North Korea (29/78)

How to deal with defense cost demands

Did Trump himself say that the US is an insurance company?
In any case, Trump has to eat the insurance money, but not yet.
He has been talking about how the US industry has been robbed of cars, ships, computers, semiconductors, etc. by Korea.

In fact, that is not the only thing that Korea has robbed the US of, so it is fortunate that they have not yet talked about the cost of life. But the US has not only robbed their young lives by Korea.

If Trump knew exactly what and how much Korea has robbed, he would not be demanding money, but future research materials. But Trump is just greedy and does not yet know the value of Korea!

1. Take out the additional US troops.
If Trump demands a five-fold increase in defense spending, tell him to take out the additional US troops because there is no money. If he says that only some cannot be done, tell him to take out all US troops.

2. Present a vision for the US.
Since the defense budget issue is always unresolved, it will not be resolved if the US immediately satisfies its greed.
Ultimately, Korea should quickly present a mediation plan for the Russian-Ukrainian situation that will allow the US to grow, and also present a future vision for resolving the US refugee issue.

2024.07.20./Seo Kyung-rye/Hurry up and present a mediation plan

왕따 북한에 대하여(30/78)

미국이 기여도 못한 대한민국을 전술핵 등으로 보호해 줄 군사동맹이라는 착각을 하지를 않나. 어리석고 미련한 생각을 하고 있는 정부나 대통령이 하도 안타까워서 국민된 자로서 지금은 진실로 동맹도 적도 없음을 알려 드렸습니다.

생각해 보십시오.
여러분이 미국에 핵폭탄 떨어지면 총들고 미국을 구하려고 자원입대 하시겠습니까?
우리가 그리 못하면서 미국의 희생과 보호와 군사적 도움을 바라는 것이 얼마나 이기적인 발상이 되겠습니까?

미국도 일본도 북한도 러시아도 우리한테 할 만큼 다했습니다. 그 과정에서 하도 무식하고 옛날스럽고 미개하니 일제치하시절 얻어맞는 불미스러운 일들도 있었던 것이 사실입니다만 반면 우리는 그들을 위해서 무엇을 했는지 반문해 봅니다. 그저 미국이나 중국을 이용해서 돈만 벌어 오면 된다고 지금까지도 알고 있을 뿐입니다.

인정할 것은 인정해야 다음이 보입니다.

다음으로는 대한민국이 한단계 업그레이드가 되어야만 하는데 그리되려면 가장 가까운 북한과 먼저 통합을 해야만 순서가 맞습니다. 땅의 크기로 보나 언어로 보나 민족적으로 보나 인류평화의 시발점이 될 통합이 필요한 상황이니 이것을 남북한이 잘 슬기롭게 접목한다면 위대한 통일 한국의 기틀이 완성될 것입니다. 그리고 거기엔 자금이 필요합니다.

그거 아세요?
우리나라가 외국인 노동자한테 연간 지급되는 총임금이 2017년 외국인 노동자가 99만 명일 때에 약 22조 원, 그리고 그중에서 9조 원만 한국에서 소비되고 나머지 13조 원은 해외로 송출되고 있다는 사실. 그리고 해외로 유출되는 자금이 해를 거듭할수록 규모가 커지고 있다는 사실. 지금 2024년은 또 얼마나 많은 달러가 빠져 나가고 있을지 각자 스스로 자료를 찾아 봅시다.

2024.09.21./서경례/통일자금이 필요한데

About bullying North Korea (30/78)

Some mistakenly believe that the US is a military alliance that will protect South Korea, which has not contributed anything, with tactical nuclear weapons. I feel so sorry for the government and president who have such foolish thoughts, so as a citizen, I have informed you that there are truly no allies or enemies now.

Think about it.
Would you volunteer to save the US with a gun if a nuclear bomb were to fall on the US? How selfish would it be to expect sacrifice, protection, and military assistance from the US when we cannot do so?
The US, Japan, North Korea, and Russia have all contributed to our development.

It is true that there were unpleasant things in the process because they were so ignorant and uncivilized, but on the other hand, we ask ourselves what we have done for them.
We have only known that we can make money by using the US or China.

We must admit our shame to be true intellectuals.

Next, South Korea must upgrade itself to the next level, but in order for that to happen, it must first unify with its closest neighbor, North Korea. In terms of land size, language, and ethnicity, unification is necessary to become the starting point of world peace.
If South Korea can wisely integrate this, the foundation of a great unified Korea will be completed. And that requires funds.

Did you know that?
As of 2017, the total annual wages paid to foreign workers in our country amounted to 22 trillion won, and only 9 trillion won of that was spent in Korea.
Did you know that the remaining 13 trillion won was sent overseas?
It is now 2025, and the fact that the amount is growing enormously every year.

2024.09.21./Seo Kyung-rye/Unification funds are needed

왕따 북한에 대하여(31/78)

댓글이 있어서 답글 드리면 한국의 우익은 트럼프에 희망을 걸고 좌익은 트럼프를 싫어합니다만 필자는 바이든도 트럼프도 편견없이 인정하고 좋아합니다.

고마운 존재이고 어찌하면 미래비전을 주어서 정체된 미국을 상승시킬 수 있을지를 고민하고 메시지를 쓰고 있으니 말입니다. 바이든에게 드리는 글도 이미 써서 김진표 국회의장실에 가져다주었는데 김진표 당시의 국회의장한테 전달이 되었을까요?

트럼프가 미래비전을 알기를 또한 진심 바랍니다만 그러나 환상은 전혀 없으니 트럼프가 국제문제 중 어떤 난제도 해결할 수가 없다는 것도 이미 알고 있습니다.

또한 미국이 국내문제를 풀기 위해서 미국이 다른 나라에 관세폭탄을 던지면 미국은 관세폭탄을 맞지 않을까요?

관세를 올리면 관세청은 부자가 되겠지만 미국의 많은 서민들은 부자가 될까요? 아님 더 힘들어 질까요?

트럼프가 인기를 얻는 이유는 바이든 정부가 여러 사법리스크로 그를 옭아매려고 했기에 그에 대한 반작용으로 나오는 것이니 바이든 정부가 만들어 준 것

대한민국호가 멈추는 바람에 세계가 격랑속으로 빠져 들려고 하니, 트럼프가 새롭게 관점을 바꾸지 못하면 그런 상황에 더욱 부채질을 하는 역할을 할 수는 있습니다.

생각해 보세요. "미국 우선주의" 라는 사고로 무슨 문제를 풀 수가 있겠습니까? 거꾸로 쪼그라듭니다. 미래는 인류가 서로 상생하고 공존하려 하지 않으면 미국부터 선진국부터 망해갑니다.

공산국가가 움직이고 노조가 움직이고 있고 난민이 움직이고 있다는 사실이 뭔지도 까맣게 모르고 있는 미국의 정치인들과 트럼프가 대한민국의 지혜로운 도움없이 무엇을 어떻게 해결할 수가 있을까요?

미국이 최고가 되려면 세계가 미국을 인정해야만 하는 것이지 저리 방위비 뜯어낸다고 나토한테 돈달라고 미국이 영광스럽게 부자되고 군사력 최강이 되겠습니까?

2024.07.22./서경례/한국이 없이는 못 가는 미국

About bullying North Korea (31/78)

There is a comment, so I am replying.
The conservatives in Korea have hopes for Trump, and the left hates Trump.
However, I accept and like both Biden and Trump without prejudice.

They are grateful beings, and I am thinking about how to give them a vision for the future and elevate the stagnant United States. I have already written a "Letter to Biden" and brought it to the office of Kim Jin-pyo, the Speaker of the National Assembly of the Republic of Korea, but Kim Jin-pyo is ignorant and does not know its deep contents.

I also sincerely hope that Trump knows the vision for the future, but I also already know that Trump cannot solve any difficult international problems. Of course, we all know that Biden can't solve this problem.

The reason Trump is popular is because the Biden administration tried to tie him up with various judicial risks, and this is a backlash against that.

The world is falling into chaos because the Republic of Korea has stopped moving forward. Trump, who has a short temper, could further fuel such a global crisis.

Think about it. What problems can be solved with the "America First" mindset? If humanity does not seek mutual prosperity and coexistence in the future, the United States and advanced countries will fall first.

How can American politicians and Trump, who are completely unaware of the fact that communist countries are moving, unions are moving, and refugees are moving, solve anything on their own without the wise help of South Korea?

In order for the United States to become the best, the world must recognize the United States. Will the United States become gloriously rich and have the strongest military power just because the Trump administration ripped off defense spending?

2024.07.22./Seo Kyung-rye/America cannot go without wisdom from Korea

왕따 북한에 대하여(32/78)

다시 초코파이 내용으로 돌아와서 보면 한국의 외국인 노동자들의 실태가 이러할진대 오리온 초코파이 공장이라고 다르겠습니까?
그 오리온 초코파이 공장을 북한에 옮겨 놓는다고 상상해 봅시다.

외국인 노동자들 대신에 북한의 노동자들이 그 자리를 대신하고 그러면서 북한은 통일비용을 마련할 수가 있습니다. 거지처럼 거저 달러를 받는 것이 아니고 인민이 일을 하니 이유있고 정당하게 받아서 필요한 국가인프라 시설을 만드는 것이지요.(생계형 필수적인 것들을 먼저 만들고)

북한은 남한과는 너무도 가까운 거리. 또한 중국하고도 가까운 거리이고 러시아도 가까운 거리라서 북한을 거점으로 대한민국이 무역으로 초코파이 같은 간식이나 그 외 제조업의 생산품을 빠른 시간에 소진하는 것이 유리한 위치라는 장점이 확보된 점을 잘 유심히 보시면 얼마나 희망이 넘치는지 모릅니다.

물론 남한의 오리온 초코파이 회장님의 경제적인 수입도 늘어납니다.

왜냐하면 지금 지급되는 외국인 노동자들의 임금 정도이면(연간 지급되는 남한의 외국인 노동자들 비용이 2016년에 22조 원 지금은 그보다 훨씬 더 많고) 그 10분의 1도 안되는 북한의 노동자들 임금을 주고도 따로 그들을 교육시킬 수 있는 자체의 교육 시설을 충분히 가동하고도 남는 금액이 나옵니다.

뿐만 아니라 북한은 언어가 같은 한글이라서 통합의 조건으로는 최상의 안성맞춤이 이미 형성되어 있다는 사실을 아시는지요?

2024.07.22./서경례/남한에도 너무 유익한 이전계획

About bullying North Korea (32/78)

Let's go back to the Choco Pie content.
If this is the reality of foreign workers in Korea, would the Orion Choco Pie factory be any different?
Let's imagine that the Orion Choco Pie factory was moved to North Korea.

If North Korean workers replace the foreign workers, North Korea can secure the cost of unification from then on. It's not like begging for money like a beggar, but since the people work, it's reasonable and justly received and the necessary national infrastructure is built.

North Korea is very close to South Korea, China, and Russia.
Therefore, it is advantageous for North Korea to quickly sell snacks like Choco Pies and products from the primary industry produced by South Korean companies in North Korea to neighboring countries.

Of course, the economic income of the Orion Choco Pie chairman in South Korea also increases.

Because the current wages paid to foreign workers (the annual cost of foreign workers in South Korea was 22 trillion won in 2017, and now it is much more) are less than a tenth of the wages paid to North Korean workers, and they can operate their own educational facilities to educate them separately, and still have money left over.

In addition, the fact that North Korea uses the same language, Hangul, has already formed the best conditions for unification.

2024.07.22./Seo Kyung-rye/A relocation plan that is also beneficial to South Korea

왕따 북한에 대하여(33/78)

북한과의 통일은 남한의 노동개혁 문제와도 관련이 있기 때문에 통일이 진행되는 것과 동시에 남한의 노동자들의 문제도 같이 만져지는 것. 특히나 외국인 장기체류 노동자가 189만 명이고 2024년 외국인 노동인력 도입이 역대 최대인 16만 5천 명인 상황임을 심각하게 받아들여야만 합니다.

통일을 슬기롭게 잘하면 외국인력 편법사용에서 오는 한국인의 역차별을 해소하는 해결책이 되기도 한다는 사실을 말씀드립니다.

기업체 경영자들이 외국인 노동자들이 한국인의 일자리를 빼앗는 것이 아니라고 궤변을 늘어놓고 있습니다만 그건 어디까지나 궤변이고 실태를 적나라하게 들여다보면 한국의 젊은이들은 편의점 알바로 내몰릴 수밖에 없는 구조가 되어 있습니다.

또한 언제까지 외국인 노동자들이 노예처럼 고분고분 묵묵히 하루 12시간씩 노동을 지속하고 대한민국 회장님들한테 얌전히 돈만 손에 쥐여줄 것이라고 보는가!

2024.07.22./서경례/외국인 노동자들 불만이 서서히 자라는 중임을 아는지 모르는지

About bullying North Korea (33/78)

Unification with North Korea is also related to the issue of labor reform in South Korea, so the issue of South Korean workers will be addressed at the same time as unification.
In particular, we must take seriously the fact that there are 1.89 million long-term foreign workers and the number of foreign workers to be introduced in 2024 will be the largest ever at 165,000.

I would like to tell you that if unification is done wisely, it will also be a solution to the reverse discrimination against Koreans caused by the illegal use of foreign workers.

Corporate executives are constantly making absurd claims that foreign workers are not taking Korean jobs, but that is just absurd.
If we look closely at the current situation, the structure is such that young Koreans are forced to work part-time at convenience stores.

But do you think that foreign workers will continue to work like slaves for 12 hours a day and just obediently hand over money to the presidents of the Republic of Korea?

2024.07.22./Seo Kyung-rye/Foreign workers will not always be docile

왕따 북한에 대하여(34/78)

외국인 노동자들이 본국에서는 나름 똑똑한 사람들이고 영악합니다.

이들이 지금은 참고 묵묵히 일을 하지만 인성교육이 없이 짐승처럼 딱 짐승처럼 밥만 주고 돈만 주고 대한민국 기업의 돈만을 벌기 위해서 그들의 육체적인 에너지를 이용한다고 가정합시다.

시간이 더 지나가고 그들의 숫자가 점점 많아지고 결국 외국인 노동자들이 30% 이상이 되면 그들이 없으면 공장이 돌아가지 못한다는 것을 그들이 알았을 때에 사람이 되기 위한 교육이 일절 없던 그들이 어찌 나올 것인지를 우리 안이한 생각의 회장님들이 까맣게 모르고 있습니다.

대한민국 국민이 그토록 애지중지하는 푸바오를 먹을 것을 주지 않고 3일만 굶겨 놓아 보세요. 사육사도 잡아먹겠다고 난폭해지고 공격을 할 것입니다. 짐승의 본질입니다.

푸바오한테 먹을 대나무가 인간한테는 대나무 대신 교육이라는 영혼의 양식이 됩니다. 대한민국 노조단체가 왜저리 난리를 치는지 아시는지요?

노동자들의 육체를 서서히 갈아서 기업체 경영자들 골프도 치게 만들고 기름진 배를 불리고 있다는 사실을 이젠 그들이 알기 때문입니다. 그리고 그들을 위한 새것은 없으니 이것은 돈의 문제가 아니라는 것을 다들 모르고 있습니다.

돈보다 더욱 커다란 지적인 교육의 부재를 장기간 경험한다면 지금처럼 현대적으로 성장한 인간은 도저히 참을 수가 없도록 인간은 그 자체 영혼이 만들어져 있다는 사실을 알아야만 하겠습니다.

도대체가 우리 지식인들과 경영자들의 자녀들을 12시간씩 단순 반복하는 노동현장에 회장님은 자신의 자녀들을 보낼 생각을 과연 할 수가 있을까요?

그렇다면 그들이 자기나 자기 자녀들은 가지 못할만한 징그러운 짐승같이 일하는 노동현장에 짐승처럼 노동자들 디밀어 놓고 사육하는 지금의 노동현실을 인정하시는지요?

너희가 대접받고자 하는 그대로 대접하라고 누가 쓰긴 했던 것도 같은데~ 인류전체를 통으로 조망합시다.

러시아 북한 같은 공산국가가 들고 일어서기 시작했고, 민주노총이든 미국의 백인 노동자 계층이든 노동자 등이 움직이기 시작했고, 중국과 아프리카나 우크라이나 러시아 등으로부터 전 세계의 난민이 선진국들을 공격하기 시작했다는 사실은 아시는지요? (난민유입은 소리없는 공격이라고 보면됨)

트럼프가 장벽을 저리 높게 쌓는다고 난민이 아이고마 무서워라 하면서 멈추던가요? 아님 난민을 향해서 미사일을 쏘아 죽일겁니까?

2024.07.22./서경례/갈수록 토네이도 휘몰아쳐

About bullying North Korea (34/78)

Foreign workers are quite smart and clever in their home countries.

They are working silently and patiently now, but without any character education, they are just like animals, giving them food and money.

What will happen when their number increases and eventually foreign workers account for more than 30%?
Will they stay still when they realize that the factory cannot run without them?
Our presidents have no idea how they will change since they did not receive character education to live for society.

Let's starve the Fubao bears, whom the Korean people cherish so much, for three days without giving them food. They will become violent and attack the zookeepers, trying to eat them.

That is the nature of beasts. The bamboo that Fubao bears eat is education for humans instead of bamboo. Do you know why the labor unions in Korea are making such a fuss?

Because they now know that they are using the bodies of workers to make money and using that money to make business owners play golf and fill their fat stomachs.
And since there is nothing new for them, they all don't know that this is not a money issue.

If we experience a long-term absence of intellectual education that is greater than money, humans who have grown up in modern society like today cannot bear it.
We must realize that human beings are made with souls that need education.

Can we really think of sending our children to a workplace where intellectuals and business owners simply repeat the same thing for 12 hours?

Do you recognize the current labor situation where intellectuals are pushing workers like animals into workplaces that they or their children cannot go to and neglecting them?

It seems like someone wrote that you should treat them as you want to be treated~
Let's look at all of humanity as a whole.

Dictatorships and communist countries like Russia and North Korea have begun to rise up. Whether it's labor groups in Korea or the white working class in the United States, workers have begun to move.

Refugees from all over the world, such as China, Africa, Ukraine, and Russia, have begun to flow into developed countries.
In other words, do you know that refugees have begun to attack developed countries? (The influx of refugees can be seen as a silent attack.)

Did the refugees stop because Trump built the wall that high? Or will the US government shoot missiles at the refugees and kill them?

2024.07.22./Seo Kyung-rye/ Tornadoes are increasingly sweeping in

왕따 북한에 대하여(35/78)

전편에서 공산주의 또는 독재주의 사회가 움직이기 시작했고, 노동자계층이 움직이기 시작했고, 난민이 움직이기 시작했다고 말씀드렸습니다. 이들은 공통적으로 배고픈 증상을 가지고 있으며, 동시에 교육적으로도 상대적으로 낙후한 계층이 됩니다.

푸틴의 러시아가 배부르고 편안했다면 절대로 우크라이나를 공격하지는 않습니다. 노동자들이 만족한다면 절대로 파업하지 않습니다. 물질적으로 정신적으로 고픈증상이 나오는 것이지요. 난민도 고픈 사람들입니다. 아무도 난민문제가 어느정도로 심각한지를 모르고 있는데요, 그대로 방치하면 사회가 함께 곪아갑니다.

우리가 지식인이라면 이러한 지구촌의 현상이 대변혁을 앞두고 있음을 감지할 수 있어야 합니다. 문제는 풀기 위해서 주어지는 것 대한민국은 이 난제를 풀어야만 도약할 수가 있습니다. 남들이 풀 수 있는 것과 미국이 풀 수 있는 것은 그들이 풀면 되는 것이고 우리는 전세계가 못 푸는 문제만 골라서 풀면 됩니다.

그런데요. 난민문제가 심각한 미국이 그들의 문제를 못푼다는 사실이고 러시아도 중이 제 머리 못깎듯이 그러하고 가장 열악한 북한도 그러합니다. 도움이 필요한 부분들입니다.

그렇다면 가장 최빈국이고 언어적으로 같은 한글을 사용하고 거리가 가장 가까운 북한부터 통일을 함으로써 곪아터진 지구촌의 고픈 문제를 해결하는 것이 지혜이고 지금 현재 가장 비참한 지역으로 멀쩡한 살아있는 남성들을 사지로 보내서 대포 밥이 되도록 죽이는 우크라이나 지역부터 중재를 해 나가는 것이 남한이 인류사에 드디어 영광스럽게 드러나는 순간이 됩니다.

남한과 북한이 언어가 같다는 사실은 엄청나게 유리한 조건입니다. 사회가 통합이 되려면 일단은 말부터 소통이 되어야만 하고 인성교육이나 사회교육이 즉시 가능하기 때문입니다. 그래서 우크라이나 사태의 중재안과 남북한 통일안이 지금은 미래비전이 되는 것이지요.

2024.07.23./서경례/중재안과 통일방안

About bullying North Korea (35/78)

In the previous part, I explained that communist or dictatorial societies began to move, and the working class began to move. Also, refugees began to move all over the world. They have hunger symptoms in common, and they are a relatively backward class compared to the intellectuals of the free world in terms of education.

If Putin's Russia was well-fed and comfortable, it would never attack Ukraine. If the workers were satisfied, they would never go on strike. They are showing symptoms of material and mental hunger. Refugees are also hungry people. No one knows how serious the refugee problem is. If we leave refugees and the homeless as they are, society will collapse together.

If we are intellectuals, we should be able to sense that this global phenomenon is on the verge of a great transformation. Problems are given to solve. The Republic of Korea can only make a leap forward by solving this difficult problem. What others can solve and what the United States can solve is for them to solve, and we can solve problems that the whole world cannot solve.

The United States, which has a serious refugee problem, cannot solve their problems, and so does Russia and North Korea, which is the worst. These are areas that need help.

Then, it would be wise to solve the hungry problems of the festering world by unifying North Korea, which is the poorest country, uses the same Korean language, and is the closest. And if we start mediating in Ukraine, which is currently the most miserable region, sending healthy men to their deaths and killing them as cannon fodder, it will be the moment when South Korea finally makes a glorious appearance in human history.

The fact that South Korea and North Korea speak the same language is an incredibly advantageous condition. In order for societies to be integrated, communication must first take place, and character education and social skills education are immediately possible. That is why the mediation plan for the Ukraine situation and the unification plan for North and South Korea are now visions for the future.

2024.07.23./Seo Kyung-rye/Mediation plan and unification plan

왕따 북한에 대하여(36/78)

언어가 같은 북한과의 통일은 즉시 교육프로그램을 생산현장에 접목시킬 수가 있습니다. 이 교육이 있어야만 시간이 갈수록 사회가 통합이 되고 북한의 인민들인 노동자들의 지적인 성장이 일어납니다. 그리고 북한사회가 마찰이나 불미스러운 파업 등 중간에 멈춤이나 남북한 불협화음이 없이 지속적인 통일완성을 할 수 있습니다.

그런 교육 프로그램이 없이는 아무리 김정은과 북한에 생산시설과 여타 산업적 기술을 이전해도 짐승의 본성을 가진지라 금방 돌변하고 지금처럼 오물풍선 주는 관계로 되돌아갑니다. 오물풍선이 이유없이 오는 것이 아니겠지요.

물론 교육적인 모든 내용은 그들이 검열을 할 것인데 그런 상황을 통해서 상층도 자연스럽게 교육이 흡수됩니다. 그리고 가랑비에 옷이 젖듯이 공격성이 서서히 줄어들기 시작합니다. 인간이란 특별한 존재는 지적인 성장이 되지 못할 때에는 짐승의 하는 짓들을 똑같이 하게되어있습니다. 중요한 부분입니다.

왜냐하면 사람은 누구나 지적인 성장을 하고 싶어하고 이것이 궁극의 삶의 목적이기 때문입니다. 그리고 지적인 에너지를 한국에서 받은 자들은 그들이 비록 북한에 살망정 한국인이 되어갑니다. 지금의 노동현장은 그런 지적인 부분이 결여된 상태이고, 오로지 돈이 목적이라서 시간이 갈수록 불만이 쌓여갑니다.

예컨대 초코파이 공장에 가서 보면 처음부터 끝까지 어찌하면 맛있는 초코파이를 위생적으로 잘 만들어서 이것을 많이 많이 팔아서 수익을 많이 내는지가 주된 목표이고, 노동자들은 노동자들대로 가능한 많은 시간을 노동으로 육체를 사용해서 돈을 많이 받아갈 수 있는지가 주관심이 됩니다.

그렇게 돈을 벌기 위해서 공장에 다닌다고 관리자들도 당연스럽게 말하는 이 무식한 현실이여!

공장이나 회사는 우리의 돈욕심을 충족시키는 곳이 아닙니다. 그곳은 사회적 관계를 배우는 사회학교가 됩니다. 다시 말하면 사람과의 관계를 공부하는 곳이기에 우리가 돈을 벌기 위해서 이용한다는 생각을 가지는 한 그 누구라도 그 힘들고 낮은 자리를 벗어날 수는 없습니다.

2024.07.26./서경례/지금은 노동현장의 현실을

About bullying North Korea (36/78)

Unification with North Korea, which has the same language, can immediately apply educational programs to the production site. Only when there is character education for people can society become integrated over time and the intellectual growth of North Korean workers occur. And North Korean society can continuously complete unification without friction, unpleasant strikes, or discord between the South and the North.

Without such educational programs, no matter how much production facilities and other industrial technologies are transferred to Kim Jong-un and North Korea, it will be useless. Without education, humans have the nature of beasts, so they will quickly change and return to the current relationship of giving garbage balloons.

Of course, they will censor all educational content. Through such censorship, the upper class will naturally absorb education. And like clothes getting wet in a drizzle, aggression will gradually begin to decrease.

Humans, special beings, do the same things as beasts when they fail to grow intellectually. This is an important part.

This is because everyone wants to grow intellectually, and this is the ultimate purpose of life. And those who received intellectual energy from Korea are gradually becoming Koreans. The current labor scene lacks such intellectual education, and since the only goal is money, dissatisfaction builds up over time.

For example, if you go to a Choco Pie factory, the goal is to make delicious Choco Pies hygienically from beginning to end. The main goal of the managers is to sell a lot of these and make a lot of money. The main concern of the workers is to use their bodies for a lot of hours and receive a lot of money.

2024.07.26./Seo Kyung-rye/Aspects of labor scenes without education

왕따 북한에 대하여(37/78)

초코파이 공장에서 또는 반도체 공장에서 또는 현대차공장에서 생산품에 신경을 쓰는 것은 당연한 것입니다. 그럼에도 불구하고 생산 현장에서 가장 중요한 핵심적인 것이 과연 무엇일까요? 인간인 나는 현대자동차를 만들기 위해서 태어났을까?

진실로 말씀드리면 초코파이나 현대자동차는 중간의 메커니즘이 되는 것이고, 바로 가장 중요한 것은 바로 옆에서 일하는 동료와의 만남이 됩니다. 여러분은 돈을 벌기 위해서 회사에 들어갔을 것이고, 오로지 돈을 벌기 위해서 옆사람한테는 신경을 쓸 겨를이 없이

또 사용자는 피용자보다는 생산에 소요되는 시간 절약과 효율성과 생산품에 더 신경을 쓰고 있는 것이 현실입니다만 그것이 지금의 모든 곳에서 벌어지는 현실이라고 해도 그 생산하는 것은 어디까지나 중간의 과정이 되는 것이지요.

즉 궁극의 목적은 물건이 아니고, 생산품은 어디까지나 사람과 사람을 연결해주는 끈의 역할을 하고 있는 것 같은 직장에서 만나는 옆사람이나 바로 아랫사람들이나 윗사람들이 우리가 회사에 또는 공장에 찾아가서 일하던 근본 목적이었던 것 그리고 또 있습니다.

그 생산품을 장차 사용할 미래의 고객들이 바로 우리가 일을 하는 근본 목적이 되는 사람들이라는 의미가 됩니다. 지금 공장에서 생기는 안전사고와 인명피해 사고는 인간이 중심이 아닌 물건과 생산품이 주인공이 되어 있기에 발생되는 것임을 다들 모르고 있었습니다.

따라서 공장에서 벌어지는 이 비극적인 사망사고를 없애고자 한다면 우리의 생각 자체를 바르게 다시 정립해야 합니다. 그렇지 않고서는 사고는 점점 더 많이 더 자주 확산될 것임을 필자가 여기에 분명히 기록을 남기고 있습니다.

2024.07.27./서경례/끝없이 발생되는 안전사고

About bullying North Korea (37/78)

It is natural to care about the products in a Choco Pie factory or a semiconductor factory. Nevertheless, what is the most important thing in a production site? Were we born to make Hyundai cars?

To be honest, Choco Pies and Hyundai cars are not the ultimate goal, but rather an intermediate mechanism. The most important thing is meeting the colleagues who work right next to you.
You work without any time to care about the people next to you in order to make money.

Also, the reality is that employers care more about saving time and efficiency in production and the products rather than the employees. The important thing here is that even if this is the reality that is happening everywhere now, the production is still an intermediate process.

In other words, the ultimate goal is not things or money. The products serve as a bond that connects people. The people next to you, your subordinates, or your superiors that we meet at the same workplace were the fundamental purpose of our work at the company or factory.

And there is more. The future customers who will use the products are the people who are the fundamental purpose of our work.
Everyone did not know that the safety accidents and casualties that occur in factories today are caused by objects and products, not people, being the main characters.

2024.07.27./Seo Kyung-rye/Endless safety accidents.

왕따 북한에 대하여(38/78)

여기에서 록그룹 캔자스의 유명한 팝송. 외로운 인간의 허무한 감정을 후벼파는 그 인기있을 수밖에 없었던 곡 "Dust in the wind"를 감상해 봅시다.

I close my eyes
Only for a moment, and the moment's gone
All my dreams
Pass before my eyes, a curiosity

Dust in the wind
All they are is dust in the wind

Same old song
Just a drop of water in an endless sea
All we do
Crumbles to the ground,
though we refuse to see

Dust in the wind
All we are is dust in the wind

Now don't hang on
Nothing lasts forever but the earth and sky
It slips away
And all your money won't another minute buy

Dust in the wind
All we are is dust in the wind
Dust in the wind
Everything is dust in the wind.

군데군데 물리학자들의 반론이 당연히 예상되는 부분은 별론으로 하고 유튜브에 있는 캔자스의 곡을 감상해 보시되 'A curiosity'라는 단어가 필자의 눈에 들어옵니다.

2024.07.27/서경례/모든 것이 먼지라는 말

About bullying North Korea (38/78)

Here is a famous pop song by the rock group Kansas. A song that was bound to be popular, striking at the empty emotions of lonely people. Dust in the wind. Let's enjoy it.

I close my eyes
Only for a moment, and the moment's gone
All my dreams
Pass before my eyes, a curiosity

Dust in the wind
All they are is dust in the wind

Same old song
Just a drop of water in an endless sea
All we do
Crumbles to the ground,
though we refuse to see

Dust in the wind
All we are is dust in the wind

Now don't hang on
Nothing lasts forever but the earth and sky
It slips away
And all your money won't another minute buy

Dust in the wind
All we are is dust in the wind
Dust in the wind
Everything is dust in the wind.

Let's leave aside the parts where physicists' objections are expected here and there, and listen to Kansas' song on YouTube. The word "A curiosity" caught my eye.

2024.07.27./Seo Kyung-rye/The saying that everything is dust

왕따 북한에 대하여(39/78)

필자가 드리는 메시지는 각 모든 번호마다 중심적인 진리의 법칙을 하나씩 드리고 있고, 여기 많은 법조인들과 정치인들이 필자의 글을 보고 있음을 이미 알기에 오늘은 그런 지식인 친구님들한테 필자가 오로지 생각하는 시간을 드리고자 합니다.

(지난 몇 년 동안 끊임없이 메시지를 통해서 Key point를 드렸고, 또 일단 두뇌가 좋아서 지식적인 면에서도 공적으로 자격이 부여되었을 것이고 뛰어나 생각하는 능력이 다르다는 전제를 가정하고)

1. 록그룹 Kansas 싱어는 모든 것이 'Dust in the wind'라고 그리도 외치면서 왜 그토록 최선을 다해서 열정적으로 절규하듯이 노래를 부르고 있을까?

2. 그리고 야니의 공연에서도 그러하고 캔자스의 공연에서도 그러하고, 가수는 물론이고 모든 음악하는 이들이 공연하나를 위해서 평생을 연습했던 기량과 에너지를 쓰는 이유는 무엇일까?

3. 만일에 우리의 모든 것이 노래 가사대로 덧없는 먼지라는 것이 맞는다면 그리 힘들여서 노력하고 악기를 연주할 필요가 있을까?

4. 아님 인생이 덧없는 것이 아니라고 한다면 그토록 많은 페북의 사람들과 작가들과 시인들과 가수는 왜 자꾸 인생을 덧없다고 노래하는 것일까?

5. 외국인 노동자들이 한국에 오로지 돈을 벌겠다고 찾아오고 힘들게 노예같이 장시간 일하는데 우리 지식인들은 그런 선택을 할 수 있을까?

6. 우리 대한민국의 노동자 노조원이든 외국인 노동자들이든 그들의 삶은 나중에 시간이 지났을 때에 어떤 의미가 있을까?

7. 혹시나 노래가사처럼 먼지가루가 되어 허망함을 맛보지는 않을까?

8. 트럼프와 바이든이 서로 말로써 싸우는데, 바이든과 트럼프를 포함한 모든 이들의 죽음앞에서의 느낌은 Dust in the wind 처럼 허망할까 아니면 지극히 충만한 느낌일까?

9. 우리나라 정치인들이 실력은 없으니, 서로를 헐뜯고 공격하기만 합니다. 그들의 끝은 먼지처럼 허망할까? 아님 만족스럽고 평화로운 느낌이 될까?

2024.07.28./서경례/생각하는 최고의 지식인들

About bullying North Korea (39/78)

My message contains one central law of truth for each number. Since many lawyers and politicians are reading my writing, today I would like to give the best intellectuals a time to think.

(I have continuously given key points through my messages for the past few years, and intellectuals are already socially qualified because they are smart. So I am asking this question assuming that they have different abilities to think well.)

1. Why does the singer of the rock group Kansas sing so passionately and do his best while shouting that everything is dust in the wind?

2. Why does the Kansas concert do the same, and why do all musicians use the skills and energy they have practiced their whole lives for a single performance?

3. If everything we have is 'ephemeral dust' as the song says, do we need to play instruments so hard?

4. Or, if life is not ephemeral, why do so many people on Facebook, writers, and singers keep insisting that life is ephemeral?

5. Foreign workers come to Korea only to make money and work hard like slaves for long hours. Can intellectuals make such a choice?

6. Whether they are members of a labor union in our Republic of Korea or American workers, what meaning will their lives have when time passes?

7. Will they perhaps become dust and taste futility like the lyrics of a song?

8. Trump and Biden are fighting each other with words, but will the feeling of death for everyone, including Biden and Trump, be like dust in the wind, or will it be extremely fulfilling?

9. Our country's politicians have no ability, so they only slander and attack each other. Will their end be as futile as dust? Or will it be satisfying and peaceful?

2024.07.28./Seo Kyung-rye/The Best Thinking Intellectuals

왕따 북한에 대하여(40/78)

남한의 우익세력들은 김정은만 죽이면 무슨 통일이라도 금방 될 것 같은 생각들을 하거나 푸틴만 죽이면 러시아가 금방 변하리라 생각할 수도 있겠으나 실상은 누구를 죽인다고 해결이 되는 것이 아니랍니다. 이란 이스라엘 사태도 마찬가지입니다.

공산국가를 없애고 자유세계로 전환시키고자 한다면 인민을 상대로 우선 교육부터 시키는 것이 지름길입니다.

지금 공산주의 사회는 인류전체를 통으로 볼 때 하나의 중간과정이 되는데 선진국이 먼저 이런 독재상태를 통과한 것이지요. (선진국도 아직은 독재적 요소가 많이 남아있는 상태에 있음)

따라서 먼저 통과한 앞서가는 나라들이 그것을 하루빨리 통과할 수 있도록 교육과 산업기술로 도움을 주고 관리를 하는 것이 필요한 시점이 돌아왔는데 그 도움이 없으니 하마스나 푸틴의 러시아가 또는 북한의 김정은이 불만이 많은 것이지요.

2024.08.04./서경례/남한의 도움도 거절하는 불신

About bullying North Korea (40/78)

Some intellectuals in South Korea think that if they kill Kim Jong-un, unification will happen quickly, or if they kill Putin, Russia will change quickly. However, the reality is that killing someone is not the solution. The Hamas situation in Israel is the same.

If you want to eliminate a dictatorship or a communist country and transform it into a free world, the shortcut is to first educate the people.

The current communist society is an intermediate stage when looking at all of humanity, and advanced countries have passed through this dictatorship first. (Advanced countries still have many dictatorial elements.)

Therefore, we need to help the advanced countries that passed through first through education and industrial technology so that they can pass through that stage. The time has come when that is needed, but there is no help, so Putin's Russia and North Korea's Kim Jong-un are very dissatisfied.

2024.08.04./Seo Kyung-rye/Distrust that refuses South Korea's help

왕따 북한에 대하여(41/78)

지구상 최빈국 북한이 수천명이 죽어가니 전쟁이라 표현해도 될 정도의 엄청난 홍수피해까지 당하고 있어도 남한과의 신뢰가 바닥까지 내려간지라 도움을 거절하고 버팁니다만 인민을 생각한다면 참으로 어리석고 미련한 짓입니다.

그러면서 북한 김정은은 러시아 푸틴을 참 친구라고 얘기를 합니다만 여러분 중에 여러분을 위해서 나눌 수 있는 친구있는 사람이 있을까요? 여러분이 가난하고 어렵고 힘들어지면 친구도 배우자도 자녀도 모두 등을 돌리게 되어 있으니 지금은 없습니다.

마찬가지로 지금은 세계가 친구 나라도 없고 우방도 적도 없고 동맹도 없다고 보시면 됩니다. 트럼프의 입이 그것을 이미 드러내고도 남았음을 눈치챈다면 김정은이 자신을 위해서 잡아야만 하는 것이 바로 가장 가까운 남한이건만 기존에 말했던 "선제타격"이라든가 "우리의 적은 북한"이라든가 등 과거의 언급이 서로 연결을 할 수 있는 좋은 기회를 막아버립니다.

정부는 차제엔 성급하게 누구를 적이라고 단정해서 말해서는 안된다는 교훈을 이번기회에 알아야만 하겠습니다. 다시 말씀드리지만 외부에는 적이 없습니다. 단지 우리의 마음 안에 생각 속에 적이 있는데 그것조차도 이유를 모르니 단순하게 생각하는 데서 표출되는 무지함이 근본원인이 됩니다.

우리가 그러할지니 즉 이 정도로 발달된 두뇌로 진화가 되었어도 어느 하나의 편견에 사로잡혀서 무지하니 그보다 훨씬 낙후한 통계조차도 드러내길 꺼리는 최빈국으로 떨어진 사회인 북한의 인민들은 어찌하겠습니까?

2024.08.05/서경레/트럼프한테 동맹이 있을까요?

About bullying North Korea (41/78)

There are no enemies outside
Even though North Korea, the poorest country, is suffering from massive flood damage that has killed thousands of people, it refuses help and holds on because trust with South Korea has fallen to the bottom. However, it is a truly foolish choice for him when he thinks of his people.

And yet he calls Russia his friend. But do you have any friends among you who will help you? When you become poor and struggling, your friends, spouses, and children will all leave, so there are none now.

In the same way, you can see that the world has no friends, no enemies, and no allies now. We should notice that Trump's mouth has already revealed it. What Kim Jong-un must seize for himself is South Korea, which is closest to him.

However, the previous statements such as "preemptive strike" and "our enemy is North Korea" block a good opportunity to connect the dots.

The government should learn the lesson that it should not hastily define who is the enemy. Let me say this again: there are no enemies outside. There are only enemies in our minds and thoughts, and we don't even know why. The fundamental cause of creating enemies is ignorance.

If we have evolved to this extent into a developed two-headed being, but are ignorant because we are obsessed with one prejudice, what will happen to the people of North Korea, who are more backward than us?

2024.08.05./Seo Kyung-rye/Does Trump have allies?

왕따 북한에 대하여(42/78)

세계의 모든 정보를 접할 수도 없고, 남한의 발달된 문화를 편히 즐길수도 없이 차단당하는 북한의 인민들한테는 빵도 급하지만 동시에 교육이 가장 시급합니다.(교육은 물론 그들 지배계층도 다 보고 검열이 될 것임)

그 교육을 남한에서 제공해 주는 것이 바로 미래 위대한 나라 대한민국을 위한 돌파구입니다. 민주당에서 얘기하는 그 25만 원 독사과가 돌파구가 아니고, 꽉막힌 북한의 인민들과 지배계급의 방향을 잡아주고 산업기술과 교육자료를 주는 통일방안이 바로 남북한의 돌파구가 됩니다.

또한 그것은 남한이 전쟁을 피하는 유일한 방법이 되기도 할 뿐만 아니라 남한의 경제력이 한단계 상승하는 계기가 됩니다.

그렇게 만들기 위해서는 우리 정부가 떨어진 신뢰부터 하나씩 다시 생각을 해야만 하고, 통일과 동시에 남한의 노동개혁이 동시에 진행이 되어야만 하겠습니다.

(남한의 정치인들이 그동안 노동자들의 고혈을 먹었으니 이제는 노동자들을 위해 그들의 미래 복지에 신경을 써야 하고 교육을 받을 수 있는 노동개혁이 반드시 필요함)

한마디로 북한이 스스로 통일자금을 마련할 수 있도록 남한이 선물을 제공해야만 하는데 그것은 단순히 쌀이라든가 돈이라든가 물자가 되는 것이 아니고요, 남한에서 소리없이 곪아 썩어 들어가고 있는 단순한 작업에 해당하는 제조업 부분을 먼저 옮기면 됩니다.

예컨대 하나만 예를 들까요?

과자생산하는 기업이 남한에 많습니다. CJ 해태 롯데 오리온 등등 그런대기업의 생산직을 지금 전부 외국인 노동자들이 담당합니다. 그 숫자가 엄청나겠지요.

그에 소요되는 자금이면 언어가 소통되는 북한의 인민들을 일하게 하고도 충분한 여유자금이 남아서 사내에 깔끔한 교육시스템을 운영할 수 있습니다. (대기업 회장들은 인건비 비교해서 계산하면 이해 가능하고 북한 인건비는 중국보다 훨씬 저렴함)

대기업의 생산직에 있는 관리직들은 아직까지는 한국인들이 담당하니 그들이 따라갈 것이고, 새롭게 교육부분을 운영해야 하니 그것은 또 다른 한국인들의 일자리가 됩니다.

교육은 다른 지적인 특별한 부분이라서 북한의 인민이 못하고 한국의 지식인들이 반드시 필요합니다. (젊은 세대이든 나이든 세대이든 상관없이)

2024.08.05./서경례/통일합의와 동시에 외국인 노동인력문제도 같이 해결해야

About bullying North Korea (42/78)

The only way for South Korea to avoid war North Korean youth are blocked from accessing all the information in the world and from enjoying South Korea's advanced culture. And for the North Korean people, bread is urgent, but education is also urgent. (Education will be censored by the ruling class, of course.)

Providing that education in South Korea is the breakthrough for the future great country of the Republic of Korea. The low-quality poison apple policy of the Democratic Party is not the breakthrough. The unification plan that sets the direction for the North Korean people and ruling class, which are stuck, and provides industrial technology and educational materials is the breakthrough for South and North Korea.

In addition, it is the only way for South Korea to avoid war, and it is also an opportunity for the economic power of South and North Korea to rise to the next level. In order to do so, the government must reconsider the trust that has fallen from North Korea one by one. And labor reform in South Korea must proceed simultaneously with unification.

(South Korean politicians have been eating the blood and sweat of workers, so now they need to create future welfare for workers and labor reform that allows them to receive education is absolutely necessary.)

In short, South Korea needs to provide gifts so that North Korea can secure unification funds on its own.
However, it cannot simply be rice, money, or materials. It can be done by first transferring the manufacturing sector, the primary industry that has been silently rotting away in South Korea, to North Korea.

Let me give you an example.

There are many companies that produce snacks in South Korea. All the production jobs at large companies like Lotte Orion are now done by foreign workers. The number must be enormous.

The amount of money required for that is enough to have North Korean people work, and there is still enough money left over. Then, with that money, a clean education system can be operated within companies operated in South Korea or North Korea. (If you compare the labor costs of large company presidents, you can understand, and North Korean labor costs are much cheaper than China.)

The management positions in the production lines of large companies are still held by Koreans, so they will follow all departments that go to North Korea or abroad.
Since we have to operate the education sector anew, that will be another job for Koreans.

Education is another intellectually special area, so North Korean people cannot do it, and Korean intellectuals are absolutely necessary. (Regardless of whether they are young or old.)

2024.08.05./Seo Kyung-rye/The issue of foreign workers should be resolved at the same time as the unification agreement

왕따 북한에 대하여 (43/78)

남한의 보수성향 세력들은 필자의 내용을 혹시나 오해할 수 있고, 우리의 귀중한 생산시설을 북한에 주는 것이 아깝다고 생각할 수가 있습니다만 드리는 메시지를 잘 보셔야 합니다.(생산시설 지금도 이미 외국인 노동자들 수입원이지 한국인들 수입원이 아님을 명심할 것)

대기업의 본사 직원들은 지금도 대부분이 한국인들이 담당합니다. 그러니 모든 대기업의 본사는 남한에 있어야 좋고, 그들은 정기적으로 파견되어 현장을 시찰하면 됩니다. 연구소도 남한에 있어야 하겠지요.

대기업은 중소기업들과 연결되어 있습니다. 중소기업은 지금 상황들이 그리 호락호락하게 전개되지 않습니다.

그런데 중소기업이 죽으면 대기업도 죽고 대기업이 죽으면 연쇄적으로 중소기업도 죽는 고리관계가 형성되어 있으니 대기업이 리더로서 중소기업이나 하청업체들을 움직일 수가 있습니다.

대기업이 가는 곳이라면 이들 중소기업들이 따라갑니다. 그리고 본사직원이 아닌 생산라인에는 대부분이 외국인 노동자들과 몇 명의 한국인 관리자들이 담당하고 있는 현실에서 외국인 노동자들이 주류를 이루는 생산라인은 굳이 남한에서 비싼 인건비를 주면서까지 여기에 이 비싼 땅에 있을 필요가 없습니다.

뿐만 아니라 언어가 분리된 상태로 아웃사이더로 마음은 그들 본국에 있는 상태의 외국인 노동자 문제가 심각하게 곪아 터지는 줄을 아직은 한국인 관리자 층이나 본사핵심들이 알지 못하지만 나중에는 이들이 사회의 불만세력이 되고 사고뭉치가 됩니다.

사정이 이러하니 한국은 이런저런 이유로 노동자들의 본질적인 문제를 해결하지 않으면 더는 앞으로 전진하지 못한다는 사실. 그리고 지금도 각종 생산라인에는 외국인 노동자들이 혈안이 되어 서로 일하겠다고 몰려드는데(이들한테는 시급 9860원과 일요일 등의 특근 수당이 엄청 큰돈이라서) 그것을 북한에 옮겨놓으면 북한의 인민들은 얼마나 더 요긴하고 좋아할지 상상할 수 있을까요?(김정은도 요긴하게 북한의 경제문제를 풀 수가 있으니 러시아로 파병하는 어리석은 생각은 하지 않게 됨)

제조업 생산시설도 한꺼번에 옮기는 것이 아니고 쉽고 단순한 것부터 그래야만 빨리 습득이 되고 정착이 되기 때문입니다.

하나가 정착을 잘하면 다시 하나씩 시간을 두고 옮겨 북한의 산업을 밑에서부터 살리는 것과 동시에 (10년 동안 하나씩 둘씩 새롭게 북한을 만들어 간다고 보면 되고 기술력이 높은 것들은 한참 후에 이전이 되어야만 체하지 않고 서로가 상생이 됨) 양질의 생산과 관련된 기술적인 교육과 인성교육이 병행되어야만 서서히 인간의 존엄성을 알아가고 생각과 행동이 변하게 됩니다. (이것이 지금 노동 현장에는 없는 요소) 교육을 함께 병행해야만 북한 인민들의 이탈을 방지할 수가 있습니다.

2024.08.05./서경례/외국인 노동자들 생산라인을 통일을 위해서 잘만 활용하면

About bullying North Korea (43/78)

South Korean conservative politicians may misunderstand my content and think it is a waste to give our valuable manufacturing facilities to North Korea. However, readers should carefully read the message I am giving you. The manufacturing production line is already a source of income for foreign workers, not for Koreans.

Fortunately, most of the head office staff of large corporations are still Koreans. So it would be good if the headquarters of all large corporations were in South Korea. They could be dispatched regularly to inspect the site. The product research institutes should also be in South Korea.

The current situation of small and medium-sized businesses is not so good, but they are connected to large corporations. If small and medium-sized businesses die, large corporations also suffer, and if large corporations die, small and medium-sized businesses also fall in a chain reaction.

In addition, large corporations can move small and medium-sized businesses or subcontractors as leaders. Where large corporations go, these small and medium-sized businesses follow.

Most of the production lines are staffed by foreign workers. And in reality, there are only a few Korean managers in charge of the production line, so there is no need for foreign workers to be here in this expensive land, paying high wages in South Korea.

In Korea, the problem of foreign workers whose language is separated is seriously festering. The Korean managers and the core of the headquarters are not aware of it yet, but later on, they will become a source of discontent in society and a troublemaker.

Given these circumstances, Korea cannot move forward unless it solves the fundamental problems of its workers.

And even now, foreign workers are flocking to various production lines to work, and for them, the hourly wage of 9,860 won and overtime pay for Sundays and other work are huge sums of money.

The monthly wage they receive here is equivalent to a year's wage in their home countries.

Can you imagine how much more useful and happy the North Korean people would be if they moved that to North Korea? Since Kim Jong-un can also solve North Korea's economic problems.

Manufacturing production facilities should not be moved all at once, but rather, easy and simple ones should be moved first so that they can be quickly acquired and settled.

If one is well settled, they should be moved one by one over time, and North Korea's industry should be revived from the bottom up.

(You can think of it as gradually creating a new North Korea over the next 10 years, and the ones with high technological prowess should be transferred later, so that both sides can coexist)

And in that process, technical education related to quality production and character education should be provided in parallel, so that they gradually learn human dignity and change their thoughts and actions. This is an element that is missing from the current labor site, but only by providing this education in parallel can we prevent North Korea from leaving the South Korean system.

2024.08.05./Seo Kyung-rye/Foreign workers If we utilize the production line well for unification

왕따 북한에 대하여(44/78)

교육이 없으면 어떤 현상이 전개가 될까요!

이미 현대그룹에서 한 번 경험을 했듯이 욕심 많고 변덕심한 김정은도 변심하고 그에 따라서 북한의 인민들도 남한의 시스템으로부터 이탈을 합니다. 교육이 없으면 짐승하고 똑같은 상태가 되기 때문입니다.

언어가 소통이 되기에 기술적인 교육이 이루어지면 안전사고 방지면에서도 훨씬 유리하고 생산효율이 외국인 노동자들보다 높습니다. 그리고 인성교육이 이루어지면 생산효율이 더욱 안정적으로 좋습니다.

시간이 12시간 일하는 2교대 보다 8시간 일하고 3교대라 해도 더 좋기 때문에 똑같이 24시간 풀가동을 해도 인성교육을 받고 편안하게 일하는 쪽의 효율이 더 좋아집니다.

북한의 인민들은 일단 생산효율을 높이기가 좋은 조건입니다. 인간의 정신력이 제품의 생산적인 부분과는 관련이 없는 듯 생각이 되지만 실상은 그렇지가 않기 때문입니다.

2024.08.05./서경례/제품의 생산효율을 좌우하는 교육시스템.

About bullying North Korea (44/78)

What will happen if there is no education in North Korea when unification happens?

As we have already experienced at Hyundai Group, both North Korea and its people will break away from the South Korean system. Without education, humans will be in the same state as beasts. First of all, the North Korean people are in good condition to increase production efficiency.

Since language is communicative, if technical education is provided, it is much more advantageous in terms of preventing safety accidents and production efficiency is higher than that of foreign workers. And if character education is provided, production efficiency is more stable and good.

Working 8 hours and working 3 shifts is better than working 12 hours and working 2 shifts. Even if they operate at full capacity 24 hours a day, the efficiency of those who receive character education and work comfortably is better.

It may seem that human mentality is not related to the productive aspect of a product, but that is not true.

2024.08.05./Seo Kyung-rye/Education system that affects the production efficiency of a product.

왕따 북한에 대하여(45/78)

통일시작의 의미

한명륜님의 댓글에 답변을 쓰다가 길어서 공유합니다. 대통령이 필자가 하는 말을 들었다면 지금 저리 식물 대통령이 되지도 않았을 것이고, 대한민국이 미국을 움직이고 통일로 크게 한 발짝 벌써 나갔을 것입니다만~~ 끼고 있는 것들을 손에서 놓는다는 것이 대통령뿐만이 아니라 누구든지 쉽지가 않아서 못합니다.

또한 상대방을 위하고 그 흠결까지도 함께 끌어 안아야만 하는 "덕치"를 한다는 것이 생각처럼 쉽지를 않습니다.

필자가 이 글을 쓰는 이유는 국민이 먼저 정치인들보다 깨어나면 국민이 바꾸게 됩니다. 정치인들이 나 몰라라 하면 국민이 알면 됩니다. 그저 우리 지식층 친구님들이라도 방법적인 부분을 하나씩 알아가시고 메시지를 나눠주시면 머지않아서 그 어려움 속에도 통일은 됩니다.

통일은 대한민국이 비로소 기지개를 켜고 일어나는 계기가 됩니다. 세계를 경영할 기본 덩치 즉 사이즈 너무 작은 남한이 비로소 몸에 맞는 옷의 사이즈를 입은 것처럼 그런 것.~^^ 통일이 바로 미래를 향한 지혜로운 돌파구랍니다.

2024.08.06./서경례/위대한 대한민국이 비로소 시작된다는 뜻

About bullying North Korea (45/78)

The meaning of the start of unification

I was writing a reply to Han Myeong-ryun's comment, but it was too long, so I'm sharing it. If the president had listened to the message I'm posting, he wouldn't have become such a vegetative president. Not only that, South Korea would have moved the United States and taken a big step toward unification already~~

It's not easy to let go of what you're holding on to, so I can't do it. Also, it's not easy to "benevolently" accept the other party and even their flaws.

The reason I'm writing this is that if the people wake up before politicians, the people will change. Even if politicians don't know, the people will know. That's true, so if our intellectuals learn the methodological aspects one by one and share the message, unification will happen soon, even in difficult times.

Unification will be the opportunity for South Korea to finally stretch and stand up.
It's like completing the basic size for managing the world, like South Korea, which is too small in land size, finally wearing clothes that fit its body. ~^^ Unification is a wise breakthrough toward the future.

2024.08.06./Seo Kyung-ryer/The Great Republic of Korea is just beginning.

왕따 북한에 대하여(46/78)

교육에 대하여

필자가 누누이 언급하고 있습니다. 저출산 정책이 얼마나 허망한 정책인 줄 설명할 때에도 저출산의 궁극의 원인이 돈문제가 아니고 교육수준에 있으며 교육수준이 높으면 자녀를 낳는 것이 더 이상 삶의 목적이 될 수 없음을 말씀 드렸고, 통일편을 쓰는 지금도 교육이 노동 현장에서도 공급되어져야 함을 열심히 설명드리고 있습니다.

도대체 무슨 교육일까? 하버드 대학에서 가르치는 내용일까? 아니면 서울 대학교에서 가르치는 내용일까? 왜 자꾸 교육이란 단어를 언급하는 것일까!

필자는 남한이 북한 땅에 남한 제조업의 밑에서부터 외국인 불법체류자 노동자들이 독차지하고 있는 생산시설부터 옮겨가면서 통일한국을 만들어가되 교육이 없으면 김정은이든 북한의 인민이든 이탈한다고 말씀 드리고 있으니 말입니다.

교육이란 무엇일까?
교육!!!!

우리 정치인들 학벌이 그리 허접하지 않은 것은 다들 알고는 있으시겠지요?
판사출신 검사출신, 하버드 출신들이 그냥 심심풀이 땅콩처럼 많아도 너무 많은 현실을 우리는 경험하고 있습니다.

지금까지 배운 교육의 효과를 봅시다. 물론 기술적 과학적으로 인류는 그리고 꼴찌 최빈국이었던 한국은 비약적인 발전을 이루었습니다.
그것은 더욱 가속화될 것이기에 한국부터 로봇이 일상화될 것임을 이미 아시겠지요?

그러나
그러나
(교육이란 단어는 설명할 것이 너무 많으니 어디를 생략하고 간략히 설명해야 할지 호흡을 한번 쉬기로 하고)

2024.08.06./서경례/도대체 교육이란?

About bullying North Korea (46/78)

Regarding education

I have mentioned this repeatedly. When explaining how absurd the low birth rate policy is, I explained that the ultimate cause of the low birth rate is not money, but the level of education. I said that if the level of education is high, having children can no longer be the purpose of life, and even now, as I write the unification chapter, I am diligently explaining that education should be provided in the workplace.

So what kind of education is that?
Is it something that is taught at Harvard University? Or is it something that is taught at Seoul National University? Why does the author keep mentioning the word education?

I explained that South Korea should create a unified Korea by first moving the production facilities that are monopolized by illegal foreign workers in North Korea. I am saying that if we build industrial facilities but do not have education, both the leaders of Kim Jong-un's regime and the people of North Korea will defect.

What is education?
Education!

You all know that the academic backgrounds of our politicians are not that bad, right?
We are experiencing too many realities, even though there are many judges, prosecutors, and Harvard graduates.
But let's look at the effects of the education we have learned so far.

The result is that politicians fight each other.
Of course, Korea, which was the poorest country in terms of technology and science, has made great strides.
This will accelerate even further, so you already know that robots will become commonplace starting in Korea, right?

However,
(The word education has too much to explain, so let's take a breath to figure out where to skip and briefly explain it)

2024.08.06. / Seo Kyung-rye / What on earth is education? Ask directly when you have a chance.

왕따 북한에 대하여(47/78)

비록 인간이라 해도 교육을 받지 못하면 짐승하고 똑같은 상태가 된다고 이전 편에서 말씀드렸습니다.

짐승의 특징을 볼까요!
짐승은 우선 먹고사는 것이 목적입니다.
그리고 때가 되면 자연의 에너지로 돌아갑니다.

물질에너지로 짐승은 철저하게 자기 생명의 보존을 위해서 삽니다.
새끼를 낳는 것도 종족 보존의 수단인데 결국은 지구라는 별의 항상성에 도움이 되고 인간이 사는 환경을 조성해 줍니다.

짐승은 생명체이지만 어디까지나 물질에너지입니다. 자꾸 하찮은 미물에도 영혼이 있다는 둥 소리들을 하는데, 그것은 아니고요. 과거의 미개했던 시절의 비과학적 신앙적 잔재가 남아 있는 것

(지구촌은 아직도 신앙단계가 대부분) 자기의 새끼를 끔찍이도 애지중지 아끼고(인간이 자식한테 집착하는 것보다 더하면 더했지 덜하지 않음) 먹이 앞에서는 누구도 양보없이 동족도 잡아 죽이는 것이 짐승의 본능입니다.

일단 동물의 왕국에서 보았던 짐승의 본능적 삶의 형태를 머릿속에 소환하시고, 우리의 유명한 사람들의 모습도 소환합시다. 트럼프도 소환하고 카멀라 해리스도 소환합시다.

(검사출신들이 모습은 해리스처럼 참하고 잘생겨서 인기가 좋습니다만 한마디로 정의한다면 본성이 딱 싸움꾼이고 쉽게 말하면 역할이 칼잡이-교육이 없을 때)

현실을 이해하지 못하면 우리는 어떠한 지적성장도 없으니 현실에서 벌어지고 있었고 실제로 벌어지고 있는 현상들을 가지고 교육이란 단어를 공부합시다.

트럼프와 해리스가 서로 싸우는 모습이 과연 교육을 잘 받은 사람의 모습처럼 보이는지 우리는 생각합시다.

학벌은 좋고 유명인이기는 한데 과연 거룩하게 보이는지 생각해 봅시다.

2024.08.07./서경례/먹잇감 앞에서 짐승의 포효하는 모습들

About bullying North Korea (47/78)

I told you that without education, you would be in the same state as an animal.

Let's look at the characteristics of an animal! The first purpose of an animal is to eat and live. And when the time comes, they return to the energy of nature. As material energy, an animal lives thoroughly to preserve its own life.

Giving birth is also a means of preserving the species, and ultimately helps the homeostasis of the planet called Earth and creates an environment for humans to live in. An animal is a living being, but it is still material energy.
It would be better if physicists explained this part better than I did.

Many people say that even insignificant creatures have souls, but that is not true. It is true that they are energy, but only humans have souls. Such words are the unscientific remnants of religious beliefs from the uncivilized past.

(Most people on Earth are still in the religious stage.) The religious beliefs of the past and the religious beliefs of the future are essentially different.
The number of scientists is not that large overall.

Animals are terribly protective of their young. Animals are no less obsessed with their children than humans. And it is the instinct of beasts to kill their own kind without compromise in front of food.
First, let's recall the instinctive life form of beasts that we saw in the animal kingdom, and let's also recall the appearances of our famous people.

Let's recall Trump and Kamala Harris who mocks Trump.
Prosecutors are popular because they look like Harris, but if you define them in one word, they are fighters by nature and, to put it simply, their role is to wield a knife. When there is no education,

If we don't understand reality, we won't have any intellectual growth, so let's study the word education with the phenomena that were happening in reality and are actually happening.

Since we've summoned Trump and Harris, who would you like to summon in Korea so that you can understand it faster. When you look at the recent ruling party's party leader election, you can see them fighting over a junior who is coming up for a single position, right?

Let's summon our three famous candidates who were growling with all kinds of slander. Let's see the fierce fight that was going on between the party leader candidates, who were from a judge and a graduate of Seoul National University.

YouTube is also a very good archive, so if you look back at the records from that time, you can study more realistically with the YouTube textbook.

2024.08.07./Seo Kyung-rye/The roar of beasts in front of their prey

왕따 북한에 대하여(48/78)

북한을 어떻게 통일할지를 쓰는데 언뜻 생각하면 남한의 군사적인 무력적인 내용이 아닌 전혀 관련이 없을 것만 같은 교육문제, 노동개혁문제(노동개혁문제는 나중에 국민의 복지문제 해결과도 연결이 될 만큼 중요) 남한의 외국인 노동자문제와 산업시설 제조업 등도 언급하고 있습니다.

모든 것들이 연결되어 있음이라 국민이 이해하기 쉽도록 하기 위해서 필자도 가능한 쉽게 쓰려하니 어렵고 독자들께서도 생소한 부분들이 쉽지는 않겠습니다.(교육의 개념 등은 생소한 부분이라 난이도 높고 상상력이 필요하고)

또한 이것이 무슨 통일안이냐고 생각할 수도 있겠습니다만 남북한 통일이란 것이 그리 간단한 것이 아니고 일단 북한에 제안을 할 때는 북한이 받아들이지 않을 수 없을 만큼 진심이 담기고, 실현 가능하고, 그들이 손실없이 유익한 선물같은 통일방안이 되어야만 하겠고 동시에 남한에서도 속으로 심각하게 곪아터지고 있는 외국인 불법체류자, 문제도 함께 해결을 해야만 합니다.

북한의 통일비용도 우리 남북한이 타국의 도움 없이 우리 스스로 지혜를 가지고 슬기롭게 해결하면서도 대기업을 비롯한 중소기업까지 경제력 상승과 일자리 확보도 동시에 파생되어야만 하는지라 어렵습니다.

영국이나 프랑스나 미국이 싼 인건비 이용한다고 불법 난민유입을 허용한 결과 미국은 미국대로 난민문제 감당하지 못해서 엄청난 비용을 지불하면서도(미국의 지방도시에 가면 묻지도 따지지도 않고 불법체류자들 무료로 의료처방을 유도하고 있고) 각종 범죄문제 사회적 갈등문제가 되어 정치적 공방을 하고 있으며 기타 영국 프랑스 선진국들도 지금 각종 무슬림들의 시위로 본국의 사람들과 갈등이 감당하지 못할 정도의 수위로 표출되고 있습니다.

한국은 지금 정치인들이 그 문제를 손도 못대고 심각성을 알지도 못하고 그저 100만 원 짜리 싼 인건비를 육아 등으로 이용한다나 하면서 그 전철을 똑같이 밟아가고 있으니 한국의 젊은이들 일자리를 만들지 못하게 교묘하게 유도 되어지고 있는 것도 알아야만 하겠습니다.

또한 지금 외국인 불법 노동자들 숫자가 제조업 부문에서 30%를 넘기 전에 문제를 해결해야만 대한민국이 도약을 하고 국민의 복지문제, 노동문제, 경제문제가 해결이 됩니다.

통일을 잘하면 남한의 산업 구조도 새롭게 뽀얀 얼굴로 다시 고부가가치 첨단 교육 도시로 거듭 변신할 수가 있으니, 미래로 가는 지혜로운 통일안이 대한민국이 정체된 이 시점에 얼마나 중요하고 얼마나 필요한 것인지 우리 국민은 알고 있는지요.~~

2024.08.08./서경례/통일안이 절실한 대한민국

About bullying North Korea (48/78)

When writing about how to unify North Korea, I am mentioning issues such as education and labor reform, which at first glance seem completely unrelated to South Korea's military issues.

The labor reform issue is important enough to be connected to solving the welfare issues of the people later. And I am also mentioning issues such as foreign workers and industrial facilities and manufacturing in South Korea. The reason I am writing this way is because everything is connected.

In order for the people to easily understand, I am trying to write as simply as possible, so it will be difficult for the readers to understand because it is unfamiliar content that they are encountering for the first time. (The concept of education is unfamiliar, so it is difficult and requires imagination.)

You may also ask what kind of unification plan this is, but unification between North and South Korea is not that simple.

First, when making a proposal to North Korea, it must be sincere and feasible enough that North Korea cannot help but accept it. It must be a unification plan that is beneficial to North Korea without any loss, and at the same time, the problem of illegal foreign residents and illegal workers that is seriously festering in South Korea must be resolved at the same time.

The cost of unification of North Korea must also be wisely resolved by us, South and North Korea, without the help of other countries. If the unification plan is put into motion, economic power and job security must also be increased for large corporations and small and medium-sized enterprises. It is by no means a simple matter.

As a result of the UK, France, and the US allowing the influx of illegal refugees to take advantage of cheap labor, the US and Europe are unable to handle the refugee problem, which is increasing social protests and conflicts. And now, South Korea is also nurturing the cancer cells of that future conflict.

The US, despite paying enormous costs, becomes a crime city if it does not manage it, so when you go to underdeveloped local cities in the US, they induce illegal immigrants to get free medical prescriptions without asking or investigating.

American politicians don't know any other way. The influx of refugees has led to various crime problems and social conflicts, which are causing political battles, and other advanced countries such as the UK and France are now experiencing conflicts with their own people at a level that they cannot handle due to various protests.

What should we do about this case, where politicians in Korea are currently following the same example, saying that they can just entrust childcare to low-cost labor costs of 1 million won without even realizing the seriousness of the situation?

The people should also know that if they accept their proposal, they are being cleverly guided to prevent young Koreans from creating jobs. Also, before the number of illegal foreign workers exceeds 20% in the manufacturing sector, the problem must be resolved so that Korea can make a leap forward and solve the welfare, labor, and economic problems of the people.

If unification is done well, South Korea's industrial structure can also be transformed into a high value-added, cutting-edge educational city with a new, bright face.

Do our people know how important and necessary a wise unification plan for the future is at this point in time when South Korea is stagnant?

2024.08.08./Seo Kyung-rye/South Korea in Desperate Need of a Unification Plan

왕따 북한에 대하여(49/78)

멀쩡한 젊은 불법취업외국인 노동자들도 비자를 학생비자로 받아서 입국하고 한국문화와 한국어를 공부하는 것은 뒷전입니다.

회사에는 학교를 다닌다고 학생신분이라고 신분증을 내놓고 말합니다. 학교에 가서 한국어를 공부해야 하니 낮에 근무하는 대신 밤에 근무하게 해달라고 합니다.

그러나 그건 거짓말이고 실제로는 돈을 많이 받는 밤근무를 하려고 속이는 것입니다.

그래서 한국인은 250만 원 받아가고 외국인 불법위장 취업자들은 400만 원을 받아가는 것이 지금 실제로 벌어지는 현실임을 우리 국민은 아시는지요?

밤낮으로 오로지 돈을 버는데 혈안이 되어 있는, 학생비자를 소유한 불법취업자들도 불법난민과 같은 맥락으로 보면 됩니다.

2024.08.10./서경례/불법체류자 문제도 심각한 미래사회문제

About bullying North Korea (49/78)

Even young, healthy illegal foreign workers come to Korea on student visas, and do not study Korean culture and language.

They show their IDs to their companies and say that they are students because they are attending school. They ask to work at night instead of during the day because they have to go to school and study Korean.

However, that is a lie, and in reality, they are lying to get paid more for the night shift.

So, do our citizens know that this is actually happening now, with Koreans receiving 2.5 million won and foreigners working illegally undercover receiving 4 million won?

Illegal workers with student visas who are obsessed with making money day and night can be considered in the same context as illegal refugees.

2024.08.10./Seo Kyung-rye/Illegal immigrants are also a serious future social problem

왕따 북한에 대하여(50/78)

불법체류자 문제

필자는 여러분들도 아시듯 미국을 여행했습니다. 필자한테는 가장 소중한 귀한 시간을 쓰면서 또 기업인이 아닌 지식인 인지라 경제적으로 넉넉하지는 못한 필자가 가진 모든 돈을 다 써가면서 미국을 만든 많은 이들의 수고로움을 직접 눈으로 보고 경험했습니다.

또한 미국의 홈리스 문제, 마약문제, 난민의 유입을 막기 위한 국경봉쇄도 직접 확인했습니다. 멕시코와 샌디에이고 국경을 두고 천국과 지옥처럼 다른 두 사회를 눈으로 직접 확인했습니다.

그리고 언어적으로도 교육적인 질에서도 이질적인 사람들이 남남이 되어 각기 다른 방식으로 표출하면서 살아가는 것도 보았습니다.
사회적 문제가 통합되지 못하니, 미국사회가 얼마나 심각한 수위에 있는지도 확인하고 왔습니다. 여행이란 것이 바로 그런 것이지요.

마찬가지로 지금 여행한다고 핑계대고 온 불법체류자들도 돈을 쓰면서도 한국을 공부해야 정상인 것입니다.

또 그들이 학생비자로 학생이 되어 한국어를 배우겠다고 한국에 왔으면 그 본시 목적을 비자발급할 때 드러낸 대로, 한국어와 한국문화를 공부해야 바른 것입니다.
그들이 한국사회를 공부하고자 한다면 공부할 것이 참으로 많습니다.

그리고 어린 나이에 그들이 고급스럽게 제대로 한국어를 배워둔다면 머지않아서 그들이 본국에서도 특별한 일을 통해서 그들의 꿈을 펼칠 수가 있습니다만 지금 불법체류자 불법취업자들의 생각은 어떻습니까?

그들 머릿속에는 딱 3년간만 벌어서 한달에 350만 원 또는 700만 원(가족이 부부나 형제가 함께)으로 1억 목돈을 그들 손에 쥐자는 계산밖에 없습니다.

2024.08.10./서경례/질이 낮은 그들의 계산들

About bullying North Korea (50/78)

Illegal Immigrant Issues

As you all know, I traveled to the United States. How?
While spending my most precious and valuable time, and as an intellectual, not a businessman, I spent all my money, I directly saw and experienced the hardships of many people who created the United States.

I also personally witnessed the homeless problem, drug problem, and border closures to prevent the influx of refugees in the United States. I directly witnessed the two societies that are as different as heaven and hell along the border between Mexico and San Diego.

And I saw people who are different in terms of language and educational quality living as strangers, expressing themselves in different ways. I also saw how serious the American society is because social problems are not integrated. That is what traveling is all about.

In the same way, illegal immigrants who came here under the pretext of traveling should also study Korea while spending money. Also, if they came to Korea with a student visa to learn Korean, they should study Korean and Korean culture as they originally stated when they were issued their visas. If they want to study Korean society, there is so much to study.

And if they learn Korean properly and advancedly at a young age, they will soon be able to pursue their dreams through special work in their home country, but what are the thoughts of illegal immigrants and illegal workers now?

In their heads, the only calculation is to earn 3.5 million won or 7 million won per month (for a family of a couple or siblings) for just 3 years and get 100 million won in their hands.

2024.08.10./Seo Kyung-rye/Their low-quality calculations

왕따 북한에 대하여(51/78)

혹자는 불법체류자들이 불쌍하다고요?
한국인들이 그렇게 생각하고 있습니다. 그러나 다시 봅시다.
한달에 300만 원~400만 원이라는 (부부나 형제가 한꺼번에 공장에 집단으로 취업하는 경우가 현실적으로 많으니 한달에 700~800만 원 정도 수입원 확보가 가능) 돈만 목적으로 하지 않는다면 본국으로 충분히 갈 수 있음에도 불구하고 이들은 어떻게든 남아서 한국 사회의 물질적인 에너지만 갈구하고 있습니다.

외국인 불법체류자들은 돈만 주면 노예가 되는 것도 마다하지 않겠다는 것입니다.
한국의 기업 관리자도 한국인 대신 편리하고 싸게 인력을 쓸 수만 있다면 좋다고 쉽게 생각하고 있습니다.

그래서 한국인들의 주머니로부터 돈을 빼내어 수입원을 창출할수만 있다면 서로 노예가 되고 노예를 만들어서 불법체류자들은 그런 사회의 노예구조를 배우고 있는 것이 작금의 현실입니다.

이것은 성장에 한계가 있는 것이라서 정치인들이 기업의 이 어려움을 해소해야 하건만 못하고 있다보니 기업이 기형적으로 변해가고 있는 것이지요.

북한에서도 충분히 생산가능한 제과제빵 같은 품목들은 현재 주 수입원이 한국인들이 소비자라서 수출로 경제력이 파생되는 것이 아니고, 한국인들 주머니에서 돈이 나오는 구조입니다.

(그렇게 배운자들이 겸손하게 인성을 장착할 수는 없으니 다시 시간 지나가면 돈만 만져보고 지적인 축적은 없어 돈이 독이 되어 한국인들조차도 우습게 보이는 교만과 한국사회의 불편함 그리고 출입국 정책에 대한 불만이 더 팽배해지는 현상)

불법체류자들이 불쌍하다고요? 그럼 당장에 죽어나가는 저 우크라이나 국민과 군인들은 안 불쌍하고, 한 민족이면서도 같은 한반도에 살면서도 한국노래조차도 부르지 못하고 그 흔한 한국드라마도 마음껏 보지 못하는 북한의 먹을 것도 없이 고사당하게 생긴 떠도는 인민들은 안 불쌍합니까?

진리라는 사전에는 불법체류자들이 불쌍하다는 내용이 없습니다. 이제는 우리 지식인들이 또 한국인들이 사람의 본질을 잘 모르고 단순하게 불쌍하다는 생각을 하는 것부터 교정합시다. 불쌍한 것이 아니고 돈에 빠르고 대단히 영악합니다.

불법체류자 신분을 과감하게 각오할 정도로 대담합니다. 또한 본국에서 지식인으로 지적 축적이 그다지 많지 않았던 이 불법체류자들의 교육문제는 어떻게 우리가 분별할 수가 있을까? 이 불법체류자들이나 난민들의 교육은 과연 어느 정도 수위에 놓여져 있을까!!! 아니 교육이란 것이 있기는 있는 것일까?

2024.08.10./서경례/교육과 불법체류자들

About bullying North Korea (51/78)

Some say illegal immigrants are pitiful? Everyone is simple and ignorant, and Koreans think that way.

But let's look again. If they were not only interested in money, which is 3 to 4 million won per month (it is realistic that couples or brothers often work in factories together, so it is possible to secure hospitalization with 7 to 8 million won per month), they could easily go back to their home country, but they somehow stay and only crave the material energy of Korean society. Illegal foreign immigrants are willing to become slaves if they are given money.

Korean business managers also think that it would be good if they could conveniently and cheaply use human resources instead of Koreans. So if they can create a source of income by taking money from Koreans' pockets, they become slaves to each other and learn the slave structure of such a society.

This is the current reality that there is a limit to growth, so politicians should solve this difficulty for companies, but they are unable to do so, and companies are becoming deformed.

Items such as confectionery and bakery products that can be produced in North Korea are currently mainly imported by Korean consumers. Therefore, the economic power is not derived from exports, but money comes out of Korean people's pockets.

Those who have learned the slave structure cannot be humble and equipped with character. As time passes, they only touch money and do not accumulate intelligence, so money becomes poison and they become arrogant and look down on even Koreans.
The phenomenon of the inconveniences of Korean society and dissatisfaction with the immigration policy becomes more widespread.

Are you saying that illegal immigrants are pitiful?
Then what about those Ukrainian citizens and soldiers who are dying right now?
Also, what about the young people of North Korea who cannot sing Korean songs or watch the common Korean dramas to their heart's content even though they are one nation and live on the same Korean peninsula? Don't you feel sorry for the North Korean people who are born to be poor and wander around without anything to eat?

The dictionary of truth does not contain the phrase that illegal immigrants are pitiful.

Now, let's correct our intellectuals who do not know the nature of people well and think that they are pitiful. They are not pitiful, but they are quick with money and very clever. They are smart enough to boldly accept their status as illegal immigrants. In Korea, they often pretend not to understand and act naive in front of the managers.

Also, how can we discern the low level of education of these illegal immigrants who did not have much intellectual accumulation in their home country? What level of education is this illegal immigrant or refugee? No, is there such a thing as education for them?

2024.08.10./Seo Kyung-rye/Education and illegal immigrants

왕따 북한에 대하여(52/78)

불법체류자 라는 단어는 그 단어 속에 이미 많은 내용을 품고 있습니다. 본시 진리라는 방정식을 대입해 보면 불법은 불법하고 친합니다. 불법은 또 불법을 생산합니다. 어쩔 수가 없는 자연의 법칙이니 이들의 불법체류자들 신분을 교묘히 이용해서 그들이 힘들게 번 돈을 편취하거나 임금체불하거나 기생하는 한국인 부류나 또 따른 불법체류자들도 생기게 마련입니다.

그리고 기업입장에서는 또 고육지책으로 한국인들이 그들을 이용하고 있으니, 일하다 말고 출입국 직원이나 노동부의 검열관이 뜨면 무슨 바퀴벌레 숨듯 순식간에 사라지고 일부는 잡혀가고 검열관이 가면 또 다시 나와서 언제나처럼 다시 일하는 지금의 현실은 분명 대수술이 필요한 기형적인 한국사회의 슬픈 모습입니다.

불법체류자들은 한국이 움직이기 시작하면 돌아가야 합니다. 그리고 그들의 국가 전체가 체계적으로 발전할 수 있도록 한국이 도움을 주어야만 하고 지금처럼 일부만 한국의 에너지를 탐닉해서는 그들 자신의 발전도 없고 인류전체가 발전하지 못합니다.

지금은 시대가 과학시대인지라 그렇게 전체를 함께 조망하면서 그들 나라에 적합한 업종이 무엇인지를 한국의 지식인들이 현장 연구를 통해서 함께 발전할 수 있는 방법을 찾아야 하는 글로벌 시대라는 얘기지요.

그렇게 하기 위해서는 먼저 통일이 절실하게 필요합니다. 가까운 북한을 먼저 살리면서 기업이 다시 건강한 체질로 활성화가 되고 경제력과 교육시스템이 만들어져야만 하겠습니다.

2024.08.11./서경례/생각을 거시적으로

About bullying North Korea (52/78)

The word 'illegal alien' already contains many meanings. If you plug in the equation of truth, illegality is close to illegality.
Illegality produces more illegality. This is an immovable law of nature, so those who cleverly exploit the status of these illegal aliens are created. In addition, Koreans embezzle their hard-earned money, and foreign criminal organizations that follow them also create illegal aliens.

And from the company's perspective, there is a shortage of cheap labor, so Koreans use them as a last resort. So when immigration officials or labor inspectors show up while they are working, they disappear like cockroaches in an instant, and some are caught. And when the inspectors leave, they come out again like cockroaches and work again. This current reality clearly requires major surgery, and it is a sad picture of the deformed Korean society.

Illegal immigrants should return to their home countries when Korea starts to move. Korea should help their entire countries develop systematically, and if only some people indulge in Korea's energy like now, humanity as a whole will not develop.

Now is the age of science, so it is a global era where Korean intellectuals should look at the whole picture and find ways to develop together through on-site research to find industries that are suitable for their countries.

In order to do that, unification is urgently needed first. While saving nearby North Korea first, South Korean companies should be revitalized to a healthy constitution. And companies should also have economic power and an education system.

2024.08.11./Seo Kyung-rye/We must turn our thoughts to a macro level

왕따 북한에 대하여(53/78)

북한에 핵무기가 있다면 남한에는 그동안 끙끙거리면서도 아직도 끌어안고 있는 힘겨운 3D업종 제조업이 있고 대기업의 제조 생산라인이 있습니다.

불법체류자들이 똬리를 틀고 있는 이들 단순노동 제조업 생산라인이(이들 전부가 아니고 남한으로 또는 러시아나 중국에 수출하기 좋은 유통기한이 짧은 품목들 위주) 북한을 살리는 촉매제가 될 것이니 북한의 핵무기가 사람을 죽이고자 하는 것이라면 우리 남한의 제조업은 지구촌 저개발국과 북한을 살리는 것이 될 것이니 완전히 다른 개념입니다.

통일은 총칼이나 군대로 미사일로 K방산으로 선제타격으로 하는 것이 아니고요.
머리로 지혜로 연구자료로 그리고 사랑으로 해야만 가능합니다.

우리가 가지고 있으면서도 속으로 곪아터지고 있는 기업생산의 인적부분을 불법체류자에서 북한 인민으로 바꾸면 됩니다.

그리고 남한의 비싼 땅에는 제조업 공장이 있어서는 볼썽사납고 안됩니다. 품격있는 세계의 엘리트들이 찾아오게 하려면 준비는 해야 되지 않겠습니까?

북한을 살리기 위해 대기업 생산라인이 움직이기 시작하면 많은 이들이 또 교육봉사자로서 함께 동참할 텐데 불법체류자들이 북한의 인민과 같은 급여를 준다고 하면 같이 따라갈 사람이 과연 있을까요?

없습니다.
여기서 또 중요한 지혜가 숨어 있습니다.
복지문제

2024.08.11./서경례/모든 것은 연결되어

About bullying North Korea (53/78)

If North Korea has nuclear weapons, South Korea still has the 3D manufacturing industry that it has been struggling to hold on to and the manufacturing production lines of large corporations.

These illegal immigrants working in simple labor manufacturing production lines (not all of them, but mainly items with short shelf lives that are good for export to Russia or China) will be the catalyst for saving North Korea.

If North Korea's nuclear weapons are meant to kill people, South Korea's manufacturing industry will be meant to save the world's underdeveloped countries and North Korea, so it's a completely different concept.

Unification is not achieved through military, missiles, or K-Defense Industries preemptive strikes. It must be done with brains, wisdom, research materials, and love.

We can change the human resources of corporate production that we have but are sick inside from illegal immigrants to North Korean people. And manufacturing plants should not be built on expensive land in South Korea. Shouldn't we prepare to attract the world's elites with dignity?

When large-scale corporate production lines start to move to save North Korea, many people will join as educational volunteers.

There is another important wisdom hidden here.
Welfare Issues

2024.08.11./Seo Kyung-rye/Everything was connected,

왕따 북한에 대하여(54/78)

애국자는 기업가

정치인들이 그저 싸우고 있을 때에도 그 돈을 기업에서 다 냅니다. 그런데 남한에서는 돈 되고 재미나는 할 꺼가 이젠 없다는 소리가 벌써 12년 전부터 필자의 귀에 들리고 있었습니다.

남한에 새로운 기업환경을 만들어 줄 책임이 정치인들한테 있건만 정치인들이 전혀 모르고 그냥 기업에 세금만 뜯어내면 된다고 생각을 합니다.(25만 원 독사과 주기 위해서 13조 원도 기업한테 뜯어내면 된다는 넘 위험한 생각들)

기업인이 무너지면 대한민국이 폭망하는 줄을 전혀 생각하지 않고 몰라요. 앞으로는 기업인의 역할이 더 커지고 세금은 줄이고 대신 그 기업이 국민의 복지를 맡아주는 것이 좋습니다.

국민에 대한 복지가 돈만 주면 된다는 생각을 하고 기업으로부터 노동자들이 만든 돈을 뜯어먹으려고만 하니, 정부의 복지팀은 그리도 많은 인원이 있어서 인건비 지출은 하면서도, 정작 복지부에 국민의 복지정책이 없습니다.

즉 복지부에 복지가 없는 현상. 국민의 복지가 실현되려면 불법체류자 문제는 해결하고 넘어가야 합니다.

필요악이니 그대로 두어야 한다는 발상은 점점 한국 기업환경도 불법에 노출되는 현상이 됩니다. 그러나 북한과의 통일이 절실한 때에 잘만 활용하면 기업과 국민과 인류와 저개발국과 대한민국이 한 단계 도약을 합니다.

그리고 저개발국가도 같이 전체가 발전해야지 누구만 한국의 혜택을 보고 나머지는 여전히 못 사는 현상은 역시 기형적인 것 대한민국이 도약을 하고 누구한테도 도움이 되려면 지금 현재 가장 힘든 지역인 북한을 눈여겨보시면 그곳에 답이 있습니다.

그렇지 않으면 시간 지나서 같이 무너집니다. 필자의 메시지는 생각을 크게 할 수 있는 자는 알아들을 것이고~ 한 쪽만을 생각한다면 그리 살아야 될 것이니 선택은 각자의 몫입니다.

2024.08.11./서경례/정치인 놀고 기업인은 바쁘고

About bullying North Korea (54/78)

Patriots are entrepreneurs

The phrase "patriots are entrepreneurs" is an important comment and is true in today's reality. Even when politicians are just fighting, companies take all the money. However, I have been hearing for the past 12 years that there are no more fun and profitable things to do in South Korea.

Politicians are responsible for creating a new business environment in South Korea, but they are completely unaware of it. And they think that all they have to do is extract taxes from companies. (They think that they have to extract 13 trillion won from companies in order to give them a 250,000 won poison apple.)

They do not think at all that if businessmen collapse, the Republic of Korea will collapse. In the future, the role of businessmen should be expanded and taxes should be reduced. Instead, it would be better for those companies to take charge of the welfare of the people.

The government's welfare team is a hippopotamus that only eats up money such as labor costs, so it is useless. In order for that to happen, the problem of illegal immigrants must be resolved and moved on. The idea that it is a necessary evil and should be left as is will only show the phenomenon of the Korean business environment becoming increasingly exposed to illegality, and companies will fail. If we make good use of South Korea's manufacturing industry at a time when unification with North Korea is urgent, South Korean companies, citizens, and human society will take a leap forward.

And underdeveloped countries should also develop as a whole, and the phenomenon of only some benefiting from South Korea while the rest are still struggling is abnormal. If South Korea wants to take a leap forward and help underdeveloped countries, look closely at the areas or regions that are currently struggling the most, and the answer will be there.

Those who can think big will understand~ Those who only think one way will have to live that way, so the choice is up to each individual.

2024.08.11./Seo Kyung-rye/Politicians are playing, and businessmen are busy

왕따 북한에 대하여(55/78)

필자가 통일에의 염원을 담아 국민의 한 사람으로 통일안을 쓰지만 통일안이라든가 중재안이라든가 하는 중요하고 국제적인 내용들은 당연히 최고 높은 자리에 앉은 윤대통령이 지금 대통령으로서 나서 주어야만 의미가 있고 현실적 추진이 됩니다.

그런데 대통령이 모르거나 움직이지 않으면 야당의 대표가 국민한테 설명을 잘하고 국민이 인정하면 또 대통령이 받아들일 수 있도록 그 역할을 잘 하면 대통령이 필자의 메시지는 무시할 수 있어도 야당 대표의 설명은 들을 수밖에 없고 따라갈 수밖에 없으니 야당의 진정한 의미는 바로 그런 도움을 주는 것

그럼 같이 다 잘 되는데 지금처럼 당파싸움이 지속되는 것은 둘 다 국민한테 할 짓이 아닙니다. 당파싸움의 책임은 최고 높은 자리에서 통치권을 지닌 대통령의 책임이 가장 크고, 그 다음으로는 정책을 올려주지 못하는 야당 대표의 책임이 또한 큽니다.
그리고 국민도 같이 책임을 지는 것

2024.08.11./서경례/우리 모두의 책임.

About bullying North Korea (55/78)

I am writing a unification plan as a citizen with a wish for unification, but the unification plan or mediation plan contains important and international contents. Naturally, President Yoon, who sits in the highest position, must step forward as president now to make it meaningful and realistic.

However, if the president does not know or does not move, the opposition party leader will explain it well to the people, and if the people accept it, the president will listen. Also, if the opposition party leader plays a good role so that the president can accept it, the president may ignore my message, but he will have no choice but to listen to the opposition party leader's explanation and follow it.

The true meaning of the opposition party is to provide such help, but what is the current state of the opposition party?

If we do that, everyone will be fine, but if the current partisan strife continues, neither of them is doing anything to the people. Of course, the president, who holds the ruling power in the highest position, is most responsible for the partisan strife.

And the people must also take responsibility.

2024.08.11./Seo Kyung-rye/Responsibility of All of Us.

왕따 북한에 대하여(56/78)

트럼프는 기업인이라서 돈 계산이 빠른 사람입니다. 머리가 좋잖아요. 똑똑하고 끼가 다분합니다. 그리고 나름 최고의 교육을 받았고 스스로 명문대학 아이비리그를 나왔다고 자랑합니다. 그런데 명문대학을 나온 사람들의 입에서 나온다는 얘기가 방위비를 한국한테 5배나 올려받아야 한답니다.

미국이 미국의 계산이 있어서 주한미군을 여기에 주둔시킨 것이지 한국만을 위해서 미군을 주둔시킨 적은 없습니다. 또 한국도 한국의 계산이 있어서 주둔을 허락한 것

결국 지금의 주한미군은 서로 자신들의 이익을 위해서 만들어진 환경인데 그걸 모르고 미국의 모든 경제적인 어려움을 방위비로 도움받으려고 하니 우리는 그의 무지를 알 수 있습니다.

물론 필자가 그가 하는 불만의 속사정을 모르지는 않지만 즉 미국이 한국으로부터 받을 것이 있는 줄은 잘 알고 있지만 그것은 방위비로 해결이 될 수 있는 것이 아니랍니다.

서경례가 미국에 그들의 문제를 풀 수 있는 비전을 제시해야만 한국은 미국에 진 빚을 갚는 것입니다. 진실로 그러하니 우리는 트럼프의 불만을 귀담아 듣고 어떻게 하면 미국을 멋지고 위대하게 만들 수 있는지를 연구하면 됩니다.

바이든이 지금 벌어지고 있는 세계적 분쟁들의 해법을 알지는 못합니다만 그래도 그가 확산을 방지하려고 노력했다는 사실. 그는 그의 역할을 다했습니다.

그리고 트럼프는 바이든과 더불어 이미 자신의 역할을 다했으니 미국인들에게 중국과 난민 문제가 심각할 수 있다는 문제인식을 각인시켜 준 케이스가 됩니다.

2024.08.12./서경례/트럼프를 보면서

About bullying North Korea (56/78)

Trump is a businessman, so he is quick to calculate money. He is smart. He is smart and talented. He boasts that he received the best education and graduated from a prestigious Ivy League university. The story that he is telling us is that we should increase our defense budget by five times.

The US has stationed US troops here because of its own calculations, and it has never stationed US troops here just for Korea. Also, Korea has allowed them to be stationed because of its own calculations.

Ultimately, the current US troops in Korea are an environment that was created for their own benefit, and we can observe his ignorance because he does not know that and tries to cover up all of the US's economic difficulties with defense costs.

Of course, I am not unaware of the true nature of his complaints, but I know that the US has something to receive from Korea, but Trump cannot explain it in detail.

(And the fact that all the world's capital is in the US makes Trump's foolish defense budget rhetoric meaningless. While the big capital in the US is not moving, Trump is demanding a few more pennies from NATO, Japan, Taiwan, and South Korea for defense spending while he can't use it.)

Biden may not know the solution to the current global conflicts, but we must acknowledge that he tried to prevent the spread. Therefore, he did his job.

And Trump, along with Biden, has already played an important role, making Americans aware that the China problem and the refugee problem can be serious.

2024.08.12./Seo Kyung-rye/Recognizing the refugee problem while watching Trump

왕따 북한에 대하여(57/78)

우리가 교육이 무언지는 잘 몰라도 느낌이라는 것이 있으니, 한국과 미국의 정치인들이 교육을 잘 받은 사람으로 거룩하게 보이는지 생각을 해 봅시다.

물론 그들이 하는 말이나 행동들은 초·중·대학교에서 배운대로 하는 것이고, 현대사회를 살아오면서 가정에서 사회에서 경험한대로 아는대로 배운대로 말하고 행동하는 것입니다.

사람이란 존재는 누구나 똑같은 법칙을 가지고 있습니다. 아마도 범죄를 다루는 심리학 파트에서는 필자의 다음의 내용을 인정할 수 있을 것입니다.

인간이란 존재는 예외없이 아는 것만 말할 수가 있고 배운 것만 말할 수가 있고 경험한 것만 말하고 글쓰고 설명할 수 있다는 사실을 여러분들이 인정한다면 (범죄자들 거짓말을 해도 계속 반복적으로 질문을 유도하면 어느새 거짓말이 드러나게 되어 있음) 정치인들의 말과 행동들이 그렇게 배웠기 때문에 그대로 표출하고 있는 것인데, 그것이 우리 국민이 보기에 과연 교육받은 모습이냐가 문제입니다.

본시 교육을 잘 받은 인간을 우리가 흔히 하는 말로 "사람다운 사람" 즉 말은 거룩함이 묻어 나와야만 우아하고 품위가 있어야 정상입니다. 그것이 교육의 효과인데 과연 정치인들의 저 막말은 품격이 높은 우아함인지 우리가 느낌으로나마 생각을 해봅시다.

2024.08.12./서경례/교육받은 사람의 이미지는

About bullying North Korea (57/78)

what education is?
Even though we don't know what education is, there is a feeling.
Let's think about whether politicians in Korea and the United States, including Trump, look like well-educated people and are holy.

Of course, what they say and do is what they learned in elementary, middle, and high school, and what they say and do based on what they have experienced in modern society.

All people have the same laws. Perhaps, in the psychology section that deals with crime, you can acknowledge the following content of the author.

Humans, without exception, can only say what they know, only what they have learned, and only what they have experienced.
If you acknowledge this fact, all the words and actions of politicians are because they have learned it. (Even if criminals lie, if the interrogator repeatedly asks questions, their lies will be revealed before they know it.), Do you think that is what our people see as an educated person?

Originally, a well-educated person is what we commonly call a "human person." In other words, words should be holy and elegant and dignified. That is the effect of education, so let's think about whether the foul language of those Korean politicians is truly elegant and dignified.

2024.08.12./Seo Kyung-rye

왕따 북한에 대하여(58/78)

여기서 미국유권자가 아닌 우리는 객관적으로 생각을 깊이 해봅시다. 해리스가 검사출신이라서 유세현장에서 스스로 부통령이 되기 전 과거에 본인이 검사 시절에 여러 범죄자들을 수사했었다고 말합니다.

그래서 그녀는 도널드 트럼프 타입의 사람을 잘 안다고 말함으로써 트럼프를 그녀 유권자층에 범죄자로 조롱하듯 낙인찍어 버리면서 말로써 비난하는 싸움을 하고 있습니다만 만일에 그런 비난이 없이 트럼프로부터 물려받은 많은 정책들을 인정하고 거기서 부족한 부분들을 보완해서 통합하겠다고 말한다면 미국의 많은 공화당 지지자들까지도 일부 돌아서서 해리스를 다시보게 만들 수도 있지 않을까!

해리스가 "나는 트럼프같은 사람들을 잘 안다."고 했는데 그녀는 과연 트럼프를 잘 알고 있을까! 해리스는 왜? 검사시절 각종 범죄자들을 상대했을까?

끼리끼리 법칙이라는 자연의 대원칙이 있음을 안다면 수사를 담당하고 범죄자를 상대해야 하는 칼잡이 역할 해리스와 범죄자들은 어쩌면 같은 타입의 같은 무리에 속한 사람들이 아닐까?

왜냐하면 항상 두 측면을 만들어 놓아야만 거울처럼 상대방을 바라보면서 투영된 자신의 모습을 관찰할 수 있기에 그리 만들어진 특별한 관계는 아닐까!

2024.08.16./서경례/트럼프와 해리스는 서로가 거울

About bullying North Korea (58/78)

Here, let's think deeply and objectively, as non-American voters.

Harris is a former prosecutor. She says on the campaign trail that she investigated many criminals when she was a prosecutor before becoming vice president.

So, she is fighting a verbal battle by mocking and branding Trump as a criminal by saying that she knows the type of person Donald Trump is. But what if, without such criticism, she acknowledges many policies inherited from Trump and says that she will improve and integrate the shortcomings?
Wouldn't it make even many Republican supporters in the US turn around and look at Harris again?

Harris said, "I know people like Trump." Does she really know Trump well? Why did Harris deal with all kinds of criminals when she was a prosecutor?

If you know that there is a great law of nature called the law of like-minded people, then Harris, who has to deal with criminals and investigate them, might be the same type of person as those criminals!

Isn't it because God always creates two sides so that we can look at each other like a mirror and observe our own reflections, and that's why it's a special relationship!

2024.08.16./Seo Kyung-rye/Trump and Harris are mirrors of each other

왕따 북한에 대하여(59/78)

생각하는 시간

친구님의 댓글입니다. 많은 내용이 숨어 있어요. 댓글 감사해요.

1. 거기(도로 같은 밖에서 현장일하는 분야를 지칭)도 외국인(불법체류 노동자들 의미)들이 판치고 있어요.
2. 우리나라 사람들 현명한건지 … 아니면 배가 부른건지
3. 고생 안 하고 쉽게 돈 벌려는 건 누구나 마찬가지…
4. 못 배우고 못나서 난 그런 일도 마다하지 않지요
5. 그래도 25만 원은 받고 싶지 않아요.

중요한 생각들 중요한 많은 정보를 주셨으니 풀기는 해야 하겠습니다.

2024.08.19./서경례/지혜는 나누는 것

About bullying North Korea (59/78)

Time to think

Here is a comment from a friend. There is a lot of information hidden in it.

1. That place (referring to the place where you work outside) is also occupied by foreigners (meaning illegal immigrants)
2. I don't know if the people of our country are wise or if they are already mistaken in thinking that they are rich.
3. It is the same phenomenon for everyone to try to make money easily without working hard
4. I don't hate that kind of work because I am uneducated and incompetent
5. But I don't want to receive 250,000 won for free.

He gave us a lot of important information, so let's find out the truth.

2024.08.19./Seo Kyung-rye/Wisdom is sharing

왕따 북한에 대하여(60/78)

교육얘기는 두고두고 해야 할 설명이라서 댓글에 대한 설명을 먼저 하겠습니다.

아무리 챗봇이 발달한다 해도 필자가 드리는 내용은 컴퓨터에 없으니, 하는 수없이 일일이 쓰고 하나하나 설명을 해야지 다른 방법은 없습니다.

♣사람은
♣오직 사람만이
♣사람에 대한 것을 설명할 수 있고,
♣사람으로 완성시키는 교육을 할 수가 있고
로봇은 하지 못합니다.

여기서 우리 친구님들은 힌트를 받을 수가 있음이니 미래는 이렇게 사람만이 할 수 있는 일을 해야만 비로소 할 일이 있습니다.

하나라도 더 알아서 때가 되는 날 인류의 많은 이들을 가르치는 교육자가 되어 주어야만 갈등이 비로소 해소되고 하늘엔 영광을 땅에는 평화가 시작됩니다.

지금까지 배운 지식이나 노동은 끊임없이 유튜브나 로봇이 대체해 가야하는 것이 진실로 맞습니다. 육체노동을 그리도 하기 싫다고 데모하면서 난리를 쳤으니 노동으로부터 해방이 되는 것에 대해서 당연히 받아들여야 하고 섭섭해할 필요는 없습니다.

그래도 친구님들 시대는 육체적인 할 일이 아직도 많습니다. 아직은 걸음마 단계라서요.

2024.08.20./서경례/미래는 인문학이 새롭게

About bullying North Korea (60/78)

Since the education story is something I will have to explain for a long time, I will first explain the comments.

No matter how much chatbots develop, the content I am giving you is not on the computer. Therefore, I have no choice but to write all the content and explain it one by one. There is no other way.

♣People
♣Only people
♣can explain things about people
♣and provide education that completes people, and robots cannot do that.

Here, my friends can get a hint from the message I am giving you.
The future will only have something to do if we do things that only people can do.

Our people must learn the truth at least one more time and become educators who teach many people when the time comes. Only then will the conflicts on Earth be resolved and glory in heaven and peace on earth begin.

The knowledge we have learned so far will be continuously replaced by YouTube. It is also true that labor should be replaced by robots. Since workers protested and made a fuss saying they didn't want to do physical labor, we should naturally accept that they will be liberated from labor.

However, there is still a lot of physical work to do now. Robot development is still in its infancy when looking at the future.

2024.08.20./Seo Kyung-rye/ The future is a new humanities

왕따 북한에 대하여(61/78)

댓글 중
1. "거기(도로 같은 밖에서 현장일하는 분야를 지칭)도 외국인(저개발국 불법체류 노동자들 의미)들이 판치고 있어요."에 대하여 이 부분은 불법체류자 내지는 불법취업자 문제를 관련해서 말씀주셨습니다. 최근 리튬공장 화재사고 등 끊임없이 작업장의 안전 사고가 뉴스에 보도되고 있으며, 필자도 통일안을 쓰는데 불법체류자 외국인 노동자문제를 언급하고 있습니다. 왜 그럴까!

지금 서둘러 그 심각한 문제를 알게 하려고 경각심을 일깨우려고 시그널이 계속해서 오고 있는 것입니다. 이 문제가 얼마나 심각한 것이냐 하면 지금 미국이나 프랑스 영국 등 선진국에서 난민의 유입을 막지 못해 골머리를 앓고 있습니다. 여러분도 이 사실을 국제정세를 보시면 알 수 있습니다. 미국 대선에서도 주요 이슈가 되고 있어요.

국가의 많은 예산을 쓰면서도 악화되고 있고 문제는 친구님들 보시다시피 누구도 풀지를 못하고, 이민자들과 반이민자들 갈등이 증폭되는 것을 막지 못하고 있는 그 연결선상에 불법체류자들 문제가 있는 것

대한민국이 이 문제를 방치한다면 미국이나 프랑스나 영국처럼 똑같이 본국인들이 일자리를 빼앗기고 절대빈곤층으로 점점 더 전락하는 현상을 경험하게 되는데 이것은 사회가 하향으로 떨어지고 있음을 반증하는 것입니다.

이 문제는 또 기업인들과도 연결되어 불법은 불법과 손을 잡듯이 기업인들은 당장에 현실적 이익을 창출하기 위해서 당연히 이들을 선택하게 됩니다. 생각해 보세요. 어느 일방만의 결정으로 이 문제가 지속되어 질수는 없는 고리관계잖아요. 기업인들과 눈감아주는 출입국과 노동부의 정책이 불법체류자들과 한몸으로 연결되어 있습니다.

사실은 국가가 값싼 노동력만을 따먹기 위해서 공범관계에 놓여져있는 것. 우리는 이 문제를 해결해야만 합니다. 이 문제는 그저 단순한 한국만의 문제가 아니고 진실로는 지구촌 전체의 문제가 됩니다.

2024.08.20./서경례/지혜는 나누는 것

About bullying North Korea (61/78)

Among the comments
1. There (referring to the places where work is done outside) are also ruled by illegal foreign workers. Regarding this~
This part is about the issue of illegal immigrants or illegal workers. Recently, safety accidents at workplaces, such as the lithium company fire, are constantly being reported on the news. I am also mentioning the issue of illegal foreign workers in my unification plan. Why is that?

Signals are continuously coming in to let people know about this serious problem right now. How serious this problem is, advanced countries such as the US, France, and the UK are having a hard time because they are unable to stop the influx of refugees. You can see from the international situation that even the citizens of their own countries are becoming ill due to this. It is also a major issue in the US presidential election.

Despite spending a lot of the country's budget, their problems are getting worse, and no one is solving them.

And the issue of illegal immigrants is on the line where the conflict between immigrants and anti-immigrants is not being prevented from growing. If South Korea neglects this problem, it will experience the same phenomenon as the US, France, and the UK, where its own people are losing their jobs and falling further into absolute poverty. This is proof that society is falling downhill. This problem is also connected to businessmen, and just as illegality joins hands with illegality, businessmen naturally choose them in order to create immediate, realistic profits.

Think about it.
This problem cannot continue with the decision of one party alone. The policies of the immigration office and the Ministry of Labor that turn a blind eye to businessmen are connected to illegal immigrants. In fact, the country is in an accomplice relationship in order to exploit only cheap labor. We must solve this problem.
This problem is not simply a problem of Korea, but truly a problem of the entire world.

2024.08.20./Seo Kyung-rye/Look at the entire world.

왕따 북한에 대하여(62/78)

우리 지식인들은 단순하게 기존의 상식적인 틀 안에서 생각을 할 것이 아니고, 우리 자신의 내면과 우리가 사는 사회의 내면을 좀 더 진솔하게 응시할 필요가 있습니다.

그리해야만 필자가 드리는 메시지가 지적인 도움이 됩니다. 지극히 겸손하게 지금까지 살아왔던 나의 생각과 환경의 어둡고 탁한 무지한 부분들을 솔직하게 인정할 때에만 우리 인생의 마지막 밝은 새로운 문이 열리도록 만들어져 있습니다.

한국의 노동시장을 잠식하고 있는 불법체류자 문제는 이제는 그들만의 문제가 아니라는 사실이 중요합니다. 보세요. 노예잖아요. 인간의 영혼이 성숙해지기 위해서 먹어야 하는 교육적인 요소가 없습니다.

밥주고 돈주고 더 이상 이용할 가치가 없어지면 언제든 버려질 또는 버리고 싶은 노예가 맞습니다. 노동자라는 말의 의미는 현대판 노예제도 노비제도라는 사실을 다시 언급드리니 섭섭해도 우리가 알아야만 하겠습니다. 인정하고 싶지 않겠지만 진실로 맞는 말입니다.

그리고 대한민국 자체가 인류사회에 물건 만들어서 달러 벌기 위해 굽신거리면서 모든 에너지를 다 쓰고 있는 단체 노예가 되어 있다는 사실이 또한 중요합니다.

우크라이나 사태의 중재안을 제시할 수 있는 고급스러운 지적인 역할이 아닌 오직 물건만 만들어 그들 밑에 바쳐야 하는 인류와 주변 강대국들의 노예. 아직도 독립국이 아닌 노예 상태. 그래서 저리 트럼프도 중국의 정치인들도 북한도 대한민국을 함부로 말하고 오물을 풍선에 실어 보내는 것입니다.

하늘에서 쓰레기 풍선을 받고 있는 현실을 부정할 수 없습니다. 아 대한민국이여! 그 노동자에 불법이라는 단어가 추가되어 여러분도 아시다시피 불법체류 또는 불법취업 외국인 노동자. 이미 지칭하는 언어가 모든 것을 다 말해주고 있었습니다.

사고가 나서 기업인도 노동자도 불에 타거나 불행해지는 결과는 예정된 수순이 되는 것이니 지금부터라도 이 문제가 어디에 근본 원인이 있는지를 다시 살피지 않으면 시간이 길수록 사고가 계속 커집니다.

소기업 기업인이 먼저 망하고 그 후 중기업도 나중엔 최종 대기업이 망하는 수순. 지금 미국 대선에서도 교육없이 방치한 팔레스타인 이민자들이 시위대가 되어 있습니다.

그들은 정부의 정책과 맞서 싸우며 여전히 유세장 앞에서 미국 경찰과 충돌하고 있습니다. 마약문제 이민자들의 시위대문제 등을 미래에 여기 대한민국도 경험하려 암세포 키우듯 키우는 중임을 대한민국은 진정 아는가!

우리 대한민국이 그 악순환의 고리관계를 최초로 끊어버리고 그것을 통일로 연결하는 귀한 에너지로 전환한다면 세계가 한국을 다시 보고 따라옵니다. 그때 가서야 비로소 한국이 빛납니다. 상상할 수 있는 능력이 있는 자들은 이 영광스러운 미래를 상상합시다. 그리고 지금부터라도 노력합시다.

2024.08.22./서경례/최초로 그 고리를 끊고

About bullying North Korea (62/78)

Intellectuals should not simply think within the framework of conventional common sense, but should look more honestly into our own inner selves and the inner selves of the society we live in.

Only then will the message I am giving you be of intellectual help.
Only when we humbly and honestly acknowledge the ignorant and greedy parts of our thoughts and environments that we have lived in so far will the bright door of our lives open.

It is important to note that the problem of illegal immigrants that is encroaching upon the Korean labor market is no longer their problem alone. Look. They are slaves.

There is no educational element that a human soul needs to eat in order to mature. They are slaves who can be abandoned or want to be abandoned at any time after being given food and money and no longer of use.

I am sorry to mention again that the meaning of the word laborer is a modern-day slavery system, so we must understand it. This is something we may not want to admit, but it is truly true.

And it is also important that the Republic of Korea itself has become a collective slave, bowing down to humanity to make things and earn dollars.

The Republic of Korea is not a sophisticated intellectual who can suggest a mediation plan for the Ukraine situation, but a slave to humanity and surrounding powerful countries who only have to make things and offer them up. It is still a slave state, not an independent country.

That is why Trump, Chinese politicians, and North Korea are talking about the Republic of Korea carelessly and sending garbage on balloons. We cannot deny the reality that we are receiving garbage balloons from the sky.
Oh, the Republic of Korea!

The word illegal was added to the word worker, and as you all know, it means illegal stay or illegal employment foreign workers. The words themselves already say everything.

The result of an accident causing both businessmen and workers to be unhappy is a predetermined process, so if we do not look into the root cause of this problem from now on, the accident will continue to get bigger as time goes by.

If this continues, small business owners will fail first, then medium-sized businesses, and eventually large corporations. This is the process that South Korea is currently going through.

Even in the current US presidential election, Palestinian immigrants who were neglected without education are becoming protesters.

They are still clashing with the US police in front of the campaign site, fighting against the US government's policies.

Does the Republic of Korea truly know that it is growing like a cancer cell so that Korea can experience the drug problem and immigrant protestors problem in the future?

If South Korea is the first to break that vicious cycle and turn it into precious energy that leads to unification, the world will look to South Korea again and follow.

Only then will South Korea shine. Let those of you with intellectual ability imagine this glorious future. And let us make efforts from now on.

2024.08.22./Seo Kyung-rye/A nation that breaks that cycle for the first time and rises

왕따 북한에 대하여(63/78)

다시 정리하자면 불법체류자 불법취업자 문제의 근본 원인은 먼저 성장한 선진국의 상류지도자 층이 저개발국을 방치하고 인류의 그늘진 곳을 방치하고 있어서 벌어지는 일입니다.

그네들만 또 대한민국만 잘살아 보겠다고 또 미국 우선주의를 외치면서 미국만 최고로 부자로 살겠다는 선진국들의 욕망이 난민을 불러들이고 있습니다. 난민문제와 불법체류자 문제는 같은 맥락을 가진 것

따라서 크게 근본을 풀지 못하면 인류가 서서히 병들어 가서 같이 공멸한다는 사실을 아십니까? 전쟁의 원인도 같은 맥락을 가지고 있습니다. 팔레스타인 난민지대에서 하마스가 이스라엘을 공격하는 것도 같은 원인이 녹아 있습니다.

그러나 지금 이 상태를 통일의 에너지로 슬기롭게 잘 활용한다면 대한민국의 미래가 활짝 열리고 인류의 저개발국도 다시 성장합니다. 그래야 비로소 불법체류자들도 그들의 본국에서 합법적으로 일하고 공부할 수 있습니다.

2024.08.22./서경례/문제의 근본 이유를 알아야만

About bullying North Korea (63/78)

To summarize, the root cause of the problem of illegal immigrants and illegal workers is that the upper class leaders of developed countries that have grown first are neglecting the shadowy areas of humanity.

The desire of developed countries to live well only in South Korea and to make America the richest while shouting America First is bringing in refugees. The refugee problem and the illegal immigrant problem have the same context.

Therefore, if we do not solve the root cause, humanity will gradually become sick and perish together. The cause of war also has the same context. The same cause is also behind Hamas' attack on Israel in the Palestinian refugee zone.

However, if we wisely utilize this situation as energy for unification, the future of the United States and South Korea will open wide. The underdeveloped countries of humanity will also grow again, and only then will illegal immigrants be able to legally work and study in their home countries.

2024.08.22 ./Seo Kyung-rye/ We must know the root cause of the problem

왕따 북한에 대하여(64/78)

댓글 중 다음 부분을 원인 분석합시다.
2. "우리나라 사람들 현명한건지... 아니면 배가 부른건지"
위 표현에서는 육체노동이나 공장에서 일하는 것을 기피하는 젊은 세대들한테 씁쓸한 느낌을 받은 흔적이 보입니다.
근본적인 원리를 살펴봅시다.

인간은 시기에 따라서 지적인 환경적인 구성이 다르게 형성이 됩니다. 또한 지역에 따라서도 달라요. 인류의 80억 인구의 조건이 다 다르기 때문에 각자의 역할이 다르고 그것이 지극히 정상입니다. 그런데 그러한 인간의 집합체인 각 국가도 그 발전 정도에 따라서 주류 산업이 다르고 근로의 종류가 달라요. 이 부분을 먼저 이해해야 젊은이들이나 기타 다른 이들한테 불필요한 오해를 하지 않습니다.

우리 대한민국 국민의 지적인 수준이 70년대까지만 해도 많이도 낮았습니다. 물론 그 이전 50년대는 말할 것도 없이 그냥 폐허더미 냄새나는 나라였고, 정말로 찌질이도 무식하고 가난한 난민수준. 그렇게 낮은 시절에도 우리는 살아남아야만 했으니 광산에서도 일하고 공장에서도 일하고 3D업종도 없어서 아쉬운 시절이었던 것입니다.

그러다가 학교에서 서양으로부터 들어온 지식교육이 빠르게 새로 태어나는 국민의 지적file을 변화시킵니다.
오죽하면 기술의 종주국이 아님에도 불구하고 대한민국을 최고 IT강국이라고 하잖아요.
자녀들이 멀티게임을 좋아하는 프로게이머 능력자들로 변했습니다.그리고 대학에서도 가르치는 것이 70년대나 그 이전처럼 기술을 가르치는 것이 아니고, 물리학 법학 의학 경영학 등 지식의 최고 단계를 가르치고 있었어요.

육체를 쓰는 것이 아니고 지식을 가르쳤다는 얘기가 됩니다. 진실로 말하면 지금까지 학교에서 배운 것은 물리학이라고 보면 됩니다.
사람에 대한 법학도 사실은 물리학의 경험칙을 빌려다가 그대로 인간을 규율하는 체계속에 적용을 했던 것입니다.

사람은 자기가 배운대로 하는 것이 쉽게 느껴지고 그대로 따라가는 것이 정상입니다. 그러하기 때문에 요즘의 자녀들이 배운 것이 과거의 선배들이 했던 일하고는 맞지가 않는 것입니다. 이 부분을 여러분이 먼저 이해해야 다음을 넘어갑니다.

2024.08.24./서경례/과거와 현대의 환경차이

About bullying North Korea (64/78)

Let's analyze the following part of the comment.
2. Are Koreans smart... or are they already rich and full?
The expression above shows traces of bitter feelings toward the younger generation who avoid physical labor or working in factories. Let's look at a very fundamental principle together.

Humans are formed differently in terms of intellectual and environmental composition depending on the time period. Also, human characteristics differ depending on the region. Since the conditions of the 8 billion human population are different, each person's role is different and that is completely normal.
Therefore, each country, which is a collection of such people, has different mainstream industries and different types of work depending on the level of development. We need to understand this first so that we do not cause unnecessary misunderstandings with young people or others.

The intellectual level of the Korean people was very low until the 70s. Of course, the 50s before that, it was just a country that smelled like a pile of ruins, and it was a time when we were truly ignorant and poor refugees. Even in those low times, we had to survive, so we worked in mines and factories, and it was a sad time when there were no 3D jobs.

Then, knowledge education from the West in schools quickly changed the intellectual files of the newly born people. No wonder, despite not being a technological powerhouse, South Korea is called the best IT country. Children have turned into professional gamers who like multi-games. And even in universities, they were not teaching skills like in the 70s or earlier, but the highest level of knowledge such as physics, law, medicine, and management.

This means that they were teaching knowledge, not using the body.
To be honest, what we have learned in school so far can be seen as physics. Even the law of people is actually borrowing the empirical rules of physics and applying them to the system that governs humans.

People find it easy to do what they have learned and it is normal to follow it. That is why what children learn these days does not match what their predecessors did in the past. You must understand this part first to move on.

2024.08.24./Seo Kyung-rye/Environmental differences between the past and the present

왕따 북한에 대하여(65/78)

젊은 친구들이 컴퓨터를 다루거나 게임이나 멀티작업에 능숙합니다. 그런 젊은이들이 육체를 직접적으로 쓰는 일은 하지 않으려고 하는 것은 우리나라가 개발 초창기에 했던 업종들의 일들이 이젠 대한민국 땅에서는 수명이 다 되었다는 것을 의미합니다.

3D업종이나 불법체류자들이 하는 생산라인이 이젠 저개발국이나 북한으로 러시아나 멕시코로 이사를 할 때가 지났다는 얘기가 되는 것이지요. 우리 개인도 성장하면서 이사를 하고 변화를 겪는 것과 같은 것이니,

필자는 그중에서 일부를 통일을 위한 훌륭한 밑천으로 요긴하게 다시 활용을 해야만 지혜롭게 기업쪽에서도 또 젊은이들 일자리창출에서도 유익하다고 말하고 있는 것입니다. 또 노동개혁이나 복지문제 해결에서도 여러가지 문제가 함께 풀어지는 원리를 설명드리고 있는 것이랍니다.

다시 60대의 베이비붐 세대의 퇴직자들을 봅시다. 이들이 삼성이나 다른 대기업에서 또는 공직에서 퇴직을 하고 나오면 할 일이 지금은 없어서 건달이 되어 있습니다. 가치있는 일거리를 못찾고 있다는 것이지요.

이들 중 지난 30년 동안 현장에서 직접 부딪히면서 사람들을 접한 사람들은 그나마 새로운 환경에 빠르게 적응할 수가 있지만 대부분은 그동안 경험했던 일들이 사회에서는 쓸모가 없고 본인도 자신이 없으니 고급의 인력들이 방치되어 배부른 베짱이 신세가 되어 있는 이유도 같은 원리가 있습니다.

필자가 외치는 중재안이나 통일안이 제대로 구현되면 이 젊은이들이나 퇴직자들이 교육적이고 조직을 관리하는 일을 할 수 있는데 이들이 잘하는 분야가 바로 그것이라는 사실이 중요합니다. 그리고 한국어를 가르치는 일이 필요합니다.

노동개혁이 무슨 일주일에 3일 또는 4일 출근이나 따지는 것인 줄 아는 그런 안이한 발상을 하고 있는 대한민국 정치의 한심한 현실. 노동부는 있는데 노동부의 그 수많은 직원도 있고 노동부 장관도 있는데 국민의 고혈을 많이도 쓰는데 정작 노동부에 노동개혁안이 없다는 현실을 우리는 인정하고 알아야만 하겠습니다.

2024.08.24./서경례/기술도 3D제조업도 이사를 해야 할 때가 이미 지났는데

About bullying North Korea (65/78)

Young people in South Korea are good at using computers, playing games, and multitasking. The fact that they do not want to do work that involves physical labor means that the jobs that our country did in the early days of development have now reached the end of their lifespan in South Korea.

It means that the production lines of 3D industries or illegal immigrants are now moving to underdeveloped countries, North Korea, Russia, or Mexico. It is the same as how we as individuals move and experience changes as we grow.

The author says that some of them should be reused as excellent capital for unification, which is very beneficial for companies and creating jobs for young people. I am also explaining the principle that various problems can be solved together in labor reform and welfare issues.

Let's look at the baby boomers in their 60s again. When they retire from Samsung or other large corporations or public office, they have nothing to do now and become idle gangsters. They cannot find valuable work.

Among these, those who have met people in the field and encountered them directly for the past 30 years can adapt to the new environment relatively quickly. However, most of them are left behind because their experiences are useless in society and they are not confident in themselves.

If the mediation or unification plan that I am calling for is properly implemented, these young people or retirees can do educational and organizational work. It is important that the field that they are good at is precisely that educational field. And we need to teach Korean. The retirees are also Koreans, so they speak Korean very well.

Look at the pitiful reality of Korean politics, which thinks that labor reform is about going to work 3 or 4 days a week. There is the Ministry of Labor, and there are many employees of the Ministry of Labor, and there is a Minister of Labor, so they spend a lot of tax money, but we need to acknowledge and understand the reality that the Ministry of Labor does not have a labor reform plan.

2024.08.24./Seo Kyung-rye/The time has already passed for technology and 3D manufacturing to move.

왕따 북한에 대하여(66/78)

그럼 '이사를 해야 한다'고 했으니 그동안 대기업도 중국이나 러시아에 여러 공장을 이전했는데 왜 실패하고 막대한 손실을 보고 있을까!

우리 대한민국이 북한이나 중국이나 러시아 등에 공장을 이전할 때에는 우선 정치적인 문제도 근본적으로 함께 풀어져야만 한다는 전제조건이 필요합니다.

또 우리의 인건비를 절감하기 위한 필요가 아니고 그들 나라나 지역에 적합한 업종이 무엇인지를 먼저 연구하는 것이 반드시 필요한 조건이 되고, 또 한국의 법률과 교육시스템이 구축이 되어서 한국어도 병행해서 그 지역에서도 한국어 교육이 이루어져야만 합니다.

(무기소지 없고, 투명한 거래관계와 스스로 지키는 발달된 새로운 법률체계)

한국어 교육 시간엔 인간존중사상이 녹아있는 내용으로 즉 진리가 숨쉬는 교육이 이루어져야만 인류는 노동자가 아닌 사람다운 고급진 성품으로 바뀌어지고 업무의 생산성이 높아집니다. 왜냐하면 돈때문에 하는 것이 아닌 스스로 일을 찾아서 하기 때문에

2024.08.24./서경례/제조업이 이사를 하기 전에

About bullying North Korea (66/78)

Then, since I said that the factory needs to move, why did large companies relocate many factories to China or Russia, but why did they fail and suffer huge losses?

When our Republic of Korea relocates its factories to North Korea, China, Russia, etc., it is necessary to first fundamentally resolve political issues as a prerequisite.

Also, it is not necessary to reduce our labor costs, but rather to first study what industries are suitable for those countries or regions.

Also, Korean laws and education systems should be established, so that Korean language education can be conducted in those regions in parallel.

(Education on a new, developed legal system that does not allow possession of weapons, transparent business relationships, and self-defense)

In Korean language education, content that embodies the idea of respect for humanity, that is, education that breathes truth, should be conducted so that people can change from workers to sophisticated people, and work productivity will increase. Because people do not work for money but because they like it, the productivity of products also improves.

2024.08.24./Seo Kyung-rye/Before the manufacturing industry moves

왕따 북한에 대하여(67/78)

댓글 내용 중에서 다음 부분
3. "고생 안 하고 쉽게 돈 벌려는 건 누구나 마찬가지...."
4. "못 배우고 못나서 난 그런 일도 마다하지 않지요."

살펴봅시다.
고생 노동
돈
못 배우고 또는 배우고
못남 잘남

도대체 우리 똑똑한 법조인들은 그동안 무엇을 했길래 이런 단어도 법전에 풀어서 잘 써 놓지를 못하고 있는지~

제일 문제가 많은 집단이 바로 법조인 집단 대통령도 검사출신 전직 대통령도 변호사출신 국회의원들도 판사출신들이 많고 야당대표도 변호사 출신입니다. 그런데 건달 바쁘기는 오지게 바빠요. 제일 바빠 정책도 없이 머릿속이 텅빈 건달들이 공부는 조금 했었나요?
그런데 고급건달집단

대한민국 법전은 다시 써야만 됩니다. 가족증명서에 나와있는 가족들끼리 저리도 아웅다웅 싸우고 있는데 이름만 가족이고 형제자매이고 부모자식 간이고 실제로는 소송으로 법정싸움하고 있습니다. 그러니 가족증명서가 아니고 혈연관계 증명서가 맞고, 상속관계는 가족이 아닌 혈연관계는 의미가 없으니 상속법도 대수술을 해야만 하고, 이름만 민주당이고 실제는 일당독재당이고 이름은 국민의 힘인데 실제는 국민의 짐인 현실.

이름과 현실의 괴리 단어의미와 실제와의 괴리 그런 문제를 못풀고 있는 너무나 똑똑한 바보집단 우리 법조인 집단. 국가가 마약천국으로 불법으로 물들어 가고 있는데 눈만 뜨고 바라만 보고있는 우리 법조인들

위의 단어를 가지고 법전에 쓴다면 어떻게 정의할지를 우리 법조인 출신들은 생각해 보자고요.

2024.08.24./서경례/모든 개념을 다시 쓸 것

About bullying North Korea (67/78)

3. Everyone wants to make money easily without working hard.
4. I don't hate that kind of work because I'm not good at learning and being bad.

Let's take a look.
Hard work
Money
Not learning or learning
Bad and good

What on earth have smart lawyers been doing that they can't even write these words in the law book?

The group with the most problems is the group of lawyers. In Korea, the president is a former prosecutor, the former president is a former lawyer, the members of the National Assembly are judges, and the opposition party leader is a former lawyer, but the country is in shambles, so look at the people. But those gangsters are really busy. They are the busiest, empty-headed gangsters without policies. Did they study a lot? But they have no wisdom, so they are a group of high-class gangsters.

The Korean law code needs to be rewritten. Since the family members listed on the family certificate are fighting in court, they are only family in name, siblings, and parent-child. Therefore, it is not a family certificate but a blood relationship certificate. Since blood relationship is not family but has no meaning in inheritance, the inheritance law also needs to be overhauled. In the case of political parties, the name is the 'Democratic Party', but in reality, it is a 'one-party dictatorship', and the name is the 'People Power Party', but in reality', it is a 'burden' to the people in Korea..

The gap between name and reality, the gap between the meaning of words and reality is severe, but our legal profession is a group of fools who are too smart only outside to solve such problems. Our legal profession is just watching with their eyes wide open while the country is being turned into a drug paradise and illegality.

If the words above were to be written in the law code, let's think about how we would define them.

2024.08.24./Seo Kyung-rye/All concepts will be rewritten.

왕따 북한에 대하여(68/78)

국민을 다스리는 위치에 있는 법조인 출신 정치인들이나 법조인들이 돈의 개념하나도 바르게 정립을 못해서야 어떻게 정치를 할 수 있으며, 어떻게 판결을 제대로 할 수가 있을까?

노동이 무엇인지에 대한 개념하나도 법전에 정의해 놓을 수가 없다면 그런 실력으로 뭔놈의 "노동개혁" 이란 단어를 입에 담을 수가 있을까!

노동이 뭔지를 알아야 그다음 순서로 노동개혁을 하든가 말든가 생각할 수가 있는 것. '노동'이라는 개념하나도 모른다면 그보다 한발 더 나아간 노동개혁이라는 어려운 복합어를 사용한다는 것이 어불성설. 무지의 증거.

우리 똑똑한 지식인들은 인류가 끝나는 날까지 인류의 모든 지식인들이 보고 인정할 수 있는 그런 개념을 인류를 상대로 역사에 기록할 수 있을까! 돈에 대한 정의 노동에 대한 정의를 과연 어떻게 내릴 수 있는지를 생각하는 시간을 가져 봅시다.

스스로 똑똑하다고 생각이 든다면 인류의 모든 지식인들을 상대로 개념부터 얘기할 수 있어야 하겠습니다. 2024년인 이 시대는 인류가 마지막까지 중심에 놓을 정답이 필요한 시대지 조금 지나면 잊혀지거나 사라질 주장이나 단편적인 상식은 필요하지 않습니다.

필자가 드리는 메시지의 정보를 보고 이해하기는 쉽겠지만 막상 쓰라고 한다면 쓸 수 있을까!

2024.08.25./서경례/이제는 개념하나라도 정확하게

About bullying North Korea (68/78)

How can politicians and current lawyers who are in a position to govern the people do politics and how can they pass judgment if they cannot even correctly define the concept of money?

If they cannot even define the concept of labor in the law, how can they explain the word "labor reform" with such skills? This is because politicians need to know what labor is in order to think about labor reform next.

If they do not even know the concept of "labor," it is impossible to use the difficult compound word labor reform, which is even more advanced. If someone who does not know what labor is steps forward and says they will do labor reform, this is evidence of the speaker's own ignorance.

Can smart intellectuals record a concept that all intellectuals of humanity can see and acknowledge until the end of humanity in history? If so, let's take the time to think about how we can define money and labor. If you think you are smart, you should be able to talk about concepts to all the intellectuals of humanity.

This era of 2024 is an era in which humanity needs the right answer that will be at the center until the end. In other words, humanity does not need your claims or fragmentary common sense that will be forgotten or disappear soon.

It may be easy to see and understand the information in the message I am giving you, but if you were to write it, would you be able to write the true concept?

2024.08.25./Seo Kyung-rye/ Now you need to know at least one concept accurately.

왕따 북한에 대하여(69/78)

댓글 내용 중
3. "고생 안 하고 쉽게 돈 벌려는 건 누구나 마찬가지…"
4. "못 배우고 못나서 난 그런일도 마다하지 않지요"

고생 노동
돈
못 배우고 또는 배우고
못남 잘남

다음은 서로가 관련된 것들이라 내용들을 한꺼번에 설명드리니 독자들은 머릿속에 잘 정리해 주시기 바랍니다. 댓글에서는 인간들이 노동을 하는 것과 같은 고생도 안 하고 쉽게 다들 돈을 벌려한다는 의미로 내용을 주셨습니다만

질문 1. 친구님들 중 또는 주변의 노동자들 그동안 고생많이 하셨는데요. 돈많이 벌어서 떼부자 되셨나요? 또 노동을 하지 않는 우리 법조인들은 또 돈벼락 맞아서 떼부자가 되던가요?

미국 유대인 자본가들처럼 시계가 째깍째깍 움직일 때마다 돈이 알아서 쌓이는 돈부자들은 돈벌려고 50억클럽에 가입한다거나 돈과 재판을 이용한다거나 힘들여 변호하지는 않습니다.

그런데 이상하게 돈이 많아요. 전 세계의 모든 돈은 그들이 쥐고 있으니 왜 그럴까?

질문 2. 댓글 주신 친구님은 못 배우고 못나서 노동을 하신다고 하셨는데 주신 문체나 내용이 못 배운 사람의 문장은 아닌 것으로 판단됩니다. 그리고 필자가 드리는 농도짙은 내용을 누구보다도 먼저 보고 계십니다.

한가지 당신의 학벌은 부족할 수도 있겠습니다. 그런데 필자의 예를 들면 필자가 미국 하버드를 나온 적도 없고 대법원장도 아니고 앨빈 토플러처럼 유명하지도 않습니다만 필자가 그들보다 못배우지는 않았습니다.

솔직히 말씀드리면 인류의 모든 지식인 중에서 최고로 많이 배웠습니다. 많은 책의 내용을 통해서 느끼고 알았던 것이 있으니, 인류가 지금까지 쌓아온 모든 지식의 결정체가 인류의 모든 지식인들을 대신해서 필자의 머리에 압축되어 들어와 있습니다.

아인슈타인이 그토록 죽을 때까지도 찾아서 헤매던 그 우주의 질서를 이미 알고 그의 마지막 말의 의미까지도 알고 있습니다.

그래서 인류역사의 지식인 최초로 모든 개념을 기록으로 남기는 중이고 통일안도 써야하고 중재안도 언급을 드리면서 미래비전을 쓰고 있는 중에 지금 불법체류자 불법취업자 외국인 노동자들하고 같이 같은 현장에서 힘든 노동일을 실제로 합니다.

사실이 그러할지니 친구님이 못 배웠다거나 또는 못 배워서 힘든 노동일을 한다고 생각하는 것은 오류가 있는 부분이 됩니다. 학벌이 좋은 것과 많이 배운 것이 완전히 일치하지는 않고 별개의 개념이라는 의미입니다.

2024.08.28./서경례/학벌과 배운다는 의미

About bullying North Korea (69/78)

Comments
3. Everyone wants to make money easily without working hard.
4. I don't refuse to do that because I'm not good at learning

Hard work
Money
Not learning or learning
Ugly and good

The following are related things, so I'll explain the contents all at once, so readers, please organize them well in your head. In the comments, you gave the meaning that everyone wants to make money easily without working hard, just like humans do.

However,
Question 1. Friends or workers around you, you've worked hard. Have you made a lot of money and become rich? Also, do our lawyers who don't work become rich even if they work hard as lawyers?

There are rich people like American Jewish capitalists who accumulate money every time the clock ticks. They don't join the 5 billion club to make money, use money and trials, or defend their clients with difficulty. But strangely, they have a lot of money. They have all the money in the world, so why is that?

Question 2. The person who commented said that he or she is uneducated and incompetent and therefore does labor, but I believe that the writing style and content provided are not those of an uneducated person. And you are the first to see the historical content that I am providing.

One thing is that your academic background may be lacking.
However, for example, I have never graduated from Harvard University, I am not the Chief Justice of the Supreme Court, and I am not as famous as Alvin Toffler, but I am not less educated than them.

To be honest, I am the most learned among all intellectuals in the world. I have felt and learned things through the contents of many books, and the crystallization of all the knowledge that humanity has accumulated so far is compressed into my head on behalf of all intellectuals in the world.

Therefore, I already know the order of the universe that Einstein searched for and wandered until his death, and I even know the meaning of his last words. So, I am writing a vision for the future while being the first intellectual in human history to record all concepts and mention the unification plan and the arbitration plan.

In the meantime, I am actually doing hard labor in the same field as illegal alien workers.

Since that is the case, it is an error to think that my friend did not learn or does hard labor because he did not learn. This means that having a good academic background and having learned a lot are not completely the same, but are separate concepts.

2024.08.28./Seo Kyung-rye/Education and the meaning of learning

왕따 북한에 대하여(70/78)

댓글 내용 중
못남 잘남
에 대해서 설명을 드리기 전 필자가 질문을 2개 드렸는데 다시 하나 더 질문 3번을 드립니다.

못남과 잘남

질문 3: 어떤 사람이 잘난 사람일까! 어떤 사람이 못난 사람일까! 얼굴이 배우처럼 예쁘고 잘생기면 잘난 느낌이 들까요? 그건 얼굴생김이 예쁘고 잘생긴 사람입니다. 인기까지는 얻을 수 있는 주요한 조건이 갖추어진 상태가 됩니다.

여의도 국회의원들이 학벌이 아주 좋고 출신이 판사 출신이고 검사출신이고 서울대출신이고 금배지를 반짝반짝 달았는데 잘나게 보이십니까? 밥그릇 때문에 대안없이 싸움하는 투쟁 의사들이 잘나게 보이십니까?

친구님은 힘든 일을 하니 스스로 못났다고 생각을 한다면 지금까지 힘든 노동일을 했던 인류의 그 많은 사람들은 못났다고 봐야만 하는가! 도대체 우리가 잘났다는 기준을 어디에 두어야만 하는지 이제는 생각을 할 때가 돌아왔습니다.

2024.08.31./서경례/잘났다는 의미도 다시

About bullying North Korea (70/78)

Ugly and handsome

Question 3: What kind of person is a handsome person!
What kind of person is an ugly person!
Does having a pretty face like an actor or being handsome make you feel cool?

That's a person with a pretty face. That kind of person has the main conditions to become popular.

Do you think the current members of the Korean National Assembly, who have excellent academic backgrounds, are judges, prosecutors, graduates of Seoul National University, and wear shiny gold badges, are great? Do you think the doctors who fight without alternatives for their jobs are great?

If you think that you are incompetent because you do hard work, then should you think that all the people who have done hard labor up until now are incompetent?

It is time to think about where we should set our standards for being good.

2024.08.31./Seo Kyung-rye/The meaning of being good is also being rethought

왕따 북한에 대하여(71/78)

잘났다는 말의 의미

잘난 사람이라는 의미는 유명인이라는 의미가 아닙니다. 얼굴이 예쁘다는 의미도 아닙니다. 권력이 있다는 의미도 아닙니다.

사람이 자신이 해야 하는 본분에 충실할 때에 우리는 그 사람이 거룩하게 보이는 법입니다. 따라서 거룩하게 자신의 길을 묵묵히 걸어가는 사람은 외부에서 볼 때 잘나게 보이는 것이지요.

자신의 본분을 알고 그 길을 겸허하게 따를 때에 우리는 그 사람을 잘난 사람이라고 합니다.

따라서 정치인은 국민을 잘 다스리는 자가 잘난 사람이 되는데 지금 정치인들이 국민을 잘 다스리고 있는지 우리가 생각해 볼 입니다.

2024.08.31./서경례/이제는 국민이 알아야 하는 때

About bullying North Korea (71/78)

The meaning of the word "good"

A good person does not mean that he is famous. It does not mean that he has a pretty face. It does not mean that he has power.

When a person is faithful to his duty, we see him as holy. Therefore, a person who walks his own path quietly and holy appears good to outsiders.

When a person knows his duty and follows that path humbly, we call him a good person.

Therefore, a politician is a good person if he governs the people well, but we should think for ourselves and find out whether the politicians are governing the people well.

2024.08.31./Seo Kyung-rye/Now the people need to know

왕따 북한에 대하여(72/78)

노동과 돈은 같이 설명을 드리는 것이 이해가 빠르고 중요한 맥이 연결이 되니 같이 설명드립니다. (분량이 많이 나올 것 같아요. 항상 분량 조절을 걱정함 ㅠ) 설명 전에 질문 1,2,3번을 생각해 보셨는지요? 또 법조인들은 개념정립을 어떤식으로 할지를 생각해 보셨는지요?

우리가 지금까지 공부한 지식인들인데 직접 스스로 알고 있는지 점검하라고 드렸고, 명쾌하게 쓸 수 없다면 그 부분 무지한 것이겠지요. 상대방 '인정'이라든가 무지를 인정하는 '겸손'이라든가 하는 단어가 무척 고급의 난이도를 지녀서 현실에서 실천이 어려운 단어들입니다.

노동이 무엇일까?
우리는 대체적으로 노동을 하기 싫어합니다. 그래서 노동자들이 불평불만 많습니다. 노동이 힘들어요. 필자도 힘든 부분 알고 인정합니다. 그래서 모든 노동자들은 돈을 주지 않으면 절대로 노동을 하지 않아요. 시간당 9860원 식으로 왜 그럴까!

노동과 돈
서로 관련이 깊이 되어 있기 때문입니다. 중요한 설명이 들어가네요. 그래도 국민이 알아야지 노동개혁을 하고 노동을 없애고 노동자도 기업도 새롭게 업그레이드되는 세상을 만들 수가 있습니다. 대한민국 1,000조나 되는 빚을 갚으려면 일단 알아야만 합니다.

노동은 형벌입니다.
여러분이 노동자이고 필자가 지금 노동을 한다고 해서 그것만 형벌이 아닌 것이 아니고 일단은 노동은 형벌 중의 하나입니다. 그러니 그토록 노동이 하기 싫고 힘들게 느껴지고 있었던 것

이해를 쉽게 하기 위해서 예를 들면 법원에서 피고인들한테 선고할 때 징역 또는 금고형에 처한다고 하잖아요. 징역 1년이라는 선고엔 교도소에서 강제로 노역에 복무하라는 명령이 들어 있으니 형벌로 노동을 강제로 시킵니다. 그때는 돈도 안 주고 형벌이 차감되는 거지요. 감옥 밖에서 노동을 해야만 하는 자가 스스로 노동을 하지 않으면 이렇게 강제로 법으로 교도소에서 돈도 안 주고 형벌을 줍니다만 수감자들이 그런 원리를 지금까지는 알 수가 없었습니다.

2024.09.02./서경례/노동개혁을 하기 전에 노동부터 알아야만

About bullying North Korea (72/78)

Labor and Money

Labor and money are explained together so that you can understand quickly and the important context is connected, so I will explain them together. We are the intellectuals we have studied so far, so I ask you to check if you know them yourself.

If you cannot use them clearly, then you are ignorant of that part. Words such as "recognition" of the other person or "humility" that admits ignorance are very advanced and difficult to practice in reality.

What is labor? We generally do not like to work. That is why workers complain a lot. Labor is hard. I also know and admit that it is hard. That is why all workers will never work unless they are paid. For example, 9,860 won per hour.
Why is that?

Labor and money
I'm bundling them together because they are deeply related. It's an important explanation. Still, if the people know, we can reform labor, eliminate labor, and create a world where both workers and companies are newly upgraded. If we want to pay off the 1,000 trillion won debt of the Republic of Korea, we must first know.

Labor is punishment.
Just because you are a worker and I am currently working as a worker, it's not the only thing that is not a punishment. Labor is one of the punishments.
That's why people hate labor so much and find it difficult.

For example, to make it easier to understand, When the court sentences the defendants, they are sentenced to imprisonment or a fine. The sentence of one year of imprisonment includes an order to perform forced labor in prison, so they force labor as punishment. At that time, if the prisoner worked without being paid, the penalty was reduced. If someone who had to work outside the prison did not work voluntarily, they were forced to work in prison by law without being paid. Prisoners did not know this principle until now.

2024.09.02./Seo Kyung-rye/Before labor reform, we must first understand labor

왕따 북한에 대하여(73/78)

노동과 돈

노동자가 육체를 사용하는 힘든 일들을 다합니다. 예나 지금이나 똑같이 물질세계인 이 3차원 지구에서 반드시 누군가는 해야만 했던 일들입니다. 이것이 결국은 물건을 만들고 물건과 관련된 용역이 되는데요. 필자가 쓰는 내용들은 단어 하나도 의미가 있는 것이니 잘 보십시오.

정신이 아닌 '육체'를 사용해서 콘텐츠의 내용이 아닌 '물건'을 만드는 일을 한다고 설명을 드렸습니다. 반도체도 물건이죠? 광고들이 전부 물건을 선전하고 있으니 지금까지 인류가 생산한 것이 대부분 물건이었던 것이지요.

물질은 물질을 생산하고 비물질인 정신은 비물질인 연구물이나 책의 내용을 생산하고 불법체류자들은 불법을 생산하고 평화로운 자는 평화를 부르고 핵무기는 재앙을 부르니 다들 끼리끼리 법칙에 따라 그에 합당하게 움직이고 있었습니다. 중요한 끼리끼리 법칙이니 반드시 우리가 명심하고 살아갈 진리가 됩니다.

돈이 무엇이냐!
노동자가 물건을 생산했다는 증표로 그 생산된 재화만큼 그것을 교환가치로 표시한 인간들의 합의가 녹아든 표식입니다.

물질인 물건의 가치가 거기엔 녹아 있어요. 따라서 25만 원이 주어지기 위해서는 그만큼의 재화가 생산이 되었다든가 아니면 생산이 될 예정이라든가 하는 구체적인 생산과정이 있어야 이것이 거품이 아닌 것이 됩니다.

거품은 꺼지게 마련이라서 이것이 꺼질 때에는 가난한 계층을 즉 은행에 이자를 내는 서민층을 할퀴고 지나갑니다. 그래서 계속 부익부빈익빈이 가속화되는 이유가 되는 것이지요.

그것을 민주당이 국민을 위한 미래비전 경제 정책은 못 내고 국민을 개나 돼지한테 먹이 주듯 25만 원 독사과 즉 먹을 것을 뿌리겠다고 말하고 있으니 그 무식함을 어이할꼬!

무지한 것을 벗기 전에 무식한 것부터 벗어야만 하겠습니다.

노동자들이 돈을 벌기 위해서 오로지 돈을 벌기 위해서 노동을 하는 것이(실제로 노동자들은 돈벌어서 사는 것이 최고 목표라는 얘기를 평소에 많이도 함) 물질 육체가 결국은 물질하고 친하기 때문에 나오는 자연스러운 현상임을 우리 지식인들이 이해할 수가 있을라나요!

인간이 정신과 육체로 구성되어 있는데요. 정신은 비물질 육체는 물리학적으로 물질원소로 구성되어 있는 물질에너지. 생산되는 물건도 물질원소의 변형품이라서 결국을 물건이라 본질이 같은 것. 돈은 그 생산된 재화의 교환가치라서 돈이 25만 원 교환되어지려면 생산품이 있어야만 빈껍데기가 아닌 것이 되어 정상적인 경제순환구조가 되는 것이지요.

2024.09.02./서경례/건강한 경제시스템을 위하여

About bullying North Korea (73/78)

Labor and Money

Workers do hard work using their bodies. In this 3-dimensional earth, which is a material world, whether in the past or present, someone had to do the labor. This ultimately leads to making things and providing services related to things.

Every word in the content I write has meaning, so read carefully.
I explained that we use our "body", not our mind, to make "things", not content.
Semiconductors are also things, right? All TV commercials advertise things, so up until now, all that mankind has produced has been things that are transformed materials.

Matter produces matter, and immaterial mind produces immaterial research or book content.
Illegal immigrants produce illegality, and peaceful people create peace. Also, nuclear weapons invite another nuclear disaster, so everyone was moving accordingly according to the Law of Like-Minded People.

It is an important Law of Like-Minded People, so it is a truth that we must keep in mind and live by.

What is money!
It is a symbol that melts into the agreement of humans who expressed the amount of goods produced as exchange value as proof that the worker produced the goods.
The value of the material goods is melted into it. Therefore, in order for 250,000 won to be given, there must be a specific production process, such as that amount of goods being produced or scheduled to be produced, so that this is not a bubble.

Bubbles are bound to burst, and when they do, they make things difficult for the poor. In other words, they hurt the working class who pay interest to the bank. Since money is released into the market without any specific production by workers, prices rise and the people's real income decreases again. That's why the rich get richer and the poor get poorer.

The Democratic Party is not able to come up with a vision for the future of the people and is mocking the ignorant people by saying that they will give them 250,000 won poison apples like feeding them to dogs or pigs, so I have no choice but to inform you of this.
What can we do with such ignorance!
Before we can get rid of our ignorance, our leaders and the people must first get rid of our economic illiteracy.

Workers only work to earn money. (In fact, workers often say that their ultimate goal is to earn money and live.) Would our intellectuals understand that this is a natural phenomenon that occurs because the material body is ultimately close to the material?

Humans are composed of the mind and the body. The mind is immaterial, and the body is material energy that is physically composed of material elements. Therefore, objects produced by the body are also transformed materials, so they are ultimately objects and have the same essence.

Money is the exchange value of the goods produced, so in order for 250,000 won to be exchanged, there must be products so that it is not an empty shell and a normal economic cycle can occur.

Now, even Democratic Party supporters should know what they need to know, but they should give the Democratic Party the right advice. What will happen if they foolishly continue like that? The country will fall.

2024.09.02./Seo Kyung-rye/For a healthy economic system

왕따 북한에 대하여(74/78)

노동이 진실로는 형벌임을 설명드렸고, 노동자들이 힘든 노역을 통해서 물건을 만든 총합의 가치가 지구촌의 돈의 총합이 됩니다.

물건이 아닌 비물질 내용인 기존의 콘텐츠가 아직은 진리를 품고 있지는 못하기 때문에 그로 인한 경제적인 창출은 미미하고(지금 밤샘하면서 돈 벌자고 프로그램 작업하는 것도 무척이나 고된 중노동에 들어감) 글로벌 지구촌 경제라는 것이 모든 재화생산의 교환가치임을 우선은 알고 노동자들의 수고와 희생을 일단은 우리가 인정해야 지식인이라고 할 수가 있습니다.

그리고 노동자들이 받는 돈은 사실 많은 돈이 아니었던 것이지요. 그것을 좀 더 분석해 봅시다. 지식인들 상식에서 나오는 의문점이 생길 테니까요. 노동자들 입장에서 누구는 노동하는데 누구는 노동을 하지 않고 지금까지 살아왔던 사람들이 있습니다. 국회의원들 교수들 변호사들 의사들 전문직 등은 노동자들의 노동은 하지 않았습니다.

국회에서 앉아있는 국회의원들이 노동을 하지는 않는 모습이 보이시는지요.

누구는 형벌인 노동을 감당해야 하고 누구는 책상에 앉아서 공부하고 책을 보거나 컴퓨터 모니터를 보거나 하니 세상은 불공평한 것이라는 한탄을 합니다만 노동이 형벌이듯이 공부하는 것도 형벌이 됩니다. 이 부분 이해가 되어야만 다음을 넘어갑니다.

법원에서 형벌로 판결선고 시 수강명령제도가 있습니까? 수강명령 즉 공부해라 안 하니 형벌로라도 강제로 시킵니다. 그럼 공부과가 아닌 학력사항이 짧은 무식한 죄수들은 수강명령이 힘든 고통이 됩니다.

2024.09.08./서경례/공부도 형벌의 일종이니

About bullying North Korea (74/78)

I explained that labor is truly a punishment. The total value of the goods created by workers through hard labor is the total money of the world.

Since existing content that is not goods does not yet contain the truth, the economic creation resulting from it is small. (Working on a program all night to make money is also very hard labor.)
We must know that the global economy is the exchange value of all goods produced. If so, we must first acknowledge the laborers' hard work and sacrifices in order to be called proper intellectuals. And the money that workers receive is actually not a lot of money.

Let's analyze it further. If we are intellectuals, we will have questions that come from common sense in the past. From the perspective of workers, there are people who have lived up until now without laboring, unlike them. I include myself in that group.
Members of the National Assembly, professors, lawyers, doctors, and professionals did not do the kind of physical labor that workers do.

You can see that the members of the National Assembly sitting in the National Assembly do not do physical labor. Some people have to endure labor as punishment, while others sit at their desks to study, read books, or look at a computer monitor.
For that reason, we lament that the world is unfair, but just as labor is punishment, studying is also punishment. You have to understand this part before you move on.

Is there a system of attendance orders when the court sentences the defendant as punishment?
An attendance order means, "Study." You must study as punishment. If you don't, they force you to do so as punishment. Then, for ignorant prisoners with little academic background, the attendance order becomes a difficult pain.

2024.09.08./Seo Kyung-rye/Studying is also a type of punishment

왕따 북한에 대하여(75/78)

노동과 경제력인 돈의 관계 그리고 형벌의 하나인 노동과 또 다른 형벌의 일종인 지식공부 그런 것들과 현실에서 지식인들과의 관련성 등을 설명하는 것이 쉽지는 않습니다만 그래도 하나씩 드립니다.

이 글은 북한과의 통일을 염두에 두고 작성하지만 노동개혁도 동시에 진행되어 통일비용을 우리가 스스로 지혜롭게 해결하기 위해서 불법체류자 노동문제도 같이 다룹니다.

그리되기 위해서는 반드시 알아야만 하는 근본적인 중요한 개념들이 있음이니 노동과 돈과 기업의 관련성을 모르고는 어떤 문제도 풀 수가 없습니다.

필자의 메시지엔 물리학과 경제학 역사학과 법률 인문 정치 사회학 등이 다양하게 녹아져 있습니다.

이들의 역학관계를 미리 알 수 있었고 이렇게 모든 지식인들을 상대로 설명할 수 있도록 끊임없이 고단한 삶을 살게끔 환경을 만들어 주신 하느님께 무한한 감사를 드립니다.

고단한 삶이 아닌 편안한 삶이었더라면 결코 알 수 없었을 것이기에 그러합니다. 필자의 글을 읽어주는 독자들께도 무한한 감사를 드립니다. 필자에겐 글을 읽어주시는 국민이 하늘입니다.

2024.09.10./서경례/통일과 노동개혁문제는 동시에

About bullying North Korea (75/78)

The relationship between labor and economic power, money, and labor as a form of punishment and knowledge study as another form of punishment. It is not easy to explain such things and their relationship with intellectuals in reality, but I will explain them one by one.

This article is written with unification with North Korea in mind, but labor reform must also be carried out at the same time. In order for us to wisely resolve the cost of unification on our own, we will also address the issue of illegal immigrants' labor.

In order to do so, there are fundamental and important concepts that we must know. If politicians do not know the relationship between labor, money, and corporations, they cannot solve any problem.

My message is a diverse mix of physics, economics, history, law, humanities, politics, and sociology.

I am infinitely grateful to God for allowing me to know the dynamics of these relationships in advance and for creating an environment where I could live a constantly difficult life so that I could explain them to all intellectuals of mankind.

If it had been a comfortable life instead of a difficult life, I would never have known. I also express my infinite gratitude to the readers who read my writing. To me, the people who read my writing to know the truth are heaven.

2024.09.10./Seo Kyung-rye/Unification and labor reform issues at the same time

왕따 북한에 대하여(76/78)

글로벌 지구촌 모든 재화생산의 교환가치인 돈은 전부 노동자들의 피와 땀의 결실이고 지식인들이 이 부분 노동자들의 수고와 희생을 일단은 우리가 인정해야 한다고 말씀을 드렸습니다만 그것이 그리 쉽고 단순한 말이 아닙니다. 우리가 이유없이 생기는 일은 없음을 인정한다면 그리고 노동이 형벌이었음을 이해할 수 있다면 다시 또 한번 들어가 봅시다.

현실에서도 형벌이 주어질 때에는 반드시 이유가 있습니다. 그러니 우리가 형벌을 받는 상황이었음을 머릿속에서 또는 가슴으로 이해한다면 그에 따른 죄의 행태가 반드시 있었음을 상상해 봅시다. 우리는 우리가 모르는 순간에 또는 기억하지 못하는 그 옛날 지금 남을 탓하고 탄핵하고 단죄하고 비난하는 그런 행동을 하듯이 똑같은 방법으로 그렇게 죄를 지은 이력이 있는 것이지요.

해야만 하는 역할을 하지 않는 것도 역시나 부작위범, 직무유기가 되기도 하는데 작위범과 부작위범은 양적으로 질적으로 똑같은 행태의 죄인이라는 것도 법조인들은 이해할 수 있습니다.

그렇다면 반드시 살인하고 강도강간만이 죄를 짓는 것이 아니고 지금 정치인들이 하는 짓들처럼 국민의 고혈을 빨아서 해야 하는 일을 하지 않고 인플레이션 유발하는 25만 원 돈살포를 통해서 무식한 국민을 우롱하고 자신들의 정책 없음을 가리는 욕망을 채우는 것도 영락없이 죄인의 그런 행태가 되는데 이들의 죄는 더욱 무겁습니다.

먹어도 비싼 밥을 먹고 좋은 차를 타고 다니니 그만큼 죄의 양도 많아서 그래서 노동만을 해서는 죄가 탕감되지 못합니다. 그래서 더 가혹한 형벌로서 공부를 먼저 시켰던 것 공부를 많이 한 자는 그만큼 더 죄의 무게가 훨씬 무겁다는 것을 지식인인 우리가 알고 겸허하게 받아들여야만 합니다.

하지만 어쩐지 나는 대단히 깨끗하고 의로운 것만 같은 무지와 착각들. 금배지를 단 국회의원들이나 이런저런 이유로 수사받는 대통령이나 법조인들 의사들의 삶의 무게가 무거운 이유는 죄의 양과 질이 무겁고 탁한데 그것을 국민한테 진정한 봉사로 환원하지 못했기 때문입니다.

2024.09.11./서경례/누가 더 죄인일까?

About bullying North Korea (76/78)

Money, the exchange value of all goods produced on earth, is the fruit of the blood and sweat of workers. I told you that intellectuals should first acknowledge the labor and sacrifice of these workers. However, it is not so easy and simple.

Do we admit that nothing happens without a reason? And if we can understand that labor was punishment, let's raise the intellectual level again. In reality, there is always a reason when punishment is given. So, if we understand in our heads that we were in a situation where we were punished, let's imagine that there must have been a corresponding sinful behavior. We have a history of committing sins in the same way as we do now, blaming, impeaching, condemning, and criticizing others at a time when we do not know or remember.

Not doing what you have to do is also a crime of omission or dereliction of duty. Lawyers can understand that crimes of omission and crimes of commission are qualitatively the same types of criminals. Then, can we know that not only murder and robbery and rape are crimes, but also that politicians who just suck up the people's taxes and do not do what they have to do are even more serious crimes?

Politicians do not seek the vision for the future that they should find for the people, and instead mock the ignorant people by throwing away 250,000 won that causes inflation and cover up their lack of policies. This is certainly the behavior of a criminal. And their crimes are even more serious.

They eat expensive meals and drive nice cars, so their crimes are that much more serious, so they cannot be forgiven just by working. That is why they were made to study first as a harsher punishment. That is because they can do difficult work that way. If we, as intellectuals, know and humbly accept that the more we study, the heavier the burden of sin is, it will be more comfortable. However, somehow we have the ignorance and illusion that we are very clean and righteous.

The reason why the lives of members of the National Assembly, presidents, lawyers, and doctors who are being investigated for various reasons are heavy is because the quantity and quality of their sins are heavy and murky, but they have not been able to return it to the people as true service.

2024.09.11./Seo Kyung-rye/Who is a greater sinner?

왕따 북한에 대하여(77/78)

노동자와 지식인과 기업인 1

현재 존재하는 대한민국 국가의 사회계층을 크게 나누면 노동자와 지식인 그리고 기업인으로 큰 틀에서 나누어져 있습니다. (지식인에는 정치인들이 대표적인 사례가 됩니다.)

어릴 때에 우리의 기억을 더듬어보면 좀 더 똑똑한 놈을 공부시키고 부모와 나머지 자녀들은 그 뒷바라지를 했던 집안들이 많이 있었습니다. 상고나 공고를 나와서 또는 그보다 먼저 직업전선에 뛰어들어 오빠나 동생을 학교에 보냈던 누이. 이것을 전쟁터로 비유하면 총알을 먼저 만든다고 할까요!

경제력을 키운 것은 미래를 위해 현실적인 땔감에너지를 먼저 만들어야만 가능했기에 먼저 노동자들이 노동을 시작해야만 했던 것이지요. 그래서 노동으로 재화를 만들어서 측정하면 그 재화가 경제력의 총합입니다. 그 경제적인 밑바탕 위에서 즉 그것을 사용해서 다시 지식에너지를 키웠다고 하면 이해가 가능할까요?

이것이 무슨 의미인지를 바르게 알아야만 하는데 지식인들을 이 부분 아집을 버리고 깨끗하게 메시지를 흡수해야 이해가 됩니다. 현재 정치인들을 비롯한 법조인이나 의사들이 지금까지는 생산한 것이 없었음을 의미하는 것입니다.

다시 설명드리면 지금까지 정치 지식인들이 국회의원으로 세비라는 명목으로 급여챙기고 변호사들이 변호하고 수임료를 받았고 의사들이 환자들로부터 돈을 받아서 급여를 받은 그 돈.

과학자들이 연구할 수 있었던 연구비. 그 돈이 결국은 노동자들이 생산한 경제에서 나온 것이지 그 정치인들이나 변호사나 의사들 과학자들이 경제력을 창출한 적은 없다는 얘기를 하는 것입니다. 이는 또한 미래가 요구하는 가치있는 그 어떤 것도 생산한 적은 없다는 의미를 이해할 수 있을까요?

2024.09.13./서경례/먼저 실탄을 만들고

About bullying North Korea (77/78)

Laborers, intellectuals, and businessmen

If we divide the social classes of the current Republic of Korea into large categories, they are broadly divided into laborers, intellectuals, and businessmen. (Politicians are representative examples of intellectuals.)

If we look back on our memories from when we were young, there were many families that sent the smarter ones to school, while the parents and other children supported them. A sister who graduated from a high school or entered the workforce before that and sent her older brother or younger brother to school. If we compare this to a battlefield, we can say that they made bullets first!

In order to increase economic power, it was necessary to first create realistic fuel energy for the future, so workers had to start working first. So if we measure the goods created through labor, those goods are the sum total of economic power. Can we understand that on that economic foundation, that is, by using it, the intellectual energy of the intellectuals was increased?

We need to understand what this means. Intellectuals need to let go of their stubbornness that they have contributed to society and absorb the message cleanly to understand. This means that politicians, lawyers, and doctors have not produced anything so far.

To explain again, until now, political intellectuals have received salaries as members of the National Assembly under the pretext of expenses, lawyers have received legal fees for their defense, and doctors have only received salaries by receiving money from patients. The research funds that scientists were able to research.

That money ultimately came from the economy produced by workers, and it is said that politicians, lawyers, doctors, and scientists have never created economic power. Can we also understand that this means that we have never produced anything of value that the future demands for society on our own?

2024.09.13./Seo Kyung-rye/Let's make real bullets first

왕따 북한에 대하여(78/78)

노동자와 지식인과 기업인 2

어머나 난 국회의원으로 법안발의를 얼마나 많이 했는데~ 어머나 난 힘들게 판결서 썼는데 또는 힘들여서 의뢰인들 상담받고 준비서면 작성했는데 한 일이 없다고?

지금까지 얼마나 많은 환자들을 만나서 치료해주고 고쳐주고 했는데 ~ 그럼 내가 받은 진료비나 수임료는 도대체 뭘까!!!!
지금까지 우리 지식인들이 활동한 것은 무엇이란 말인가! 답을 드릴테니 잘 새기십시오.

지금까지는 생산한 것이 아니고, 노동자들이 만든 돈을 받아서 사회적 시스템을 공부했던 것입니다. 의사의 경우는 사람의 육체부분을 공부했던 것이고, 판사의 경우는 지금까지 배운 물리학적 개념부분을 차용해서 인간을 다루는 법학에 사용하면서 인간학을 공부하고 있었던 것입니다.

그것이 완전한 전체에 대해서 공부한 것이 아니고 일부분 물리적인 부분만 공부하다 보니 그 나머지 부분에서 계속 문제는 파생되고 있었던 것

그렇다면 지금부터는 그 나머지를 공부해서 완성시켜야만 하는 숙제가 바로 지식인들의 할일이 됩니다. 그것까지 해야만 비로소 지금까지 받아먹은 돈이며 책이며 공부한 보람을 사회에 환원하는 것입니다.

지금까지 지식인들이 잘못 건드린 부분들이 얼마나 많을까? 현재 벌어지고 있는 저 러우전쟁의 피비린내 나는 싸움이 그 하나의 예고 또한 허리가 잘린 채로 동족이 서로 갈등하고 있는 남북한이 그 하나의 사례가 됩니다.

노동자들은 돈을 만들었으니 그들의 할 일을 다했습니다만 그들한테 남은 것이 무엇입니까? 기업인은 노동자들이 만든 돈을 체계적으로 관리하는 역할이니 그들은 또 그들의 역할을 다하고 기다리고 있습니다. 정치 지식인 그 누군가가 나와서 그들의 미래를 열어주기를 기다리고 있습니다.

그 미래는 필자를 포함한 우리 지식인들이 열어야만 합니다. 왜냐하면 우리는 그 미래의 문을 열기 위해서 지금까지 열심히 공부한 대한민국의 희망이기 때문입니다.

2024.09.13./서경례/지식인의 현주소

About bullying North Korea (78/78)

Oh my, I have proposed so many bills as a member of the National Assembly~ Oh my, I have worked hard to write judgments Or I have worked hard to consult with clients and write preparatory documents, but I have not done anything?

How many patients have I, as a doctor, treated and cured so far ~ Then what on earth are the medical fees or attorney fees I have received!!!!
What have our intellectuals been doing so far!? You will ask me this question. I will give you the answer, so please remember it well.

Up until now, intellectuals have not produced anything, but have studied the social system by receiving money made by workers. In the case of doctors, they have studied the human body, and in the case of judges, they have studied anthropology by borrowing the physics concepts they have learned so far and applying them to the law that deals with humans.

They have not studied the complete whole, and since they have only studied a part of the physical part, problems have continued to arise in the remaining part.

So from now on, the task of intellectuals is to study the rest and complete it. Only then can we return the money, books, and rewards we have earned so far to society. How many areas have intellectuals wrongly touched so far?

The bloody battle of the current Russian War is one example of this, and the two Koreas, where people of the same race are in conflict with each other with their waists cut off, are one example.

The workers have made money, so they have done their job, but what is left for them? They are left with sick bodies. The role of businessmen is to systematically manage the money made by workers, so they are also doing their job and waiting. They are waiting for someone, a political intellectual, to come forward and open their future.

That future must be opened by our intellectuals, including me. Because we are the hope of the Republic of Korea, who have studied hard to open the door to that future.

Century 21CC 미래기획서

기획서를 입안하게 된 동기

필자는 지난 한 달 동안 골프장 레스토랑에서 흔히 말하는 찐 노동 현장을 경험했습니다.

평생을 책을 끼고 살아온 필자인지라 노동을 하기엔 적합한 육체 근력이 아니지만 짧은 기간은 많은 문제를 생각하는 좋은 연구 시간이었음을 고백합니다.

그 경험이 아니었다면 지금의 이 제안서도 결코 나오지 못했을 것이니 얼마나 소중한 시간이었는지 우리 독자들은 짐작할 수 있을까요?

우선은 골프장의 노동문제가 필자의 눈에 보였고, 다음은 골프애호가들 숫자가 많은 한국의 현실을 확인하는 현장이 되었습니다.

오늘 같이 착석한 박회장님이 또한 골프장을 운영하는 분이라 기획서를 쓰는 지금 이 의미있는 그 반가움은 이루 말할 수 없습니다.

박회장님은 필자한테 궁금한 것이 많은지 모든 사적인 질문을 하시는 것을 보니 있는 대로 대답은 하지만 고아처럼 살아온 필자의 프로필이 이분들이 보기엔 가장 낮은 계층이 될 것이기에 단순히 그것으로 필자를 판단한다면 그 본질을 보지는 못할 것이라는 생각도 해봅니다.

그러나 시간이 가면 모든 것은 드러나는 법. 우선은 지적인 선물을 준비하는 것이 필자가 그 대선배분들을 사랑하는 유일한 방법이 될 것임을 알기 때문에 여기에 골프장의 미래 방향을 밝히는 기획서를 작성하는 바입니다.

2024년 6월
Justice Broaden Contents 연구소 대표 서 경 례

1. 기획서의 목적

본 기획서를 쓰는 목적은 2024년 6월 7일 예촌에서 함께 자리한 정회장님과 박회장님을 위해서 씁니다. 박회장님을 위하는 것이 그 막역한 사이인 정회장님을 위하는 것이 되기도 하고 대한민국 선배들의 마지막 업적을 한 차원 끌어올리는 것임을 필자가 압니다.

필자가 많은 얘기를 듣지는 않았지만 84년 동안 또는 77년 동안 살았다면 이미 6.25 전쟁 이전의 가난했던 그 시절의 한국을 잘 알 것이고, 그 후 기적같은 대한민국의 성장을 지켜보았을 것입니다.

두 분 회장님은 지금까지 자신의 운명을 묵묵히 살아서 대한민국을 이만큼 있게 한 우리의 선배이거나 부모 세대입니다. 숨가쁘게 살아온 인생의 끝자락에서 대한민국의 건국을 지켜본 선배 세대로부터 들은 "이제는 살만큼 살았다."는 말은 필자가 듣기엔 아쉬움이 남는 표현임에 틀림없습니다. 왜냐하면 아직도 그 두 분은 건강하고 역동적이며 할 일이 남아있기 때문입니다.

만일에 우리가 할 일을 다했고 진정 살만큼 다 살았다면 우리는 이미 저승에 가 있습니다. 자연의 법칙은 아주 명확해서 살만큼 수명이 다 한 자를 건강한 채로 남겨두지는 않기 때문입니다. 따라서 건강한 자는 아직도 할 일이 분명히 있다는 반증이 됩니다. 진실로 그러하기에 안락사를 꿈꾸는 박회장님의 생각은 자연의 법칙에 어긋나기도 하고, 교만이 됩니다.

교만이란 할 일을 더 할 수 있는 자가 마치 수명을 다 한 것처럼 생각해서 전진하지 않는 것도 해당이 됩니다. 두 분이 여기까지 오는 동안 얼마나 많은 이들의 기대가 있었을 것이며, 얼마나 많은 이들의 고혈이 두 분을 떠받들어 주고 있었을지를 상상해 봅니다.

그런데 또 한편으로는
만일에 두 분이 재산이 없다고 치자고요. 그렇다면 누가 두 분을 따를 것인가! 우리는 과연 자신을 둘러싼 재물이 떠나갔을 때에 존경받을 수 있는가! 재물을 축적한 것은 재물을 축적했을 뿐 그것이 사람을 존경하게 만들지는 못합니다. 또한 사랑을 받는 것도 아닙니다. 재물이 있을 때는 재물을 보고 인연이 남아 있지만 그것

Century 21CC 미래기획서

은 어디까지나 돈이 만드는 것 돈이 없을 때에 우리가 국민으로부터 직원들로부터 무엇을 받을 수가 있을까!

필자가 두 분 회장님께 과연 두 분은 회사의 많은 직원들로부터 존경을 받고 계시는지요?라고 질문한다면~ 아직은 사회에 기여를 한 적이 없기 때문에 사회로부터 존경을 받지는 못할 것을 압니다. 이어령 박사도 마지막 죽을 때에 가서야 비로소 사랑받지 못했음을 어렴풋이 알고 갑니다.

사랑받지 못했다는 것은 존경받지 못했다는 것을 의미합니다. 사랑과 존경이라는 단어가 그리 쉬운 것이 아니기 때문입니다. 직원들한테 급여를 주는 것은 노동을 받고 그 대가로 급여를 주는 것일 뿐 그들의 삶에 기여를 하는 것은 아닙니다.

두 분 회장님이 마지막으로 한 단계 더 펼치고 도약하는 것이 대한민국을 위해서 너무 중요한 기회가 될 수도 있다는 사실을 여기에 기록합니다. 우리들의 선배인 두 분 회장님 연배들은 후배들로부터 국민으로부터 존경을 받아야 하고 기대에 부응해야 한다는 것인데 그렇게 하지 못할 이유가 과연 있을까요?

바로 오늘 당신이 안락사를 했다고 여긴다면 지금부터 살아있는 모든 인생은 여분의 선물이니 무엇이 무서울 것이며 무엇을 주저하겠는가! 우리는 무시무시한 제3차 세계대전을 눈앞에 두고 있습니다만 내일 지구가 멸망해도 오늘 가치 있는 그 무언가를 하고자 해야 하고 거기에 필자는 지혜를 보태 드리고자 합니다. 따라서 이 제안서를 쓰는 목적은 지금 박회장님이 운영하는 골프장의 가치를 한 차원 더 높은 미래의 인류가 원하는 그곳으로 만들고자 하는 것입니다.

2. 환경 분석

1) 골프를 즐기는 이유에 대한 분석
우리는 왜 골프장에 가는가!

첫째: 흔히들 힐링하기 위해서 간다고 합니다. 틀린 말이 아닙니다.
아침에 탁 트인 초록빛 자연과 새소리 그리고 맑은 공기를 마시고 나면 기분이 상쾌합니다. 캬~~~ 그동안 쌓인 업무로부터 오는 스트레스를 잠깐 잊을 수도 있을 것이고, 맑은 공기와 초록빛 잔디는 우리 눈을 즐겁게 만들어 줍니다. 힐링되면서 거기에 공까지 딱딱 맞아준다면 더

할 나위없이 그날은 기분이 좋아집니다.

그리고 한 잔의 막걸리를 마시고 나면 피로회복이 되기도 하니 골프만큼 좋은 운동은 없는 것 같은 착각을 합니다. 그렇게 골프인구는 여유층들의 스포츠로 대한민국에서 급성장했고, 지금은 대중화가 되어 있습니다.

골프운영에 있어서 지난 3년간은 코로나 기간이라는 외부적 효과로 인한 특수효과 덕을 보았고,(대한민국 골프장이 진정한 실력이 있어서 그런 경제적인 수익이 창출된 것이 아님을 지금은 알아야 할 때) 그것이 사라진 지금 대한민국 골프장업은 정점에 있다고 보면 됩니다. 10년간 꼭짓점을 찍고 있는 것. 그렇다면 다음은 한 단계 더 상승하던가 아니면 내려가는 길이 남아있음도 예견해야 지혜롭다고 할 수가 있을 것입니다.

둘째: 골프는 인간관계를 돈독하게 만들어 줍니다.
골프장에서 모르는 사람과 팀을 이루든 아니면 처음부터 아는 사람들과 함께 차를 타고 나서든 어쨌든 함께 골프장에서 하루 종일 대화하고 즐기고 시간을 보냅니다. 그때 서로를 알아가기도 하고 사업상 고민을 털어놓기도 하고, 이성과 함께 할 때는 깊이 있게 관계를 만들어 주기도 합니다.

가족끼리 팀을 이루어도 그동안 못했던 이야기도 할 수 있고, 친구들과도 대화를 나눌 수가 있으니 그날 좋은 파트너와 함께 하는 골프운동은 최고로 즐거운 시간이 되고 우리의 답답한 속을 풀어주는 청량제 역할을 합니다. 이 부분이 핵심적으로 중요하니 기억해야 하겠습니다.

셋째: 인적 네트워크를 위해서
미국이 아닌 대한민국은 골프를 즐기는 조건을 따라가려면 많은 비용을 지출하도록 만들어 놓았습니다. 그것은 또 다시 세금으로 들어가는데 현재 골프장으로부터 거두어들이는 지자체의 수입은 골프장으로 유입되는 인구가 단순히 개인의 구상으로만 된 것이 아니고 지자체의 도움 없이는 그 천혜의 자연경관을 훼손할 수 없었을 것임을 쉽게 짐작할 수 있었습니다.

그것은 나쁘거나 이상한 현상은 아니고 대한민국의 아름다운 땅 자체가 고급스럽고 비싸고 여유층들의 은밀한 대화와 관계를 형성하기엔 안성맞춤의 좋은 핑계를 만들어 줍니다. 그것도 사회가 성장하는 과정에서 필요했던 것이지요.

Century 21CC 미래기획서

그리고 기득권층과 관계를 맺거나 끼리끼리 함께 어울리고자 하는 인간의 자연스러운 욕망을 골프장은 또 건전한 스포츠라는 사회적 인식과 함께 잘 충족시켜주고 있습니다. 그래서 많은 골프애호가들은 더 많은 인적 네트워크를 만들어서 상승하고자 골프를 이용하고 즐깁니다.

넷째: 위의 3가지 이유는 골프장의 회장님 정도라면 그리고 골프 애호가들이라면 다들. 알고 있을 것이지만 아래의 이유가 하나 더 있습니다. 지금은 사회를 공부한 많은 경영자들과 나이 든 사회의 선배로서 여유층이거나 지식인들이 골프보다 더 시간을 보낼 마땅한 가치 있는 놀거리가 사실은 없습니다. 이것이 무엇이냐 하면 미래시대를 위한 문화적인 새것이 아직은 없다는 것을 의미합니다.

그래서 그것이 나오기까지는 골프가 인기가 있을 수밖에 없었다는 것을 말씀드리고자 합니다. 그렇다면 새로운 패러다임으로 새롭게 우리 인간의 정신을 만족시키는 문화적인 것이 만들어진다면 그것이 세력을 형성하는 만큼 골프의 선호도는 떨어진다는 것을 의미합니다.

골프장을 지금까지 만들었고 애지중지 운영한 기업인이라면 그것까지 즉 미래의 변화까지도 알아야만 새로운 가치를 창출할 수가 있을 것입니다. 살아있다는 것은 바로 그런 것.

골프장도 생명력을 가지고 살아있는 그곳으로 성장시키려면 모든 역사적 산물이 그러하듯이 새로운 시스템이 필요하고 그것을 통해서 앞장서서 전진하지 못한다면 달도 차면 기운다고 다음은 기울어지는 것이 자연의 이치가 됩니다.

우리가 과거로부터 지금까지 항상 새로운 시스템으로 변화를 추구해 왔다는 것도 깊이 생각해보면 알 수 있을 것인데, 미래는 더 크게 완전히 다르게 변화를 시도해야만 골프의 생명력이 한참 더 빛을 발한다는 사실을 이해할 수가 있을까요!

대기업의 오너도 이혼을 하는 지금은 시대가 변했습니다. 그런 불상사를 막으려면 모든 것을 바꾸어야 합니다. 생각도 과거의 생각을 바꾸고 골프장도 생각의 패러다임을 완전히 바꾸고 거듭나야 하는 숙제가 남습니다.

2) 고객층의 분석
골프를 입문하는 어린 친구들은 골프 그 자체의 실력을 끌어올리는 것이 목적이라서 이들은 골프장에 어이없는 불만을 토로하지는 않습니다. 그들은 지금 하는 대로 연습하고 노력하면 됩니다.

또한 골프의 매력에 푹 빠진 이제 한창 연습 재미에 빠진 중간층의 사람들도 한동안은 골프 그 자체를 즐길 것이니 아직은 시간적 여유가 있습니다.

그런데 대한민국 인구 중에서 상층의 사람들이 골프를 취미생활로 즐깁니다. 이 상층의 취미로 즐기는 사람들은 이제는 골프에 대해서 알만큼은 알 때가 되었습니다. 그리고 기존의 골프장 프로그램이 식상하다는 느낌이 들기 시작했습니다.

그들은 사실 대화하는 것을 위해서 공치러 가는 것이지 골프를 하다가 시간이 남아서 대화하는 것은 아닙니다. 이 부분이 가장 중요한 메시지인데 골프는 진실로 말한다면 대화하러 가는 구실을 만드는 수단이 됩니다.

힐링하러 간다는 것도 그것보다는 후순위의 이유가 되는 것이고 가장 중요한 요소는 사람의 말을 들으러 갑니다. 물론 그것을 스스로 인지하지는 못하지만 결국은 타인의 말을 듣고 무언가 답답한 것을 풀기 위해서 간다고 보시면 정확한 답이 됩니다.

골프는 수단이지 목적이 아니라는 부분을 골프 운영자들은 명확하게 인지해야 새시대에 발을 맞추어 앞장설 수 있음을 말씀드립니다. 그런 연유로 드리고자 하는 메시지는 골프라는 취미생활을 선도하는 여유층들은 이젠 그 골프보다 더 차원이 높은 대화를 찾으려 하고 그것을 위해서 골프를 수단으로 이용하는 것이니 이들이 머지않아서 새것을 찾아갑니다. 그것은 대화가 되는 것이고 문화가 됩니다. 골프장이 이젠 문화콘서트의 장으로도 그 역할을 해야 하는 이유가 되는 것이지요.

3) 입지적인 분석
골프장은 대한민국의 경우 산세를 끼고 있으므로 자연적인 경관이 좋습니다. 산이 70%인 우리나라의 산세는 자연경관을 느끼기엔 너무나도 아름다운 곳이니 산속을 여행할 때엔 마치 신선놀음을 하고 있다고 볼 수도 있을 것입니다.

아주 오래전 옛날 사대부들과 권세가들이 여유가 생기면 정원을 꾸미고 거기서 삶의 철학을 생각하던 옛날의 그것이 지금은 골프장으로 옮겨왔다고 보면 됩니다. 그런데 과거 양반들이 즐기던 정원은 시와 문학이 있는 반면 지금의 골프장은 시와 문학이 없습니다.

Century 21CC 미래기획서

문학은 인문학을 의미하는데 미래는 인문학을 따라 사람이 움직이기 시작할 테니 그것을 가리켜 4차산업혁명. 로봇과 인성을 다루는 인문학이 쌍벽을 이루는 시대가 바로 미래 시대입니다. 그렇다고 골프장에 그저 문학강의를 연다고 성공할 수는 없습니다.

거기엔 일정한 법칙이 있기 때문에 제아무리 문화콘서트를 럭셔리하게 개최한다고 성공하는 것은 아닙니다.

① 그것은 반드시 지적인 것이어야 하고 정신적인 분야가 되어야 합니다.
골프가 물질을 가지고 하는 놀이이기 때문에 그것과 쌍벽을 이루는 다른 물질이 아닌 정신적인 대화가 오고 가야 합니다. 구색을 맞추는 것이지요. 지금 많은 모임을 골프장에서도 골프와 더불어 식사타임을 가지고 있는데 그런 것도 따지고 보면 대화라는 요소를 통해서 인간이 무언가를 찾고자 하는 것입니다.
이런 인간의 행태를 이해하는 것이 쉬울 듯하지만 정확한 이유를 아는 것이 쉽지는 않습니다.

② 새시대는 로봇이 할 수 없는 것을 요구합니다. 인간은 각자 자기가 모르는 것에 대해서 그리고 난해한 느낌을 가지는 것에 대해서 알고자

하는 본성을 가지고 있습니다. 그것이 우리가 사는 진짜 이유라서 그렇습니다. 지금까지 나와 있는 인터넷과 구글의 챗GPT는 지식의 평준화를 만들고 있습니다. 지식이 인간한테 줄 수 있는 효과는 그 수명이 다했습니다.

물질의 진보 과학적 시스템은 더 빠르게 진행될 것이지만 그로 인한 인간정신의 발전은 아직은 걸음마 단계이고 지금까지의 시스템으로는 불가능합니다. 미래시대는 로봇 시대이므로 지식과 상식강의는 로봇과 인터넷과 유튜브가 담당한다고 보아도 과언이 아닙니다.

현재 선진국들의 수준 높은 지식인들은 기존의 지식과 상식을 훨씬 뛰어넘는 그 이상을 원합니다. 그것이 바로 새시대의 인문학이니 지금까지의 인문학은 연습이었다고 보면 정확합니다.

인문학. 인간존중.
로봇은 대답할 수 없는 것
인간이 묻고 인간만이 대답할 수 있는 그런 질문과 대답을 원하는 시대가 바로 미래 시대입니다. 다시 말하면 물질이 아닌 인간정신의 재정립을 원하고 그들의 사회문제와 고민을 다시 재해석해서 그 자신만 아니라 누구나 인정할 수 있는 해법을 스스로 알기를 원합니다.

지금의 사회갈등은 대한민국 지식인이 스스로 자신을 죽이는 정점에 있도록 만들고 있기 때문입니다. 우리나라가 OECD 자살 1등 국가입니다. 이것은 다시 말하면 자신의 존재 이유와 정체성을 찾고자 하는 현상입니다. 인간존중의 사회로 진입해야 하는 시간이 돌아왔습니다만 아직은 누구도 상대방을 존중한다는 것이 그리 쉽지가 않습니다. 판사도 정치인도 경제인도 누구도 그렇습니다. 그렇다면 어디선가는 그것이 시작되어야 하는데, 그것은 가장 수준 높은 모임에서 먼저 시작할 수가 있고, 골프를 즐기는 계층부터 생각을 전환시킬 수 있습니다.

③ 그 매개체로서 반드시 시와 산문과 그림과 창작물과 책이 있어야만 합니다.
시와 시집 그리고 스토리와 산문이 수록된 책자는 인간이 눈으로 그 지적인 에너지를 흡수하는데 아주 효과적입니다. 그런 자료가 없이는 쌍방향 대화가 밀도 있게 기억으로 남지를 않습니다.

가독성이 있는 자료가 없다면 먼 훗날 그의 기억에는 골프도 남지를 않고 흔한 대화도 남지를 않습니다. 그러나 만일에 그 자료 중에서 어느 한 단어라도 새롭게 인식하고 현실과의 괴리감을 벗어나는 데에 도움이 되고 그의 생활에

직접적인 도움을 주었다면 그가 느끼는 즐거움은 골프와 더불어 배가가 됩니다. 사람들은 그 때 비로소 여기 골프장을 감사하게 여깁니다.

4) Century 21CC의 주체는 누구인가?
Century 21cc의 주인은 누구인가?
회장님이 계시니 회장님일까!
아니면 회장님의 가족들일까?
아닙니다.
골프장이 유지되려면 잔디를 깎고 캐디일을 하면서 골퍼들의 일상을 보조하고 뜨거운 날에도 카트를 몰고 음식을 접대하는 많은 노동자들이 힘든 노동일을 다합니다. 이들의 육체노동이 없이 골프장은 단 하루도 움직여지지 않을 것이고 많은 관리자들과 회장님은 골퍼들을 유지할 수가 없다는 사실은 무엇을 의미할까요?

골프장은 가장 낮은 노동자층과 그 중간인 관리자층과 그리고 골퍼들이 주체가 됩니다. 그 세가지 계층 중에서 어느 하나라도 없으면 골프장은 존재할 수가 없으므로 골프장의 실질적인 주인은 그 세가지 부류가 모두 주인입니다.

골프장을 이용하는 자. (골프장의 손님들)
골프장의 행정과 인력을 관리하는 자. (골프장의 기업주와 관리층)

Century 21CC 미래기획서

골프장에서 일하면서 골프장에 몸으로 기여하는 자. (골프장의 노동자들)

골퍼들의 생활수준은 지적으로도 상위에 올라와 있고, 경제적으로도 지배계층을 이루지만 그것을 가능하게 해주는 노동자들의 교육수준은 어떠한가! 필자가 얘기하는 것은 그들이 받는 급여를 얘기하는 것이 아닙니다.

우리는 이들을 어떻게 규정해야 할까? 골프장에서 이들의 역할과 자리는 무엇인가! 그들은 단지 돈을 벌기 위해 일하는 노예의 후예인 노동자인가!

우리가 이 문제를 진지하게 고민하지 않으면 앞으로는 인력을 구하기 힘들어 전부 외국에서 들어온 외국인 노동자들이 그 자리를 메워가야 할 것인데 그것이 골퍼한테 유익할까!.

아니면 우리 관리자들은 언제까지 이들의 노동력을 따먹는 존재로 남아야만 하는가! 그저 돈만을 벌기 위해서 노예처럼 노동을 자처하고 결코 감사를 알지 못하는 이들에게도 수준 높은 인성과 인문학을 공부하고 노동이 아닌 스스로 하는 즐거운 일을 하는 자부심을 향유할 기회를 줄 수 있는 방법은 없을까!

인간의 신체를 가지고 비유하면 하체에 해당하는 노동자들을 몸통단계의 사람으로 한 단계만이라도 끌어올려야 하는 숙제가 우리 상층의 관리자들 몫은 아닐까!

생각하는 시간을 갖지 않는다면 지금 근로자들의 정신적인 질은 그대로 머물 것이고, 해마다 오르는 인건비는 결국은 감당하기 어렵고 지적인 질이 떨어지는 노동력으로 계속해서 거꾸로 변해갈 것입니다. 그것은 골프의 평준화와 함께 골프장의 질도 떨어진다는 것을 의미합니다.

어쩌면 이들도 골프장에서 주체가 아닐까? 우리가 골퍼들 얘기는 많이 하지만 그 모든 궂은 일을 담당하는 이들 노동자들의 교육적인 문제에 대해서 논의하는 것은 필자가 들은 적이 없습니다.

이들의 수준이 사실은 골프장의 질적인 수준을 만들어 간다는 사실은 인지할 수 있을까?
필자가 얘기하는 것은 지적인 수준을 의미합니다. 지금은 인류사회가 지적인 아름다움을 찾는 새시대로 이미 진입했다는 사실이 또한 중요합니다.

3. 구체적인 실현 방안

1) 불평불만의 시작

필자가 실제 골프장을 경험해보니 아직은 이용자가 여유층이라서 비교적 신사적이고, 점잖게 원만하게 하루를 즐기다가 떠나가는 사람이 대부분입니다만 어떤 고객은 이기적 행태와 불만도 상당하다는 것을 알 수 있었습니다.

소비자로서 주로 많이 이용하는 고객들은(전환점이 필요한 골프선구자들) 서서히 가격에서도 비싸다는 느낌이 들기 시작했고, 서비스도 왠지 모르지만 불만스럽고, 회원들만의 특별한 느낌을 받고 싶은데 그렇지 않아서 짜증을 내기도 한다는 것을 목격했습니다. 왜 그럴까!

2) 새 시대의 시작

새것을 원하는데 그것이 없기 때문입니다. 즉 발달된 인간은 자기 자신이 스스로 정확하게 알지는 못해도 새로운 대화를 원하는데 지적인 무언가 정신적으로 충족되지 않기 때문입니다.

다시 말하면 자신들이 받아가는 지적인 에너지, 그들이 모르는 것을 하나라도 대화속에서 찾아야만 하는데 골프장에서 그것을 해주기를 바라는데(물론 그들은 자신들의 상태를 모름) 그것이 없으니 트집을 잡기 시작했다는 사실이 무엇을 의미할까요? 골프장도 문화적인 새것을 추가하지 못하면 도태됩니다. 인류는 발전하던가 도태되던가 둘 중의 어느 하나로 진행됩니다.

가수들도 처음엔 1명도 충분히 인기를 누릴 수 있던 것이 시대가 고질량으로 변해가면서 두 명으로 다시 세명으로 이젠 떼거리로 7명씩 나와서 집단으로 한 개의 영상에 다양한 메시지와 볼거리를 넣어 주어야만 인기를 끄는 시대가 되었습니다.

음식도 마찬가지입니다. 예전 꿀꿀이죽을 먹던 시절엔 그저 고명이 없어도 단순한 식재료로 국수 한그릇만으로도 멀건 수제비만으로도 맛이 있었지만 지금은 모든 조미료를 첨가하다 못해서 맛이 이미 표준화를 이루고 있습니다.

그래서 예전의 그 밋밋한 음식은 더 이상 먹지를 못합니다. 음식도 고급으로 변해갔지만 우리들의 입맛이 더 고급으로 변해 갔으니 이제는 음식으로 돈을 버는 시대가 지났다는 것을 의미합니다.

음식도 평준화 시대

예전엔 음식장사를 하면 돈을 갈고리로 긁어모았던 시절이 있었지만 환경이 변했다는 것이지요. 우리나라를 비롯한 선진국들은 음식문제가 해결된 상태에 있습니다.

Century 21CC 미래기획서

이젠 골프를 봅시다.
골프가 고급 사교클럽 소비자들의 선택을 유도할 수 있었지만 이젠 사회가 발달하는지라 그것만 가지고도 부족합니다. 골프는 어디까지나 물질을 가지고 노는 것이고 놀이문화입니다. 스포츠라고 해도 결국은 놀고자 하는 것인데, 그것만 가지고는 이제는 경쟁력이 없습니다.

이 부분 필자가 한참을 앞서가는 시대적 변화를 먼저 언급하는지라 이해가 어려울 수 있지만 서서히 시와 문학을 조금씩 넣어 주어야만 조금씩 놀이가 가진 부족분을 정신적인 것으로 채워 갑니다. 이것은 인간의 아주 본질적인 것이라서 정신적인 만족이 없이는 어떤 것도 좋게 느껴지지 않는 현상이 나옵니다.

물질과 정신을 함께 다루지 못하면 발전은 여기가 끝인데 지금까지는 물질을 가지고 놀던 시기라면 미래는 정신적인 콘텐츠를 가지고 노는 시기라고 설명드리면 조금 이해가 갈 수 있을까요! 인간이 본질적으로 육체인 물질과 정신을 모두 가지고 존재하기 때문입니다. 그중에서 주인은 어디까지나 정신이 됩니다.

과거의 우리네 옛 사대부들이 골프장 대신 자신들의 세력권 안 커다란 집에 정원을 만들어 놓고, 시와 그림과 풍류를 즐기던 역사가 우연히 만들어진 것이 아니고, 그것이 결국은 정신적인 가치를 찾으려 문학을 찾는 철학적인 인간의 지적인 본성에서 나온 것이니 지금은 그 정원문화가 골프장으로 좀 더 집단적으로 옮겨졌다고 생각하면 틀림이 없습니다.

비록 우리 조상들이 폐쇄된 사회를 살았지만 그래도 철학적인 수준은 상당했음을 역사가 말해주고 있습니다.

3) 한가할 때 조용히 시작은 미약하게
골프장에서 손님이 없는 날이 있을 것입니다. 회원의 날이라던가 여성의 날이라던가 할 때엔 '시집'을 선물하면 대단히 좋아합니다. 그럼 그들은 작가로부터 그에 관련된 얘기를 질문하고 대화를 하려합니다.

필자가 해보니 손님들의 반응이 너무나 좋았습니다. 새롭게 비용을 들일 필요는 없습니다. 필자가 쓴 "우리들의 노래" 시집의 모든 소유권은 필자한테 있으므로 인쇄비만 있으면 됩니다. 그리고 시와 그림과 책을 전시할 조그만 공간이 필요합니다.

손님이 없는 날엔 그것을 개방해서 문화를 향유하게 서비스하고 그들의 반응을 보고 참여를 관찰해 보고 그들의 만족도를 다달이 체크해 봅시다. 핵심은 그들이 질문하는 것에 대한 설명에 있습니다.

그림을 그리는 작가와 같이 유화를 전시하면 좋은데 ① 직접 ② 의미있는 설명이 필요하니 비싼 비용을 요구하는 작가는 필요하지 않고 고객이나 골퍼들의 궁금증을 먼저 풀어주겠다는 생각을 먼저 하는 작가나 골프강사라면 됩니다. 그리고 일단은 꾸준히 전시회를 작은 공간이라도 좋으니 항상 작품과 작가가 준비되어 있어야만 합니다.

시와 그림은 필자가 그릴 수가 있고 이미 시집이 있으며 이미 그림도 여러 작품을 그렸으니 새시대는 그렇게 그것들의 설명을 직접 듣기를 원하는 사람들이 많아집니다. 그러는 과정에서 그들이 모르던 생활 속의 많은 의문점들을 하나씩 알아가는 기쁨을 안겨주어야 하는 것이니 이것은 정신적인 문화산업이 됩니다.

한마디로 새시대는 정치인이 정책이 없이는 살아남을 수 없고 골프장도 문화적으로 정신적인 새 것을 주지 못하는 한 이제는 내려가는 것만이 남아 있으며, 새롭게 문화적인 센세이션을 이끌어낸다면 그 골프장은 세계인의 골프장이 됩니다.

지금은 골프장도 포화상태인데 사라지는 곳이 있는가 하면 오히려 우뚝 성장하는 곳이 있을 것이고, 그 중에서 어느 곳은 선진국에서 방문오는 고급 관광객이 들르는 관광지가 된다는 사실입니다. 미래는 융합시대입니다.

4) 문화관광의 메카로
한마디로 골프장은 문화산업의 메카가 될 수 있고, 그것이 알려지면 세계인이 찾는 관광지의 역할도 겸비하는 교류의 장이 만들어진다는 것인데, 그리하려면 일반의 상식을 가지고는 불가능하고 새로운 지식과 자연의 이치로 풀어야만 합니다.

국가의 정책도 여기 골프장에서 만들어지는 연구소를 겸비하는 필수적인 모임의 장이 되어야만 합니다. 지금은 정책 있는 정치인이 없어서 국민이 정치인을 신뢰하지 않습니다. 당파적 행태도 여기까지만 이용할 수 있을 뿐 더는 국민을 현혹할 수 없습니다.

필자가 정책서인 미래비전을 발간했으니 그것을 정치에 관심이 있는 고객들한테 설명해 주는 것도 좋습니다.

아무튼 미래를 알리는 지혜로운 메시지는 이미 장착되어 답변할 수 있으니 이왕에 만들어진 책을 잘만 활용한다면("골프장 가는 길"이라는 제목으로 새롭게 간단하게 그러나 보편적 진리가 녹아 있는 책을 만들 수도 있으니 그것은 문제가 되지 않음)

Century 21CC 미래기획서

Century 21 CC는 ①시와 ②국가의 정책과 즐거운 ③골프와 ④문화교류와 ⑤그림 감상과 ⑥맛있는 식사가 함께 어우러지는 관광지가 됩니다.

미래 한국은 굴뚝 없는 관광산업이 발전합니다. 지금은 골프장이 그저 한국인들이 끼리끼리 찾는 우리만의 작은 놀이터가 되어 있습니다. 생각을 지구촌으로 확장한다면 다음 시대엔 지구촌의 최고 엘리트들이 대한민국의 골프장을 찾아야 합니다.

왜? 골프장은 미국이나 유럽의 골프장이 최고라는 생각을 해야만 합니까?
최고의 지도자들의 찾는 장소는 최고의 골프장이 됩니다.

그렇게 되기 위해서는 지금처럼 방식은 아니고 선진국에서 들어오는 엘리트들이 필요로 하는 무언가가 있어야만 하고 그들의 필요에 의해서 필수 코스가 되기 때문에 한국어 강의교육도 더욱 활성화됩니다.
관광은 문화적인 교육 프로그램이 없이는 고가의 관광상품을 팔 수도 없습니다.

앞으로는 그냥 산이나 꽃만 보러 다니는 질 낮은 관광은 없어지고 유익한 스토리가 꼭 필요합니다. 그리고 사람을 찾아서 강의를 찾아서 다닙니다. 그렇게 되어야 외부적인 효과에 의해서 출렁거리지 않는 실력 있는 골프장이 됩니다.

4. Century 21CC 골프장의 미래

지금은 변화를 시도해야 할 때인데, Century 21이 21세기를 선도하는 지구촌 최고의 골프장이 되지 못할 이유가 있을까요?

상상해 봅시다. 지구촌에서 가장 유명한 관광지로 골프장으로 문화콘서트의 장으로 Century 21 CC가 전 세계에 알려지는 장면을, 모든 국제적인 중요인사들의 행사를 여기에서 하는 그 순간을

필자가 지금 드리는 제안은 그냥 하는 것이 아니고 문화를 선도하는 민족이 앞으로는 세계를 지배합니다. 그리고 한국은 때가 왔습니다만 아무도 이것을 눈치채지 못하고 알지도 못하고 저렇게 시간만 보내고 있습니다. 한국은 꾸준히 실력을 갖추어 온 지식인층이 있습니다.

정치의 개념도 모르는 상태에서 국민은 정치노예가 되어 있으니, 어떻게 전라도는 무조건 민

주당이고 경상도 부산은 무조건 국민의힘이 표를 가져가는 이 어리석은 행태가 지속될 수 있겠습니까?

우리부터 하나씩 정책을 실질적으로 알아가면서 그리고 인성을 배워가면서 삶의 본질을 배워가면서 인류의 당파싸움을 멈추게 해야 하는 숙제가 우리 지식인한테는 있습니다. 그리고 우크라이나와 러시아의 싸움도 멈추게 해야 합니다. 이것은 심각한 상태이고 지금 세계는 제3차 대전속으로 한 발씩 가고 있는 중입니다.

우리 대한민국은 그 모든 문제를 해결할 수 있는 지혜를 가지고 있습니다. 이제는 대한민국호가 나설 때이기에 Century21 은 위대한 인류의 장이 될 것임을 필자는 믿으면서 본 제안서를 드립니다.

부디 꿈으로만 여기지 마시고 행동으로 우리부터 하나씩 실천한다면 두 회장님은 비로소 인류사에 이름이 빛날 것입니다. 도대체 무엇이 부족해서 무엇이 무서워서 우리는 인류의 최고 골프장이 되지 못한다는 생각을 해야만 할까요! 훌륭한 골프장이 있고 지적인 모든 준비는 이미 머릿속에 장착하고 있으니~

모든 지식인들이 회장님의 골프장을 찾으면 됩니다. 그렇게 만드는 것이 지적인 실력이고 거기에 가야만 문제를 풀 수가 있고, 지혜를 얻을 수 있는 그런 곳 직접 가지 않으면 도저히 미래의 방향을 알 수 없고 들을 수 없는 그런 곳이 바로 Century 21CC.

2024.06.08./서경례/미래 대한민국 골프장을 상상하면서

체제가 다른 집단의 통일(1/40)

김영복 친구님이 중요한 댓글을 주십니다.
같이 음미해 봅시다.

1. 공산국가와 자본국가가 통일을 꼭 해야 하는 이유가 있을까요?
2. 같은 자본국가에서 진보 보수가 통일도 못하면서 체제가 다른 남북의 통일을 운운하는 건 개가 웃을일 아닐까요..

분명한 지식인의 고급스러운 질문입니다.
여러분이라면 어찌 답변을 주실지 한 번 생각해 봅시다.
특히나 2번 내용은 참으로 맞는 내용입니다.

2024.09.22./서경례/생각하는 시간

Unification of groups with different systems (1/40)

Friend Kim Young-bok has given an important comment.
Let's ponder it together.

1. Is there a reason why a communist country and a capitalist country must unify?
2. In the same capitalist country, progressives and conservatives cannot unify and fight.
But isn't it ridiculous to talk about 'unification of the North and South with different systems', which is a more difficult task?

Judging from the writing style of the person who asked the question, he is an intellectual. Since it is a sophisticated question from an intellectual, let's think about how you would answer it. In particular, the second content is very important.

2024.09.22./Seo Kyung-rye/Time to Think

체제가 다른 집단의 통일(2/40)

친구님이 주신 질문 감사합니다.
그런데 최근에도 필자가 드린 내용 중에서 정답이 있으니 아직은 필자가 드리는 메시지의 중요성을 모르고 흘리고 있음이 확인됩니다. 물론 그 깊이를 깨닫는 것이 무척이나 어렵기 때문에 당연한 현상이 됩니다.

중요한 내용이라서 여기 다시 언급드리니 친구님들은 2번 내용부터 보십시다. 필자가 최근에 촬영할 때에도 했던 말이 있습니다.
아직 신피디가 편집 중이라서 유튜브로 나가지는 않았는데요. 윤대통령이 최근 통일 독트린을 발표한 적이 있음을 뉴스에서 나오니 필자도 보았습니다.

그런데 여당과 대통령이 또 민주당과 저리 척을 지고 있는 상태에서 통일을 운운하는 것이 친구님이 생각하듯 말이 되는 것이 아니랍니다.
한 집안인 남한 안에서도 저리 싸우고 있는데 그보다 훨씬 먼 타국인 북한을 통일한다는 것은 어불성설. 그래서 통일하기 전에 반드시 민주당과 여당은 서로를 위해서 국민을 위해서 함께 비전을 제시하고 대통합을 해야만 하는 것이지요.

그리되려면 윤대통령의 통큰 결단이 필요하기에 필자가 2022년부터 쓴 대장동편에서 그 방법적인 부분을 이미 언급해 놓았던 기록이 있습니다.

최근에도 필자가 공개될 내용에서 북한을 통일하기 전에 민주당부터 통일해야만 한다고 말했으니 그 부분 여당 지지자들도 국민도 알아야만 하겠습니다. 통일은 정치적으로 일방이 치적을 내세우고 싶어서 허영심으로 할 수 있는 간단한 일이 아닙니다.
지금까지 통일을 운운했던 대통령들이 통일을 못하는 이유는 그 깨끗하지 못한 불순한 의도가 밑바닥에 이미 도사리고 있기 때문입니다.

통일은 모두가 같이 해야만 가능합니다.

2024.09.24./서경례/여당 야당부터 통일하기

Unification of groups with different systems (2/40)

Thank you for your question.
However, there is a correct answer among the contents I have recently given.
It is confirmed that you are still not aware of the importance of the message I am giving and are letting it slide. Of course, it is natural because it is very difficult to realize its depth.

There is something I said when I was filming recently. It is still being edited, so it has not been uploaded to YouTube. President Yoon recently announced the unification doctrine. However, it is contradictory, as my friend said, to talk about unification while the ruling party and the president are also in conflict with the Democratic Party.

Even in South Korea, which is one family, they are fighting like that, so it is absurd to unify North Korea, which is much further away. That is why, before unification, the Democratic Party and the ruling party must present a vision for each other and for the people and unite together.

In order for that to happen, President Yoon's bold decision is needed, so I have already mentioned the methodological part in the 'Daejangdong' section that I wrote from 2022. Recently, I said in the content that will be released that the Democratic Party must be unified before unifying North Korea, so the people should also know about that part.

Unification is not a simple thing that can be done politically out of vanity by one side wanting to show off their achievements. The reason why the presidents who have talked about unification so far have not been able to achieve unification is because their unclean and impure intentions are already entrenched.

Unification is only possible if everyone works together.

2024.09.24./Seo Kyung-rye/Unification from the Ruling Party and the Opposition Party

체제가 다른 집단의 통일(3/40)

1. "공산국가와 자본국가가 통일을 꼭 해야 하는 이유가 있을까요?"라는 친구님 질문이 아주 중요한 내용이라서 필자가 다른 쓸 것을 제쳐두고 먼저 쓰겠습니다.

민주당이 국민의 한사람인 서경례는 너무 무명이라서 자존심이 상하니 찾을 수도 없고, 지난 정권에서 권력을 주었어도 헛짓을 하다가 이젠 아예 통일을 하지 말자고 저리 마이크에다 떠들어 대니, 거기에 솔깃한 추종자들 입장에서는 일응 동조할 수도 있겠습니다.

아무튼
1. 저출산을 걱정하니 아무거라도 하자고 국회의원 배지를 달고 방송에서 말을 하면서 불법체류자로 돌변할 수밖에 없는 저렴한 필리핀 가사도우미 정책을 제안하는 여당의 똑똑한 국회의원.(국가의 질적인 부분까지 떨어지고 또 노동시장 왜곡시키는데 앞장서는 행태인 줄도 까맣게 모르고 있음)

2. 야당은 또 미래경제 정책이 아닌 25만 원을 국민한테 독사과를 먹이듯 그냥 내용없이 퍼주어서 국가 망하게 하는 민생회복 지원금을 제안하는가 하면

3. 이젠 아예 통일을 하지 말자는 국가망하기 프로젝트를 제안하니, 여당 야당이 무능력함의 끝판왕을 보여주네요.

여러분이 좋아하는 여야의 국회의원들 실력이 지금 이렇습니다.

2024.09.27./서경례/편견없이 정책을 살펴본다면

Unification of groups with different systems (3/40)

1. A friend asked, "Is there a reason why a communist country and a capitalist country must unify?" This is an important topic, so I will put aside other things and write about it first.

Even though the people gave power to the Democratic Party in the previous administration, they did useless things, so now if the Democratic Party is agitating to not unify at all, his followers might not know and agree.

Anyway,
1. I saw a ruling party member of the National Assembly wearing a National Assembly badge and saying on the air that we should do anything because we are worried about the low birth rate. An ignorant ruling party member of the National Assembly proposing a cheap Filipino housekeeper policy that will inevitably turn them into illegal immigrants. (He is completely unaware that his proposal will lower the quality of the country and lead to distorting the labor market.)

2. The opposition party is also showing ignorant behavior by proposing a livelihood recovery support fund of 250,000 won without any content, which is not a future economic policy, but rather a low-quality national support fund.

3. In addition, the Democratic Party is now showing the extreme of incompetence with the project of ruining the country by saying, "Let's not unify." This is the current level of ability of the National Assembly members from the ruling and opposition parties that you like.

2024.09.27./Seo Kyung-rye/If you look at the policy without prejudice

체제가 다른 집단의 통일(4/40)

일단 우리가 우리 자신의 지적인 실력과 생각을 먼저 스스로 점검합시다.

저 지지리도 궁상인 공산주의 체제 북한과 그래도 깨끗하게 정비된 남한의 자본주의 체제가 있는데, 북한의 무식한 저 집단이 첨단 2024년 이 시대에 외국정부도 웃고 갈 쓰레기 오물풍선을 계속해서 내려보내는 것이 분명한 현실.

굳이 최빈국 망나니 북한과 그래도 GDP 10위국인 세련된 남한이 애써 거지 같은 촌스러운 저들과 하필 통일할 필요가 있을까라는 생각을 하는 관점.

거기에 설상가상으로 필자가 계속 얘기하듯이 통일에는 막대한 비용이 필수적으로 수반되어져야만 하는데, 저그들 인민 입에 풀칠도 못해주는 무능하고 난폭한 북한이 그 비용을 낼리는 만무하다는 것을 잘 알 것이고, 지구상 현존 국가에서 가장 지적으로 먼저 깨어나고 있는 남한의 우수한 시스템이 우리도 앞장서서 살아가기 바쁜 이 글로벌 시대에 서로 비난만 하고 있는 양 남북한 정부가 굳이 통일해서 우리한테 얻어지는 이익은 과연 무엇인가?라는 의문.

위 사실을 모두 잘 알고 있는 서경례는 하필 이 중차대한 시점에 모든 개인적인 안락한 삶을 제쳐두고 왜 국민한테 통일에 대한 메시지를 내보내는 것일까!

혹시나 아는 것도 없는 머리나쁜 짱구가 아닐까! 아니면 현실을 모르는 이상주의자! 아님 지금 만연한 좌익세력들처럼 종북좌파? 아니면 자생적인 남한의 많은 간첩들처럼 그들 중의 하나가 아닐까! 등등

왜? 우리만 잘 살기도 힘들고 바쁜 이 시대에 임종석처럼 통일하지 말자고 하면 간단하고 쉽고 좋은 것을~
왜? 서경례는 굳이 통일안을 힘들여 쓰고 통일안이 미래비전 중 하나라고 외치고 있는 것일까? 왜? Why?

도대체가 체제가 달라도 너무나도 다른 극과극인 남한과 북한이 굳이 통일을 해야만 옳다고 볼 수 있는 것일까?라는 생각을 들여다보면서 여러분의 생각을 한 번 써봅시다. 그러면서 자신의 지적인 수위가 어디에 있는지 알 수가 있으니, 생각하는 시간이 필요합니다.

2024.09.29./서경례/스스로 점검하기

Unification of groups with different systems (4/40)

Let's first examine our own intellectual thoughts.

There is the communist system of North Korea, which is so poor, and the capitalist system of South Korea, which is so cleanly organized. However, it is clear that the ignorant North Korean group continues to send garbage balloons that even foreign governments would laugh at in this cutting-edge era of 2024.

There is a view that says, "In this reality, why is it necessary for the poorest country, North Korea, and the sophisticated South Korea, which is ranked 10th in GDP, to go to such lengths to unify with them?" As I keep saying, unification inevitably involves enormous costs. However, it is a well-known fact that the incompetent North Korean regime, which cannot even feed its people, does not have the ability to pay those costs.

South Korea has an excellent system. However, in this global era where we are busy taking the lead and living, the question remains:

What benefits will we gain from the difficult unification of the North and South Korean governments, who are only criticizing each other?

Seo Kyung-rye, who knows all of the above facts well, why is she sending a message about unification to the people at this important time, putting aside all her personal comforts! Could she be a dumb bastard who doesn't know anything? Or an idealist who doesn't know reality!

Why? In this busy era where it's hard for us to live well, if we say we shouldn't unify, it's simple~
Why? Why is Seo Kyung-rye working so hard to write a unification plan and shouting that it's one of her visions for the future?

Even though their systems are different, is it really right for South Korea and North Korea, who are so polar opposites, to unify? Let's look into this idea and write down your thoughts. In the meantime, we need time to think about where our intellectual level is.

2024.09.29./Seo Kyung-rye/Self-examination

체제가 다른 집단의 통일(5/40)

이 부분을 설명하고자 하면 그래서 우리 지식인들이 이해가능하기 위해서는 우선
1. 공산주의와 자본주의의 특성을 알아야만 하고, (북한이 공산독재체제이고 남한이 자본주의 독재체제라는 현실을 먼저 이해해야 하니 그것부터 이해하기 어려운 설명이 필요함)
2. 대한민국의 경제 현실적 고민도 설명드려야 하고, 이해가 필요한 어려운 부분입니다.

공산주의 공산당 전체주의나 독재국가들을 대표적으로 보면 북한과 중국 러시아를 예로 들 수가 있습니다.

자본주의는 미국 영국처럼 서방과 대한민국 일본 등이 여기에 해당이 됩니다. 쉽게 설명드리면 공산주의 체제가 자본주의 체제보다 국민의 지적인 상태에서도 국민의 경제적 상태에서도 국민의 정치적 상태에서도 국민의 신앙조직들에서도 한 단계 질적으로 낮은 아래에 놓여져 있다는 사실을 이해할 수가 있을까요?
그래서 전 세계의 떠돌이 난민들조차도 공산주의 체제 나라로는 가지를 않습니다.

그들 공산주의 국가의 인민들이 오히려 난민이 되어 미국 영국 프랑스 대한민국 등으로 죄다 불법체류자로 되어서 넘어오고 있다는 사실을 먼저 알아야 하겠습니다. 한국에서 불법체류자 불법 취업자들 중에 중국인이 단연코 최고 많습니다. 미국 멕시코 지역의 북쪽 국경지역으로 국경 장벽을 넘어오려는 난민도 다른 국가들보다 중국인들이 훨씬 많습니다.

미국 정부의 고민도 늘어가고 북한의 독재상태가 조금이라도 느슨해지면 저 북한의 인민들이 전부다 남한으로 넘어올 것임은 불보듯 자명한데, 북한체제가 붕괴되어 인민들 모두 남한으로 내려오면 그때는 완전히 상거지된 상태의 그들을 우리 남한이 무슨 돈으로 어떻게 먹여 살릴 건지? 아니면 그들을 촌스럽고 무식하다고 총으로 쏴서 죽일건지? 아님 돌아가라고 너네들 난민은 거부한다고 폭탄을 투하할 것인지?

2024.09.30./서경례/거부할 수 없는 현실

Unification of groups with different systems (5/40)

In order to explain this part and make it understandable to our intellectuals, first of all,
1. We must understand the characteristics of communism and capitalism.
(We must first understand the reality that North Korea is a communist dictatorship and South Korea is a capitalist dictatorship, so that requires a difficult explanation.)
2. We must also explain the economic and realistic concerns of South Korea.

Representative examples of communist or totalitarian dictatorships include North Korea, China, and Russia.

Capitalism includes the West, such as the United States and the United Kingdom, and South Korea and Japan. To put it simply, Can we understand that the communist system is one level lower in quality than the capitalist system in terms of the educational status of the people and the economic and political status?
So even the wandering refugees from all over the world do not go to communist countries.

We must first understand that the people of those communist or dictatorial countries are becoming refugees and coming to the United States, the United Kingdom, France, South Korea, etc. as illegal immigrants.

Among the illegal immigrants and illegal workers in Korea, the Chinese are by far the most numerous. There are more Chinese refugees from other countries trying to cross the Trump Wall to Tijuana, Mexico, than from other countries.

If the dictatorship in North Korea loosens up even a little, we can easily predict that all the people of North Korea will come to South Korea. Have intellectuals ever thought about how South Korea will feed them, who will become complete beggars when the North Korean regime collapses and all the people come to South Korea? Or will they shoot them dead because they are ignorant?
Or will they drop bombs on you refugees because you refuse to go back?

2024.09.30./Seo Kyung-rye/An Irrejectable Reality

체제가 다른 집단의 통일(6/40)

개인이나 집단인 우리가 발전하려면 이젠 우리의 지적인 상태를 정확하게 알아야만 다음 문제를 풀고 한 계단을 상승할 수 있습니다. 따라서 무식하거나 무지한 것들을 그냥 창피하다고 숨길 수도 없습니다. 인류가 평화롭게 같이 발전하기 위해서는 일단 사실을 사실대로 우리도 상대방도 인민도 대한민국 국민도 난민들도 알아야만 하겠기에 필자는 교육적으로 낙후한 북한의 인민을 포장해서 설명을 드리지는 않겠습니다.

새로운 시대는 허영심 허세같은 거품이 더는 용납되는 시대가 아니기 때문이고 학문적으로 부족했던 물리학적 지식들도 모두 완성되기 때문입니다. 진리가 비로소 움직이기 시작하는데 진리는 그동안의 모든 거품을 빼놓고 탁한 허세를 정리하기 시작합니다.

진실로 그러할지니 그에 맞추어서 설명을 드리면 작금의 현실에서도 사회적으로 중요한 리더 역할을 하는 기업체 회장님이 사는 품격을 갖춘 집과 또는 대통령이 사는 집과 지도자가 아닌 난민이 사는 판잣집 움막은 품격과 시설과 모든 조건이 다르고 그것이 하느님의 법칙에 부합하는 것이니 그런 기본원리를 알고나서 그것을 확장해 봅시다.

대한민국 남한 땅이 미래에 주변의 저 사이즈 큰 러시아 중국과 아메리카 대륙을 통틀어 가장 핵심적인 미국까지 이끌어가는 크기는 작지만 최고의 리더가 된다면 그 남한 땅은 함부로 싸구려 측은지심으로 교육이 안된 북한 인민이나 저개발국 난민이나 불법체류자들을 받아들여서는 안되는 것입니다.

이는 여러분이 사는 집안에 함부로 신분이 불명확한 자나 질이 낮은 자들을 불쌍하다는 착각으로 들여놓아 화근을 만드는 것이 어리석고 합당하지 않은 것과 같은 이치가 됩니다. 시간 지나면 험악한 사고가 나는 것이지요. 둘다 양쪽 모두에게 좋지가 않은 법이라서 하늘이 애써서 분리하고 있다는 사실을 눈치챌 수가 있을까요?

2024.10.01./서경례/거주하는 지역 국가 사람도 질적으로 서로 맞아야만 하는 원리가

Unification of groups with different systems (6/40)

The truth begins to move for the first time
In order for us, as individuals or groups, to develop, we must now accurately understand our intellectual status. Only then can we solve the next problem and move up one level. Therefore, we cannot simply hide our ignorance as shame. In order for humanity to develop together peacefully, we, the other party, and the refugees must know the facts as they are. That is why I will not explain the educationally backward North Korean people by embellishing them.

This is because the new era is no longer an era where vain and empty pretense are tolerated, and because all the physics knowledge that was lacking academically has been completed. The truth begins to move for the first time, and the truth begins to remove all the bubbles and clear up the murky empty pretense.

Since it is indeed so, I will explain accordingly. Even in today's reality, the dignified house where the chairman of a socially important company lives and the shack where a refugee, not a leader, lives have different dignities, facilities, and all conditions. That is in accordance with the laws of nature, so let's learn that basic principle and expand on it.

Since it is indeed so, I will explain accordingly. Even in today's reality, the dignified house where the chairman of a socially important company lives and the shack where a refugee, not a leader, lives have different dignified facilities and all conditions. Since this is in accordance with the laws of nature, let's learn the basic principle and expand it.

In the future, the Republic of Korea will become the best leader who will lead the surrounding large countries of Russia and China and even the key country of the United States with wisdom. Then, the land of South Korea should not accept uneducated North Korean people, refugees from underdeveloped countries, or illegal immigrants.

This is just like not allowing people of unclear status or low quality into your house. This creates conflict through discord that does not fit together, and is foolish and unreasonable. If you mix different groups of people together recklessly, a terrible accident will occur as time passes. Can you see that nature is deliberately separating them because both are bad for both sides?

2024.10.01./Seo Kyung-rye/People in the country where you live should also be qualitatively compatible

체제가 다른 집단의 통일(7/40)

아직은 자본주의도 민주주의도 아닌 러시아 체제 아래서 저리 분쟁을 일으켜 남성들을 죽음의 사자가 기다리는 전쟁터의 재물로 바치니 러시아 남성들은 근처 국경으로 필사의 탈출을 시도합니다만 이것이 또 근처 자유진영에선 얼마나 큰 부담일까요?

러시아 난민이 더는 감당이 안 되니 그들이 계속 더 들어올까봐 국경을 맞댄 핀란드도 최근 국경장벽을 쌓기 시작했습니다. 미국도 중남미나 중국 등 저개발국이나 공산주의 독재체제에서 넘어오지 못하게 장벽을 쌓은지 이미 오래되었다는 사실을 숙지하고 우리가 김정은을 다시 봅시다.

김정은이 저리 독재자로 군림하면서 강하게 탈북 시도를 막지 않는다면 당장에 그들 인민들이 어디로 갈지 생각해 보셨습니까? 가깝고 휘황찬란 K-POP이 유혹하는 남한으로 올까요? 아님 아직도 인민들 궁상맞은 중국으로 갈까요, 아님 서슬퍼런 독재와 추운 날씨의 시베리아, 슬라브민족이 많은 러시아로 갈까요?

단편적인 현상만을 바라보는 자들이 세상모르고 북한 체제가 붕괴만 되면 그리고 김정은이 무너지면 저절로 우리가 원하는 그런 통일이 될 줄로 착각을 하는데 이는 무지해서 나오는 미련한 표현입니다. 김정은이 저리 버텨주고 있는 동안 남한은 서둘러 통일안을 세워야만 하는데 통일하지 못한다면 어떤 현상이 벌어질까!

2024.10.03./서경례/김정은도 버텨줘야 하고

Unification of groups with different systems (7/40)

Under the dictatorship of Russia, which is neither capitalist nor democratic, Putin is causing conflicts and offering men as loot on the battlefield where the angel of death awaits. Russian men are desperately trying to escape to the nearby border, but how much of a burden is this for the nearby free world?

Finland, which borders Russia, recently started building a border wall for fear that more Russian refugees will continue to come in because they can no longer handle it.
Let's take a look at Kim Jong-un again, knowing that the United States has been building a wall to prevent people from underdeveloped countries such as Central and South America and China from coming over for a long time.

If Kim Jong-un reigns like a dictator and doesn't strongly block defection attempts, where will those people go right now?
Will North Korean refugees come to South Korea, where they can enjoy K-pop and culture?
Or will they go to China, which is still underdeveloped?
Or will they go to Russia, where there are many Slavic people in Siberia, where there is a cold climate and a cold dictatorship?

If we only look at the fragmentary phenomenon, we mistakenly think that if the North Korean regime collapses and Kim Jong-un falls, the unification we want will happen automatically, but this is a foolish expression that comes from ignorance.
While Kim Jong-un is holding on, South Korea must hurry up and come up with a unification plan, but what will happen if unification fails?

2024.10.03./Seo Kyung-rye/Kim Jong-un must hold on until unification

체제가 다른 집단의 통일(8/40)

그렇다면
통일을 하지 못한다면 도대체 우리는 어찌될까! 남북한이 서로 갈때까지 가다보니 마지막 남은 경의선 철도까지도 뜯어서 드러내어 그 상호 연결흔적을 지우고 있으며, 남한은 또 국군의 날을 맞이하며 아이들 병정놀이하듯 온갖 신형 무기 내놓고 북한을 위협하고 있습니다.

북한은 또 핵무기 앞에서 니네 참말로 웃기네. 우리야! 핵무기가 있으야! 까불지마!
이러고 있으니 참!!!! 아이들 싸움하는 모습하고 똑같은 덩치만 자란 어른아이집단. 필자와 우리 지식인들 책임이 큽니다.

또 반대의 경우
통일을 그것도 평화적으로 합당하게 국민적인 지지위에서 이룩해 낸다면 어떤 유익한 일이 우리한테 생길까!

두 가지 경우의 수가 생기는데 갑자기 양자중첩 현상이 생각나네요. 고양이는 살아있을까? 죽어 있을까? 이거이 무엇을 의미하는지! 양자물리학자들은 거기서 Stop. 허울좋은 확률이라는 말로 얼버무리고 더는 못나가고 있으니 아인슈타인의 말이 맞습니다.

신은 즉 여러분의 하느님은 또는 여러분은 주사위 놀이를 하지는 않아요.

어떤 경우의 수를 먼저 설명해야 좋을까요! 통일을 하지 못한다면 어찌 되는지 먼저 설명을 드릴테니 지금까지 공부한 모든 지식을 총동원해서 잘 봅시다.

필자의 글을 읽을 때에는 그간의 총지식을 바탕으로 하기는 하되 깨끗하게 백지라고 스스로 생각해야 내용이 흡수가 되어 눈이 떠집니다. 지금 국내의 노동자들과 사용자측의 신뢰가 있던가요?

우리나라 노조가 강성이라서 외국 투자자들도 꺼리고 있고, 해마다 연례행사로 머리에 띠두르고 데모하면서 임금협상을 하는 것 다들 알고 계시지요?

그것이 우리 노동자들의 일자리를 밀어내고 서서히 저개발국 불법체류자들한테 일자리를 점령당하는 이유가 된다는 것을 알고는 계시는지? 기업인들인 사용자측은 노동자들을 위해서 지금까지 알량한 작은 돈을 일부 떼어 준 것 외에 해준 것이 있던가요?

노동자들은 상층의 기업인들이 가진 현 재산이라도 지금 당장에 나누어 가지자고 데모를 합니다. 그것이 해마다 진통을 겪는 임금협상이 된다는 사실을 우리 지식인들은 아시는지요? 노동자들은 미래를 따지지 않습니다. 못합니다. 본시 참을성이 없거든요.《당장에 현재 가진 것을 공평하게 나누어 가지자.》

그것이 결국엔 이익일지 불리한 것인지는 나 노동자는 알바가 아니니까! 나 노동자는 지식인이 아니라서 무식하고 책을 보지 않으니까 미래의 희망같은 것은 알바가 아니야! 그 노동자들의 특성을 이용해서 공산주의 혁명이 일어났고, 공산독재 혹은 전체주의 독재가 시작이 되었다는 사실을 아시는지요?

지금 질낮은 곳에서 헤매고 국민이 난민이나 불법체류자 되어 떠돌고 있는 저개발국이라든가 민주주의 대통령제를 표방하고 있는 푸틴의 러시아라든가 미국 덕분에 조금 자본주의의 맛을 본 중국같은 공산주의 국가라든가 지구촌 최빈국으로 떨어진 북한같은 경우를 크게 이런 노동자에 비유하면 정확하게 맞습니다.

국내의 민주노총 같은 노동자집단이 있다면 전경련 같은 기업인 집단이 있다는 것을 아실겁니다. 그것을 확장해서 지구촌 전체로 여러분의 동공을 늘려봅시다. 필자의 머릿속을 따라오려면 지적인 확장력이 없이는 불가능합니다.

그럼 북한같이 노동력밖에 남아있지 않은 집단이 있는 반면에 각종 단순제조업부터 첨단반도체까지 모든 우수한 산업기술과 생산시설을 독차지하고 있는 미국 일본 독일 한국 등 자본주의 국가가 있으니 이것이 국내의 전경련이라는 조직으로 비유가 될 수 있습니다. 정부나 우익 단체들이 그토록 성토하는 북-중-러의 행태를 민주노총에 비유하면 여러분의 이해가 좀 수월합니다.

2024.10.05./서경례/노동자집단으로 남아있는 북중러를 아는가!

Unification of groups with different systems (8/40)

Then,
If we can't achieve unification, what will happen to us?
As the North and South Korea continue to go against each other in distrust, North Korea is tearing down the last remaining Gyeongui Line railroad and erasing traces of its interconnection. South Korea is also threatening North Korea by presenting all kinds of new weapons like children playing soldiers on Armed Forces Day.

North Korea is also saying, "You're really funny in front of nuclear weapons. We should have nuclear weapons! Don't mess with us!" South and North Korea are just a bunch of adults and children who have grown up the same size.
The current chaos is largely the responsibility of the author and our intellectuals.

Also, in the opposite case,
If unification is achieved peacefully and appropriately with national support, what good things will happen to us? Two scenarios arise, and I suddenly think of the phenomenon of quantum superposition. Is the cat alive? Is it dead?

Which case should I explain first!
I will first explain what happens if unification is not achieved, so let's read it carefully using all the knowledge we have learned so far. When reading the author's article, you should base it on your previous knowledge, but think of it as a blank sheet of paper so that the content can be absorbed and your eyes can open.

Do you have trust between domestic workers and employers right now?
Because our labor unions are strong, foreign investors are reluctant to invest, and you all know that they hold annual demonstrations with their heads tied up, and wage negotiations are held every year, right?

Do you know that this is the reason why our workers' jobs are being pushed out and jobs are gradually being taken over by illegal immigrants from underdeveloped countries? Have employers, who are businessmen, done anything for the workers other than giving them a small amount of money so far? That's why workers are protesting to share the current assets of the upper-class businessmen right now.

Do you, our intellectuals, know that this is the wage negotiation that is suffering every year? Workers don't consider the future. They can't. They are impatient to begin with. 《Let's share what the current businessmen have fairly right now.》

I, a worker, am not an intellectual, so I am ignorant and do not read books, so I have no hope for the future! Do you know that the communist revolution took place by exploiting the characteristics of such workers, or that totalitarian dictatorships began?

If you compare underdeveloped countries where citizens are wandering as illegal immigrants, or countries with democratic presidential systems like Putin's Russia or China, or North Korea, which has fallen to the lowest level of the poor, to these workers, it is exactly right.

In Korea, there are labor groups called labor unions, and there are business groups like the Federation of Korean Industries. Let's expand that to the entire world and expand your pupils. If you want to follow my mind, it's impossible without intellectual expansion.

Then, while there are groups like North Korea that only have labor left, there are capitalist countries like the US and Korea that monopolize all excellent industrial technologies and production facilities from simple manufacturing to advanced semiconductors.

Korea and the US can be likened to the domestic organization called the Federation of Korean Industries. And if you compare the behavior of North Korea, China, and Russia to labor groups, it will be easier for you to understand.

2024.10.05./Seo Kyung-rye/Do you know about North Korea, China, and Russia, which remain as labor groups?

체제가 다른 집단의 통일(9/40)

대한민국이든 미국이든 간에 노동자들이 상층의 기업인 자본가들의 벽을 뚫고 그들이 사는 것만큼 럭셔리하게 문화적으로 품격있게 살 수 있는 방법을 정치인들이나 기득권 집단인 전경련이나 기업인들이 제공한다고 보십니까?
중이 제 머리를 깎지 못하듯이 노동자들도 스스로는 그들의 운명을 바꿀 수가 없으니 상대방인 기득권 세력이 이들의 삶을 책임지고 바꿀 수 있도록 도와주어야만 진리에 부합하거늘 그들 기업인 사용자 집단은 그들대로 방법을 몰라서 힘으로 강제로 누르면서 방치하고 있습니다.

왜냐하면 그들을 움직이는 지식인 집단이 정신을 못차리고 정책을 제시하지 못하고 서로 싸우고만 있기 때문이니 책임은 지식인한테 있습니다. 따라서 현재 노동자들은 기득권의 벽을 넘을 수가 없으니 어떻게 하라는 말입니까!

데모를 하는 수밖에 달리 방법이 없다는 사실을 아시는지요?
한 국가안에서 그렇게 힘든 현실에 지친 노동자들이 데모를 하듯이 국제사회에서는 '이왕이면 파이를 키워서 더욱더 잘 살자'라는 말로 한 수 아래 국가들을 이용했던 기득권 세력이 바로 현재 선진국들입니다.

그래서 북한 중국 러시아 이란 같은 독재국가들이 그 선진국들의 장벽을 넘고 싶은데 넘지를 못하니 그들보다 체제면에서 한 수가 뒤처진 북중러 및 중동지역에서 더 이상은 못참겠다고 데모를 시작하고 있는 것이 바로 지금 벌어지는 러시아사태 하마스사태 후티반군사태가 됩니다.

무늬만 민주주의 실제는 독재체제 러시아에 이판사판 난몰라 사고뭉치 문제아 푸틴이 있다면 자유진영에선 싸움밖에 난몰라 깡패 네타냐후가 있으니 둘이서 만들 수 있는 것은 생긴대로 싸움이고 전쟁이고 핵무기 사용하는 세계대전으로 가고 싶어 날뛰고 미쳐가는 중임을 우리 국민은 아는가! 사고뭉치 러시아 푸틴과 싸움밖에 난몰라 네타냐후만 있으면 세계대전 불타오르기는 충분조건

2024.10.07/서경례/국제분쟁의 불씨가 자라고

Unification of groups with different systems (9/40)

Do you think politicians or businessmen, whether in Korea or the United States, can provide workers with a way to break through the walls of upper-class businessmen and capitalists and live as luxuriously and culturally as they do? Since workers cannot change their own fate, the vested interests, who are the other party, should take responsibility for their lives and help them change them in order to be in line with the truth.

However, the business community does not know how to do it, so they forcefully suppress them and leave them alone. This is because the intellectuals who control them are not in their right mind, are not able to come to their senses, and are only fighting each other. Therefore, the responsibility lies with the political intellectuals. Therefore, since the current workers cannot overcome the walls of the vested interests of society, what are you telling them to do?

Do you know that workers have no choice but to protest? Workers who are tired of such harsh reality within a country are protesting. Then, let's expand this further and look at the international community.

In the international community, the vested interests that used the countries below them by saying, "If we're going to do it, let's make the pie bigger and live better" are the current advanced countries. Dictatorships like North Korea, China, Russia, and Iran want to overcome the barriers of the advanced countries, but they cannot do so with their own abilities.

As time goes by, North Korea, China, Russia, and the Middle East, which are one step behind those in the free world in terms of their systems, are starting to protest because they can no longer stand it, and this is what is happening now in Russia, Ukraine, and Hamas. If Russia, which is a democracy in name only but a dictatorship in reality, has a troublemaker Putin, then in the free world, there is a gangster Netanyahu who "only knows how to fight," so the only thing they can create is a fight.

Do our people know that the world is going crazy and wanting to go to a world war using nuclear weapons? If there is only the troublemaker Russian Putin and the 'fighting-only' Netanyahu, the conditions for a world war to break out are sufficient.

2024.10.07./Seo Kyung-rye/The spark of international conflict is growing

체제가 다른 집단의 통일(10/40)

희생양이 된다는 것.

우크라이나에 무기를 대주면서도 독일도 미국도 핵무기 장착한 푸틴은 건강하게 살려야 하니 모스크바 푸틴은 쏘지마!! 그럼 우리 우크라이나는 도대체가 싸움을 하라는 거야? 말라는 거야? 그냥 국민이 벌써 4분의 1이 사라졌고 이리 계속 죽어가니 힘만 빼고 무너지라고?

맞습니다.
미국과 서방의 계산으로는 우크라이나는 러시아 힘만 빼주고 그들의 방패막인 희생양이 되라는 것. 대한민국은 우크라이나를 타산지석으로 삼아 전쟁터로 변해서 희생양이 되어서는 안됩니다.

필자의 메시지는 그것을 미리 알리고 있는 중이니 전 국민이 드론부대로 변신할 수 있도록 항상 컴퓨터 드론같은 필수적인 기술교육이 진행중일 것이고, 언제든지 필요할 때엔 핵무기 순식간에 만들 수 있도록, 준비는 되어 있어야 하니 기술적 연구에 박차를 가하기는 하되 모든 준비는 소리없이 조용히 준비시켜야만 지혜롭습니다. 적어도 군사력만큼은 조용히 진행하는 것이 아직은 덩치가 작은 대한민국은 유리합니다.

그러나 가장 지혜로운 것은 중재안을 들고 분쟁을 사전에 막는 것이고, 그렇게 대한민국이 나서지 못할 때에는 노동자집단이 기득권을 전복시키려고 하다가 같이 망하듯 전 세계를 전복시키려고 그동안 참았던 모든 집단이 들고 일어섭니다. (북한체제가 이 상태로 무너지면 중국이 그 입을 벌리고 있다는 사실)

이른바 제3차 세계대전으로 가는데, 죽어가는 인구가 여러분이 상상할 때 얼마나 될 것 같습니까? 남한의 저 욕심많은 건달 정치인들도 죽어서 저승으로 가야지 별수가 없습니다. 그것을 막는 시발점이 남북한 평화통일이 됩니다.

2024.10.07./서경례/통일은 평화시작이 되고,

Unification of groups with different systems (10/40)

It is a sacrifice.

A quarter of the Ukrainian people have already disappeared. Zelensky is worried that the people will continue to die, so they will lose strength and collapse.

That's right. South Korea should take a good look at the miserable reality of Ukraine and learn from it, and should not become a battlefield and become a sacrifice.

The author's message is to inform you of this in advance, so that all citizens can transform into drone units, and essential technical education such as computer drones should always be conducted. And we should be ready to make nuclear weapons in an instant whenever necessary, so we should spur technological research. Also, all preparations should be made quietly and silently to be wise. At least, it is advantageous for South Korea, which is still small in size, to proceed quietly in terms of military power.

However, the wisest way for South Korea to prevent war is to prevent conflict in advance by suggesting mediation for the Russia-Ukrainian War. When South Korea fails to do so, all groups that have been holding back will rise up to overthrow the entire world, just as labor groups try to overthrow companies and collapse together. (If the North Korean regime collapses like this, China will open its mouth to occupy North Korea.)

The so-called world is heading toward World War III, and how many people do you think will die?
Those greedy gangster politicians in South Korea have no choice but to die and go to the afterlife. The starting point to prevent that is the peaceful unification of North and South Korea.

2024.10.07/Seo Kyung-rye/Unification is the beginning of peace,

체제가 다른 집단의 통일(11/40)

대한민국 남한에서 노동자 집단인 민주노총이 머리에 띠두르고 데모하는데 그것을 마냥 보고만 있으면 어찌될까요?
그렇게 한 나라 안에서 노동자와 사용자로 나뉘어 있는 것과 마찬가지로 똑같은 일이 적용되는 것이니, 시야를 한 단계 확장해서 비유법으로 설명을 드립니다.

남북한 크기로 전체를 본다면 북한이 노동자에 해당되고 남한이 사용자에 비유되면 이해가 쉽습니다. 북한이 ICBM 탄도 미사일을 동해로 쏘고 이젠 남한 국내로 오물풍선을 내려보내는 것이 바로 남한에 대고 노동자로 남겨진 북한이 데모하고 있다고 보시면 정확하게 맞습니다.

북한이 지금 할 수 있는 메시지가 그것밖에 달리 방법이 없다는 것이니 그것이 남한에 보내는 살고 싶다는 몸부림인 SOS인 줄도 모르고 우리 대통령이 현무로 협박을 해대면 이는 무지해서 똑같은 수준으로 싸우겠다는 덤비는 행태를 드러내는 것임을 아시는지요!
(군사적 준비는 철저하게 연구하되 자랑이나 허세는 필요하지 않음)

시야를 더욱 크게 지구촌 전체로 확장시키면 러시아도 서방을 상대로 데모하듯 저리 시위하고 있고, 하마스도 궁상떨다가 지치니 자유진영 이스라엘에 반기를 들면서 더 강력한 데모를 하고 있으니 남한에서 데모한다고 노동자들을 전부 죽일것인가!

북한이 남한을 상대로 저리 데모한다고 북한을 상대로 너희는 못살고 나 남한만 잘먹고 잘살면 되니 너 북한은 B1B 폭격기로 죽일 것인가! 푸틴 죽이면 더 징그러운 푸틴나오고 김정은 죽이면 더 무모한 폭군이 나온다는 사실을 아시는지요!

남북한의 문제를 우리만의 작은 현상으로 협소하게 보면, 전 세계가 지금 하나씩 둘씩 전쟁터로 변해가는 줄을 하나도 눈치채지 못하고 이것이 남의 일인양 통일을 하지 말자는 헛소리들을 뱉어낼 수밖에 없으니 우리만이라도 바른 정보로 교정합시다.

2024.10.07./서경례/북한의 시위는 SOS

Unification of groups with different systems (11/40)

What would happen if we just watched a group of workers in South Korea wearing headbands and protesting?
Just like how a country is divided into workers and employers, the same thing applies, so I will expand the perspective one step and explain it using a metaphor.
If we look at the whole thing in the size of North and South Korea, it is easy to understand if North Korea is the worker and South Korea is the employer. If we consider that North Korea is launching ICBM ballistic missiles into the East Sea and now sending waste balloons into South Korea, it is exactly the North Korea that is left as workers protesting against South Korea.

There is no other way for North Korea to send a message now. Do you know that if our President threatens North Korea with the weapon Hyunmoo on Armed Forces Day without even knowing that it is an SOS to South Korea, it is showing an attitude of rushing in to fight at the same level? (Study military preparations thoroughly, but no need to brag or bluff)

Let's expand our view to the entire world.
Russia is protesting against the West by invading Ukraine, and Hamas is protesting against the free world of Israel. Are you going to kill all the workers in South Korea because they are protesting?
Are you going to kill North Korea with B1B bombers because North Korea is protesting against South Korea like that? Do you know that if you kill Putin, a more disgusting Putin will emerge, and if you kill Kim Jong-un, a more reckless tyrant will emerge!

If you narrowly view the problems of North and South Korea as our own small phenomenon, you will not notice at all that the whole world is turning into a battlefield one by one. And since you have no choice but to spit out nonsense about not reunifying as if this is someone else's problem, let's correct it with correct information.

2024.10.07./Seo Kyung-rye/North Korea's protests are SOS

체제가 다른 집단의 통일(12/40)

필자가 정성을 다해서 메시지를 드리고 있습니다. 그것을 지적인 에너지원으로 삼아 궁극적인 우리의 내적 본체를 한 단계 업그레이드시켜야만 합니다. 그러니 지식인들은 생각을 단순하게 쉽게 할 것이 아니고 깊게 눈을 감고 호흡을 다시 합시다.

미국의 그 수많은 젊은이들이 한국을 살리고자 그들의 목숨을 우리한테 뿌렸습니다. 미국 뿐만이 아니고 전 세계가 한국을 6.25전쟁에서 살려내느라 죽어갔으니 우리는 많은 이들의 목숨값을 먹고 그 덕분에 살아있는 것이지요.

그런데 생각을 한차원 더 높이 올라가보면 우리 남한이 이렇게 성장하기까지는 미국만이 아니고 저 무식한 북한까지도 호시탐탐 타국을 노리는 본성을 지닌 러시아와 중국이라는 공산국 독재국가들의 방파제 역할을 또한 해주어야만 했다는 사실을 아시는지요?

이미 문화적 군사적으로 성장한 선진국이 앞서가는 국제정세 앞에서 대한민국은 국제적 힘이 없었습니다. 땅에 떨어진 사탕도 주워서 쓱싹 닦아서 다시 먹을만큼 가난했고 무식했던 우리들 남한의 아이들이 성장하려면 북한의 반쪽짜리도 희생을 해주어야만 가능했던 것

물론 김정은이는 자신이 희생양이 되어 남한을 지켜주고 있었다는 사실을 정확하게 알지를 못합니다만(김정은이가 남한을 공격하는 액션을 취해야만 중국이 공격을 하지 않는 효과가 있다는 사실을 알아야만 이해가 됨) 무언가 모르게 억울한 느낌을 지울 수가 없는 것이랍니다.

그것은 마치 트럼프가 대한민국에 철강업도 빼앗기고 조선업도 빼앗기고 반도체도 빼앗기고 등등 잔뜩 볼멘소리로 방위비 5배 물어달라고 생떼를 부리는것과 본질이 똑같은 것입니다. 트럼프나 해리스는 미래의 방향을 알지를 못하니 당연히 중재안도 없고 미래비전도 없습니다.

그래서 박빙으로 저리 싸우고 있는 것이니 한국이 없이는 미국도 이젠 성장을 못한다는 사실을 아시는지요? 남한이 북한과 통일하는 것은 미국을 포함한 전 세계를 평화적으로 다시 재편하기 위해서 절대적으로 필요한 반쪽을 다시 붙여서 기본사이즈를 완성하는 것입니다.

2024.10.11./서경례/호전적인 중국과 러시아를 따돌리기 위해서 필요했던 북한 방파제

Unification of groups with different systems (12/40)

I am giving you a message with all my heart. You must use it as an intellectual energy source and upgrade our ultimate inner body to the next level. So intellectuals, instead of thinking simply, close your eyes deeply and breathe again.

Many young people in the United States sacrificed their lives for us to save Korea. Not only the United States, but the entire world died to save Korea from the Korean War. We are alive thanks to the lives of many people.

But let's think about it one level higher.
Do you know that in order for South Korea to grow this much, not only the United States, but even that ignorant North Korea had to act as a breakwater for Russia and China, which have the nature of targeting other countries?

South Korea, which had no international power at all in the face of the international situation where advanced countries that had already grown culturally and militarily were ahead. That's why our children in South Korea, who were so poor and ignorant that they would pick up candy that fell on the ground, clean it up, and eat it again, had to make sacrifices even for North Korea to grow.

Of course, Kim Jong-un does not know exactly that he was the sacrificial lamb protecting South Korea. (You have to know that China will not attack if Kim Jong-un takes action to attack South Korea.) But he cannot help but feel a sense of injustice.

It is essentially the same as Trump demanding that South Korea pay five times more in defense costs, saying that the US lost its steel industry, shipbuilding industry, and semiconductors. Trump and Harris do not know the future direction. Therefore, they naturally do not have a mediation plan or a vision for the future.

So do you know that without South Korea, the US cannot grow anymore? South Korea's unification with North Korea is absolutely necessary to peacefully reorganize the entire world, including the US.
Unification of North and South Korea is to reattach the severed halves and complete the basic size of South Korea, a country that is essential to human society.

2024.10.11./Seo Kyung-rye/North Korea's breakwater needed to keep belligerent China and Russia at bay

체제가 다른 집단의 통일 (13/40)

뭣도 모르고 성장했던 우리가 눈을 감고 그간의 역사적 사실을 겸허하게 돌이켜보면 태평양의 거센 폭풍우는 일본이 방파제가 되어서 한국땅을 보호해주고 있었고,(일본은 한국한테 모든 지적인 기운을 빼앗기고 소진된 상태)

아메리카 대륙의 대표주자 미국이 동쪽으로 방파제가 되어 한국을 지켜주고 성장시켜 주었고, (미국도 한국의 성장이 끝났기에 이젠 힘이 다 빠져서 국제적 경찰노릇도 이젠 힘겨워 하고 있는 중)

북쪽 서쪽의 공산주의 세력은 또 북한이 방파제가 되어서 남한을 공산주의 세력으로부터 완벽하게 보호해 주고 있었으니 그 북한도 이젠 지칠대로 지치고 에너지가 다 빠져서 너덜너덜 최빈국 거지되어 졸도하기 직전.(북한은 식량도 부족한 상태)

토실토실하게 자라서 오죽하면 뱃살이 나온다고 다이어트에 신경을 쓰는 한국은 미국이 못하는 중재안을 낼 실력도 갖추고 있습니다.

미국에 몰려드는 난민문제를 어떻게 풀 수 있는지도 알고 있고, 러우 전쟁의 중재안도 낼 실력이 있는 자가 있는 대한민국입니다.

그로 인해 미국도 다시 업그레이드시킬 수 있는 방법도 알고 있는 한국은 어찌해야 하겠습니까? 이대로 방관하다가 핵무기 춤추는 제3차 대전으로 가는 것이 타당한 것인지~ 이제 무엇을 어떻게 해야만 우리가 진정 자랑스러운 대한민국이 되는지!

아!
통일을 하면 우리한테 어떤 엄청난 유익한 일들이 생기는지를 필자가 아직 설명을 안했네요.

2024.10.11./서경례/김치를 다시 생각하면서

Unification of groups with different systems (13/40)

Let us close our eyes and humbly look back on the historical facts that we grew up without knowing anything about the world. The fierce storms of the Pacific Ocean protected Korea by acting as a breakwater with Japan. (Japan was exhausted and had all its intellectual energy taken away by Korea.)

The United States, the representative of the American continent, acted as a breakwater to the east to protect Korea and help it grow. (The United States, too, has lost all its strength since Korea's growth has ended, and is now exhausted from its role as an international policeman.)

The communist dictatorships in the northwest also acted as a breakwater with North Korea perfectly protecting South Korea from communist forces. Now, North Korea is exhausted and has lost all its energy, and is on the verge of fainting as a beggar in the poorest country. (North Korea is also short on food.)

Korea, which grew up plump, is concerned about dieting because it has a belly. Since Korea's capabilities have matured in this way, it has the ability to come up with a mediation plan that the US cannot, and it also knows the fundamental problems and solutions of the controversial US abortion law.

In addition, it knows how to rescue refugees flocking to the US without allowing them to enter the US, and at the same time, it knows how to upgrade the US again.

Let's think about whether it is right for Korea to just stand by and watch the world in chaos and go into a third world war with nuclear weapons. Now, what should we do to become a truly proud Republic of Korea?

Ah! The author has not yet explained what tremendous benefits will come to us if North and South Korea are unified.

2024.10.11./Seo Kyung-rye/Rethinking Kimchi

체제가 다른 집단의 통일(14/40)

또 다른 경우의 수가 되는 평화적으로 지혜롭게 통일하면 어떤 유익한 일들이 대한민국을 기다리고 있을까!

남한의 모든 사람들은 거지된 빈털터리 북한과 통일하면 다들 남한이 경제적 손실을 본다고 상식으로 이미 세뇌되어 머릿속에 깊이 박혀 있습니다. 심지어 우리 편집을 담당하는 신피디도 "피해의 최소화"라고 자막을 달아놓아 본의 아니게 필자의 의도를 왜곡해 놓고 있을 정도입니다.

진리에서 나온 지혜로운 해법이 아닌 일방의 계산이 들어간 오류가 자라면 그토록 교정이 쉽지 않다는 의미이니 국민전체한테 정책을 설명하는 것도 결코 쉬운 작업이 아니겠지요.

필자는 지금까지 북한과의 통일관련 얘기를 하면서 우리가 피해를 본다는 말을 단 한번도 입밖에 꺼낸 적이 없건만~ 갑자기 피해라는 말이 자막으로 나갔으니~

그저 단순하게 듣고 읽으면 한마디 한마디에 법칙이 들어간 것을 알지 못합니다.
필자가 며칠동안 김치를 생각하시라고 메시지에 김치라는 단어를 넣었습니다.

김치
김치
북한과 김치

2024년 현재 대한민국이 중국산 김치 없이는 단 하루라도 식당들 장사할 수가 있을까요?

필자는 왜?
김치를 거론하고 있을까요!

2024.10.12./서경례/중국산 김치에 종속된 남한

Unification of groups with different systems (14/40)

Let's look at another case.
If we peacefully and wisely unify North Korea, what kind of beneficial things will await South Korea!

Everyone in South Korea has already been brainwashed into thinking that if we unify with the beggar North Korea, South Korea will suffer economic losses.

If an error occurs that is not a wise solution from the truth, but rather a calculation from one side, it is not easy to correct. So explaining the unification policy to the entire nation will not be an easy task.

I put the word kimchi in the message so that you think about kimchi for a few days.

Kimchi
Kimchi
North Korea and kimchi

Would South Korea be able to do business for even a single day without Chinese kimchi in 2024?

Why am I?
talking about kimchi!

2024.10.12./Seo Kyung-rye/South Korea dependent on Chinese kimchi

체제가 다른 집단의 통일(15/40)

희망이 방울방울 넘치는 통일이후의 유익한 일들이 생기는 또 다른 경우의 수를 전부 얘기하기 전에 우리 남한의 현실을 정확하게 알고 점검하고 갑시다.

첫째 현재 대한민국이 자주독립국가가 아니라는 것은 알고 계시는지요? 다시 말하면 우리 대한민국은 우리 힘으로 우리 실력으로 자주독립을 한 적이 없다는 사실을 인정합시다.

맨날 국뽕에 취해서 대한민국 한강의 기적이 우리 실력으로 이룩된 것마냥 다들 취해있는 지금 필자가 냉정하게 우리 자신을 얘기한다면 좀 섭섭하겠지만 알것은 알고 가야 영광스러운 미래를 열수가 있는 법이라 필자는 있는대로 정확하게 말씀을 드립니다.

일제한테 우리 선조들이 나라를 빼앗겼을 때에는 아인슈타인의 상대성원리에서 파생된 이론으로 천재 오펜하이머 박사가 인류의 최고두뇌 과학자들 전부 집합시켜서 잘도 만들어 그 이름도 맹랑한 리틀보이와 팻맨 두 핵폭탄을 일본에 히로시마 나가사키에 펑펑 터트리고 일본인들 실컷 잔인하게 죽여버렸습니다.

그래서 일본이 입에 와앙 물고 있었던 한국을 겨우 토해낸 것임을 역사에 기록이 되어 있으니 우리 힘으로 일제치하를 벗어난 것이 아니라는 사실을 인정합시다.

우리는 왜 그토록 무능했었고 못났을까요? 그렇게 잡아먹힐 때까지 정치인들 구질구질하게 당파싸움만 했었다는 사실을 기억합시다. 그러고 나서 또 지독하게 무능하니 스탈린이 먹잇감 찾아 실컷 남한을 유린하러 내려옵니다. 이른바 6.25전쟁 3년.

탱크도 구경못해보니 탱크보고 기절하다 죽어가고 아무튼 우리 국민이 다 죽어갈 때 또다시 코 큰 사나이 맥아더가 당시 미국 트루먼 대통령의 허락도 받기 전에 한국을 위해 군대를 출동시킵니다.

미국 승인을 받으려 기다리다가는 남한은 이미 스탈린한테 먹히고 흔적도 없이 끝장나게 생겼음을 노장 맥아더가 그 오랜 경험으로 간파하고 먼저 움직여주었으니 미국이 또 남한을 러시아와 중공군으로부터 구해냈기에 분명히 우리 힘으로 자주독립을 못했습니다.

그 후에도 미군이 주둔하고 있음으로 인해 그 보호를 받았습니다.
지금 우크라이나의 젤렌스키가 미군주둔을 통해서 도움을 간절하게 받고자 하지만 그것이 쉽지 않다는 것을 여러분은 보고 있습니다.
그런데 남한은 미국의 도움을 받았습니다.
그뿐만이 아니라 한국은 전쟁 후에도 미국의 기술을 전수받아 군사력과 경제력을 키울 수가 있었다는 사실을 우리가 부정할 수가 있을까요?

그렇게 남한이 성장하는 동안 미국은 각종 경제적 제재를 통해 비핵화라는 명분으로 북한의 모가지를 조이고 입을 틀어막아 성장을 못하게 단단히 숨통을 조이고 있었다는 사실을 아시는지요?

남한보다 잘 살았던 북한은 너무 미우니 너 북한은 꽥 죽어버려라 하고 미국이 각종 물자의 반입을 막고 즉 입을 틀어막고 북한보다 지지리도 궁상맞게 지구상 꼴찌로 못살았던 찌질이 남한은 이뻐서 어여어여 잘 살아라 하면서 먹을 것도 원조해주고 물건도 사주고 기술도 주고~

2024.10.13./서경례/아직은 자주독립이 아닌 것을

Unification of groups with different systems (15/40)

Before we talk about another case where good things will happen after unification, which is overflowing with hope, let's understand the reality of our South Korea accurately.

First
Are you aware that the Republic of Korea is not an independent nation at present?
In other words, let's acknowledge the fact that our Republic of Korea has never achieved independence through our own strength and ability.

Everyone is drunk on nationalism all the time, as if the Miracle on the Han River was achieved through our own strength. If I were to speak about ourselves objectively at such a time, it would be a bit disappointing, but we must know what we need to know.
That is the only way we can open up a glorious future, so I will tell you exactly what is true.

Based on the theory derived from Einstein's theory of relativity, the genius Dr. Oppenheimer gathered all of the best brain scientists in the world and created the two nuclear bombs, Little Boy and Fat Man, which were detonated in Hiroshima and Nagasaki, killing the Japanese people.

When our country was taken over by Japan, we should know that with the help of the United States, Japan barely managed to spit out Korea, which it had been holding in its mouth. Since this fact is recorded in history, let's admit that we did not escape Japanese rule on our own.

Why were we so ignorant, incompetent, and bad? Let's remember that until we were devoured, politicians only fought among themselves.

And then, because we were so terribly incompetent, Stalin came down to South Korea to find prey and trample it to his heart's content. The so-called 3 years of the Korean War. South Korean soldiers were dying from fainting at the sight of tanks because they had not even seen tanks.

Anyway, when our people were dying, the big-nosed man MacArthur appeared again. MacArthur dispatched troops for Korea even before receiving permission from then US President Truman. The veteran MacArthur knew from his long experience that if they waited for US approval, South Korea would already be eaten by Stalin and would be destroyed without a trace.

That is why he moved first, and since the US saved South Korea from Russia and the Chinese army, we clearly could not have achieved independence on our own.

Even after that, they received protection because the US military was stationed there. You can see that Zelensky in Ukraine is desperately seeking help through the US military stationing, but it is not easy. However, South Korea received help from the US.

Not only that, but can we deny the fact that South Korea was able to develop its military and economic power by receiving US technology even after the war?

Do you know that while South Korea was growing, the US was tightly squeezing North Korea's throat and mouth with various economic sanctions under the pretext of denuclearization, preventing growth? North Korea, which lived better than South Korea, was blocked from bringing in various materials by the US, in other words, its mouth was shut. South Korea was helped to live well by the US because it liked it, giving it food aid, buying it things, and giving it technology~

2024.10.13./Seo Kyung-rye/ It is not independent yet

체제가 다른 집단의 통일(16/40)

둘째
남북한의 조건들
지식인이면서도 통일을 염려하고 두려워하는 보수 측 지지자분들은 필자의 최근 메시지를 잘 보시고 힘내시기를 간절히 바랍니다.

전편에서도 언급했듯이 미국이 북한을 각종경제제재로 모가지를 조이니 북한의 김정은은 지금도 남한의 저것들한테는 관심없어 오물풍선 내려보내고 오로지 관심은 북한의 숨통을 조이던 덩치큰 미국.

그렇게 미국이 깡패처럼 국제적 권력을 행사해서 북한을 못살게 국제적으로도 왕따를 만드니 북한이 성장할 수가 있었겠습니까? 그래서 북한에 남은 것은 무엇인가!

2024년 북한에 남은 것은 무엇일까! 노동력과 핵무기만 남았습니다. 여기서 잘 봅시다.
기술도 없고 제조업도 없고 첨단반도체도 없고 고급 인재도 없고 대기업도 없고 식량도 없고 달러도 없습니다.

그러나 북한인민이 노동은 할 수 있으니
노동력 그리고 핵무기
노동력과 핵무기
오모나 오모나 잘 보자구요.

남한에는 다 있는데 노동력이 없어서 외국인 불법체류자들이 제조업을 장악하고 있는데 그 노동력이 북한에 남아있다는 사실을 아시는지요?

심지어는 더 훨씬 낮은 임금을 주어도 좋으니 먹고살 수 있도록 식량이 급한 북한 노동자들. 그리고 모든 중요한 것들은 거의 다 있는 남한에 유일하게 없는 군사적인 힘 핵무기를 북한이 또 미련하게 끌어안고 있었으니 얼마나 좋아 생각하기 따라서는 참으로 절묘하게 남한에는 없는 것이 북한에 있고 북한에는 없는 것이 남한에 있고 이둘이 잘만 융합하면 우와 ♥

2024.10.13./서경례/남북한이 가진 것들을 잘 보라

Unification of groups with different systems (16/40)

Second
Conditions of South and North Korea
I sincerely hope that those who are intellectuals but are worried and afraid of unification will read my recent message carefully and gain strength.

As mentioned in Part 15, since the US is squeezing North Korea with various economic sanctions, North Korea's Kim Jong-un thinks that the US is important.

How could North Korea grow if the US were to exercise its international power like a gangster and make North Korea an outcast internationally?
So what is left for North Korea!

What is left in North Korea in the past 70 years in 2024?
Only labor and nuclear weapons remain.
Let's take a good look at this.
North Korea has no technology, no manufacturing, no advanced semiconductors, no high-level talent, and no large corporations.

North Korea has no food or dollars, but the North Korean people can work, so only labor and nuclear weapons remain.

Labor and nuclear weapons
Let's take a good look at this.
South Korea has everything, but because it has no labor, illegal foreign residents are taking over manufacturing.

Do you know that this labor remains in North Korea? There are North Korean workers who are desperate for food to live, even if they are paid much lower wages.
And North Korea foolishly held on to the only thing South Korea lacks, nuclear weapons, so how great would it be if we were unified?

Depending on how you think about it, there are things in North Korea that South Korea doesn't have, and things in South Korea that North Korea doesn't have, so if these two are well combined, wow ♥

2024.10.13./Seo Kyung-rye/Look carefully at what South and North Korea have

체제가 다른 집단의 통일(17/40)

지구상의 모든 인간이 각자의 특성이 다르듯 북한과 남한도 현시점에서 형성된 조건이 다릅니다. 비록 빈털터리 북한이지만 그들에게 남겨진 "노동력"을 가벼이 여기지 말고 지혜롭게 봅시다.

통일은 한순간에 문호를 개방하는 것이 아닌 10년동안 서서히 무역부터 시작해야 하고
(일단 러시아와 북한이 맺은 합의문같이 남북한이 통일을 기록하되 판문점 물자의 교역을 통해서 서서히 왕래가 이루어짐)

너무나 많은 교역할 품목이 있지만 그 수많은 것들 중에서 하나만 설명한다면 김치부터 해볼까요?
(대한민국은 현재 먹거리에서 중국에 완전히 종속된 상태이니 그것부터 벗어나야만 하는 상황)

중국산이 아닌 국산김치를 생산하기 위해서 우리 남한에서 그곳에 작은 공장라인 하나를 세워주고 그 기술을 가르쳐 주고 조금씩 안정적으로 생산을 시작하고 나서 서로 원만하게 되었을 때 남한의 김치공장을 그곳으로 증설 확장해서 안정적인 정착을 하는 것이지요.
(그에 대해서 더욱 자세한 설명은 다시 하고)

기왕에 형성된 조건을 지혜롭게 잘만 운영한다면 북한도 이탈없이 인류사에 떳떳하게 훌륭한 업적을 남기는 대한민국으로 변합니다.
(북조선이라는 이름은 과거의 흔적으로 질이 낮다는 것이 내포된 말)

남한은 노동력 부족을 해소하느라 외국인 불법체류자들을 무분별하게 이용하고 있습니다. 이들은 노동의 질이 낮아도 미국과 달리 한국인 노동자들과 같은 액수의 급여를 받아갑니다.

임금이라는 명목으로 돈이 외국으로 다시 나가는 구조가 됩니다. 그런데 남북한 통일은 이들을 통해서 유출되는 국부 달러의 어이없는 방출을 멈추게 합니다.

또한 통일은 기업의 수익면에서 정체된 성장의 물꼬를 트는 시원한 물줄기가 됩니다.
(남한도 경제적으로 국민 가정과 기업의 수익이 한 단계 업그레이드가 절대적으로 필요한 시점임)

지금 불법체류자들을 고용하는 기업주들이나 그 관리자들이 언제까지나 불법체류자들이 고분고분 노예처럼 말을 잘 들을것이라고 착각들을 하지만 머지않아서 즉 전체 노동 시장의 30%를 잠식했을 때에는 달라집니다.

남한은 지금 부족한 노동력으로 인해서 고육지책으로 남의 나라 국민을 돈의 노예로 부리다보니 돈은 돈대로 외국으로 거액이 유출되고 한국인들은 일자리를 빼앗기면서 점점 더 외국인 불법체류자들한테 제조업 노동력 면에서 종속되어가고 있는 악순환이 진행 중입니다.

2024.10.14./서경례/남북한의 고민은 서로가 풀어주고

Unification of groups with different systems (17/40)

Every human on Earth has different characteristics.
Likewise, North Korea and South Korea have different conditions formed at the present time.
Even though North Korea is penniless, let's think wisely about the "labor force" left to them.

Unification is not about opening the door in an instant. In order to eliminate the gap over the next 10 years, we need to start with trade. (First, like the agreement between Russia and North Korea, the two Koreas should agree on unification, but gradually move back and forth through the trade of goods at Panmunjom.)

There are so many items to trade, but if I were to explain just one of them, would it be kimchi?
(South Korea is currently completely dependent on China for food, so it needs to get out of that first.)

We need to move one of the small factory lines currently in operation in South Korea to North Korea and teach them the technology. In that way, we can start production little by little, and when we have settled down smoothly, we can expand the kimchi factory in South Korea to North Korea and settle down firmly. (I will explain this in more detail later.)

If we manage the conditions that have already been formed wisely, North Korea will also become the Republic of Korea, which has left great achievements in human history without any deviation. (The name North Korea is a vestige of the past, and it implies low quality.)

South Korea can stop the absurd discharge of national wealth dollars that flows out every year through illegal foreign residents due to the labor shortage.

And from the perspective of companies, unification will be a refreshing stream that opens the floodgates of stagnant growth in terms of profits. (South Korea is also at a point where it absolutely needs to upgrade its national and corporate income by one level.)

South Korea is currently enslaving the people of other countries to money due to its lack of labor.

As a result, a huge amount of money is flowing out to foreign countries, and Koreans are losing their jobs. In addition, a vicious cycle is underway in which we are increasingly dependent on illegal foreign residents in terms of manufacturing labor.

2024.10.14./Seo Kyung-rye/South and North Korea's concerns should be resolved by each other

체제가 다른 집단의 통일(18/40)

지난 편에서 빈털터리 북한에 남아있는 노동력을 유심히 잘 지혜롭게 생각해 보시라고 정보를 드렸습니다. 너무 중요한 부분이니 이해를 돕기 위해서 더 자세히 들어가 봅시다.

우리 기업이 지금 불법체류자들한테 지급하는 월급이 월 350만 원 전후이니 달러로 환산하면 2,500~3,000달러 북한의 임금과 비교했을 때에 엄청난 비용지출의 차이가 보이십니까?

그뿐만이 아니지요. 필자가 지금부터 설명할 요소요소를 잘 생각해 보시면 엄청난 지혜가 보입니다. 우리의 작은 생각을 접고 크게 상대방을 잘만 포용한다면 얼마나 많은 경제적인 복덩어리가 될까요?

저 미련스러운 북한의 김정은이 말입니다. 북한의 노동력을 잘만 활용해서 운영한다면 북한 정부의 재건에도 도움이 될 자금을 인민들한테 지금보다도 충분히 지급하고도(인민들한테 지급될 때 세금으로 일부를 바치니) 다시 북한 인민들을 위한 남한의 교육시스템을 운영할 수 있고도 자금이 남습니다.

(남한에서 건너가는 관리자들과 함께 움직이면서 북한 인민을 교육할 봉사자들한테 지급할 자금과 먹고 입고 거주하는 데에 소요되는 모든 자금)

그 수익은 고스란히 기업의 성장에 도움이 됩니다. 기업이 성장하면 그것이 고스란히 대한민국 국민의 주머니로 들어갑니다. 그것뿐만이 아닙니다. 현재 북한이 교역을 하는 중국에 가져다 바치는 무역적자 달러가 2023년 연21억 4천만달러 그 교역도 한국이 대부분을 돌려 놓게 됩니다.

이 부분이 또 엄청나게 중요한 것이니. 북한이 국제사회에서 물자를 구입할 때 하는 수 없이 굴욕적으로 바치는 엄청난 자금을 남한이 대신 받아서 챙기게 되니(이 부분은 대단히 핵심이고 설명이 다시 필요한 부분입니다.) 남한은 이래저래 경제적인 수익이 방울방울 파생됩니다. 남한의 경제력은 엄청난 상승이 기다리고 있으니 그때 가서야 비로소 국가빚이 서서히 줄어들기 시작하고 국민의 은행빚도 없어지기 시작합니다.

또 그것만 있겠습니까? 김치 수입비용도 얼마나 절감이 될지 상상할 수 있겠습니까? 김치하나만 필자가 얘기해도 끝이 없을 것이니 그 수많은 교역 품목을 다 얘기한다면 그로 인해 파생되는 기업의 수입은 여러분이 생각하는 것보다 어마어마한 상상이상입니다.

2024.10.15./서경례/북한에 대한 관점을 바꾸면

Unification of groups with different systems (18/40)

In the previous episode, I gave you information to think wisely about the labor force remaining in North Korea. This is an important part, so let's go into more detail.

The monthly wage that our companies are currently paying to illegal immigrants is about 3–4 million won, which is about 2,500 dollars when converted to dollars. Do you see the huge difference in expenses here?

And that's not all. If we put aside our small thoughts and embrace North Korea, how much economic fortune will they be for us?

If we utilize North Korea's labor force well, we can provide enough funds to the people to help rebuild the North Korean government (some of the funds are given to the government as taxes when paid to the people), and even operate South Korea's education system in North Korea, and still have money left over.

(Moving with managers from South Korea, paying volunteers to educate North Korean people, and all the money needed to eat and live)

That extra income will help the company grow. When the company grows, it will go straight into the pockets of South Korean citizens. That's not all.

South Korea's economic power is expected to rise dramatically, so only then will the national debt begin to gradually decrease and the people's bank debt begin to disappear.

And that's all?

Can you imagine how much South Korea's kimchi import costs will be reduced? Since North Korea produces South Korean kimchi, we can eat our own kimchi. If I were to talk about just kimchi, it would be endless, but if I were to talk about all the numerous trade items, the income of the companies derived from it would be much more than you can imagine.

2024.10.15./Seo Kyung-rye/If you change your perspective on North Korea

체제가 다른 집단의 통일(19/40)

지금 남한에선 정치인들이나 국민이 피터지게 입으로 싸웁니다.
필자가 통일안을 얘기하고 우크라이나 전쟁의 중재안을 얘기해야 한다고 국민이 이리 외치고 있는데 그 설명할 시간도 부족한 마당에 누가 더 나쁘고 잘못한 것만을 따지고 저러고들 있으니, 우리 대한민국 너무 못났다는 생각이 들지 않으십니까?

지금은 위기입니다. 남한이든 북한이든 우리는 중국한테 종속된 부분도 그 고리를 이참에 끊어야만 합니다. 그 대신 추락하고 있는 중국을 어떻게 하면 살릴 수 있는지 그들이 나아갈 근본적인 방향을 제시해야 하겠습니다.

그렇지 못하면 중국도 자기 역할을 못하고 미국과 경쟁하다가 망가지고 쪼개집니다. 중국도 한국의 도움이 없이는 자기 역할을 제대로 할 수 없는 시대가 펼쳐지는 것이지요.

경제적으로 문화적으로 정치적으로 따져서, 그 위기에 북한과의 통일안은 시원한 물줄기가 되어서 북한을 살리고 남한이 비로소 미국에 진 빚고리도 갚는 것이지요.

미래는 새로이 실력있는 민족이 우뚝서게 되는 것이니 미래는 미국도 이 쪼끄만 한국으로부터 정책적인 부분에서 도움을 받아야만 미국도 성장합니다. 그렇게 우리가 미국에 도움이 되었을 때 비로소 트럼프의 불만도 없어집니다.

시간이 말해 줄 것이니 두고 보면 알아요. (3차 대전이라는 엄청난 매를 맞고 인류가 정신을 차릴 것이냐 아님 그 시련을 피하고 인지할 것이냐가 다를 뿐) 교역할 수많은 품목 중의 하나인 김치 얘기를 한 번 더 난이도 올려 볼까요?
즐거운 상상력을 키워 봅시다.

2024.10.15./서경례/김치 하나가 아니고 수백가지

Unification of groups with different systems (19/40)

In South Korea, politicians and citizens are fiercely fighting each other with their mouths. I am talking about a unification plan and the citizens are shouting that we should provide a mediation plan for the Ukraine War, but they are just fighting like this.
Don't you think that our Republic of Korea is so weak?

Now, even China is not able to find its way. When a falling China comes to Korea for help, South Korea must provide fundamental direction. If not, China will not be able to fulfill its role and will be destroyed and split while competing with the United States.

An era is unfolding in which China cannot fulfill its role properly without Korea's help.

Economically, culturally, and politically, a unification plan with North Korea can be a cool stream of water in that crisis, saving North Korea and finally repaying South Korea's debt to the United States.

The future is one in which a new capable nation will stand tall, so the United States must also receive help in policy from this small country in order for the United States to grow. Only when we help America like that, will Trump's complaints disappear.

Time will tell, so you'll just have to wait and see. (It's just a matter of whether humanity will come to its senses after going through the great ordeal of World War 3 or whether it will avoid that ordeal and recognize it)
Shall we raise the difficulty level of "Kimchi Story", one of the many items to be traded, once more?
Let's develop our joyful imagination.

2024.10.15./Seo Kyung-rye/Not just one kimchi, but tens of thousands of them

체제가 다른 집단의 통일(20/40)

북한의 공산당 체제가 남한보다 다시 말하면 자본주의 진영보다는 지적으로 많이 뒤처진 상태입니다. 이것을 앞서가는 남한의 지식인들과 정치인들과 기업인들이 그간 축적된 기술과 영업력을 기반으로 북한과 조화롭게 잘 살리기만 하면 현재 중국에 종속되어 미국과 양다리를 걸치고 있는 이상한 행태를 거두어도 됩니다.

한국이 미국과 중국에 기여를 먼저 한 후에 한국의 지도력을 인정하고 양쪽에서 떠받들어 따라오는 것과 지금처럼 죽도 밥도 아니고 엉거주춤 눈치만 힐끔힐끔 거리며 그저 눈앞의 이익앞에서 지적인 힘도 없이 자존감도 없이 미국 중국에 양다리를 걸치는 것과는 하늘과 땅으로 그 품격이 다릅니다.

우리가 지금 한쪽 미국엔 군사력으로 의지하고 있고 한쪽 중국엔 값싼 생필품과 먹거리에서 완전히 종속되어 바보처럼 그 밑에 있다보니 기분이 어떠하던가요?
아!! 대한민국이여!!
김치의 종주국에서 중국산 김치를 해마다 무지막지하게 수입해다가 먹어야 하는 이 한심한 현실은 누구의 잘못이란 말입니까!

2024년 김치 수입액이 1억8975만 달러 한화로 환산하면 2729억 원, 그러면서도 중국이 김치도 그네들 음식이라고 우기면 또 한심한 대한민국 국민은 우리가 김치의 나라라고 같이 싸웁니다. 아! 슬픈 현실이여!!

그런데요 지금 어이없이 유출되는 돈이 김치 한 종목에서만도 이러합니다만 달러 유출이 거기서만 끝나는 것이 아니고, 국내에서 생산되는 김치공장의 노동자들이 또한 외국인 불법체류자들이라는 사실.

그럼 거기서도 그들의 임금을 통해서 엄청나게 외국으로 흘러 들어가는 대한민국 자금의 적자가 파생되고 있습니다.

첨단 반도체 팔아서 만든 달러가 어디서 어떻게 줄줄이 밑빠진 독에 물붓듯이 빠져나가는지를 너무 몰라요.
슬픈 현실이지만 지금부터라도 알 것은 알아야만 합니다. 북한 인민이 중국인들보다 김치만들기 실력이 더 못할까요?

2024.10.16./서경례/알아야 발전할 수 있고,

Unification of groups with different systems (20/40)

The communist system of North Korea is much more intellectually backward than South Korea, or in other words, North Korea is much more intellectually backward than the capitalist bloc.

If South Korean politicians and businessmen can make good use of the technology and sales capabilities they have accumulated, they will not have to act in a cowardly manner, being dependent on China and straddling the United States. If you straddle the United States and China like this, your legs will be torn apart later.

It is as different as heaven and earth for Korea to first contribute to the United States and China, and then for the United States and China to recognize Korea's leadership and support it from both sides, and for Korea to straddle the United States and China without any intellectual power or self-respect just for the sake of immediate profits.

How do you feel when we depend on the United States for military power on one side and on China for cheap necessities and food, and are completely dependent on them like fools? Whose fault is it that we have to import Chinese kimchi every year from the country that made kimchi!

Do you know that the workers at kimchi factories that produce kimchi in Korea are also illegal immigrants? Then, there is a huge deficit of South Korean funds flowing out of the country through their wages, so we are truly fools.

The people do not know where and how the dollars made by selling cutting-edge semiconductors are flowing out like water into a bottomless pit.

It is a sad reality, but we must know what we need to know from now on.
Are the North Korean people worse at making kimchi than the Chinese?

2024.10.16./Seo Kyung-rye/You need to know to develop

체제가 다른 집단의 통일 (21/40)

여기서 우리가 김정은 집단에 대해서 한번 짚어보고 넘어갑시다. 남한의 많은 탈북민들이 연신 북한의 실상을 고발하기 바쁩니다. 필자가 그것이 틀린 정보라고 말하는 것이 아님은 잘 알 것입니다.

이번에 수해가 나도 결국은 인민이 죽어나가지 김정은 집단이 수해때문에 고생하지는 않는다는 것을 다들 보시고 있습니다. 여기서 우리가 생각을 한 차원 높여, 무엇이 진정 북한 인민을 돕는 것인지 하늘의 시각으로 지혜롭게 봅시다.

첫째-여러 정보를 보내서 북한체제를 무너뜨리든 그렇지 않든 많은 탈북민들이 넘어오도록 유도를 해서 북한 인민 전체가 전부 넘어오면 그때는 우리가 어찌될까?
(말이 탈북민이지 실상은 난민인 상태임을 냉철하게 우리는 인식을 먼저 해야만 하는데)

남한 국민은 거지된 상태로 넘어온 북한의 모든 난민을 돈 2,510만 원 정착장려금 주고 직장 만들어 주고, 살수 있도록 그 외 각종 지원금 주고~ 그 정부돈은 어느 주머니에서 나오나?

예컨대 우리도 살기 힘든 지금 주머니에 종잣돈 3,000만 원이 있다고 칠 때 넘어온 북한 인민들 잘 살게 해주려고 그 돈 다 내주면 남한의 모든 국민은 그 돈을 어디서 보충하나요?

둘째-그리고 더 중요한 한가지 북한 인민들 다 남한으로 탈북하면 그 북한땅은 누가 차지하나요? 그렇지 않아도 북한과 러시아 땅 때문에 동해로 나가는 길이 막혀있는 중국이 지금도 눈을 부라리고 침흘리고 있는 저 야욕과 군침은 어쩌라고!

그건 호시탐탐 대만을 노리고 그다음 북한 땅을 노리고 또 언제나 러시아의 블라디보스토크 쪽 바다로 나가는 땅을 노리고 궁극엔 남한땅까지도 노리는 중국에 넘겨주어도 괜찮다는 것인지?

(북한 인민이 빠진 북한 땅은 누구 손에 들어가라고 자꾸 탈북을 유도하는지 참으로 답답한 이들이여!) 우리가 얼마나 미련하고 짧은 생각으로 움직이고 있는지 생각을 좀 합시다.

필자가 얘기하고 있는 지금 통일에 대한 메시지는 중국까지도 미래를 위해서 살려야 하는 사명을 염두에 두고 작성하는 것입니다.

그렇게 모두를 위해서 우선은 통일이 필요하니, 북한 땅까지도 안전하게 남북한이 미래를 위한 발판으로 확보해야 남한과 북한이 살고, 중국이 중국다운 역할을 할 수가 있음을 여기에 남겨 놓습니다.

지금은 김정은이 저리라도 해서 북한 난민을 잡아줘야지 남한이 갑자기 폭삭 망하는 북한으로부터 오는 엄청난 피해가 감당이 됩니다. 또 우리 대한민국 남한은 북한을 그 자리에서 통째로 움직여야 북한 인민 전체를 살릴 수가 있습니다.

우리는 일부가 아닌 전체를 살려야만 하고 그 땅도 고스란히 확보를 해야만 인류의 강대국을 이끌어 갈 위대한 대한민국의 기본 체급이 완성됩니다.

2024.10.17./서경례/중국에 종속된 남북한 전체를 살려야만

Unification of groups with different systems (21/40)

Here, let's take a look at the Kim Jong-un group.

Many North Korean defectors in South Korea are busy continuously accusing the reality of North Korea. You all know that I am not saying that this is incorrect information.

Everyone sees that even if there is flooding this time, it is ultimately the people who die, and not the Kim Jong-un group who suffers because of the flood.

Here, let's raise our thinking to a higher level and look at it wisely from the perspective of heaven.

If we send various information to collapse the North Korean system and induce many defectors to come over, or if all North Korean people come over, what will happen to us then? (We must first calmly recognize that they are defectors in name only, but in reality they are refugees.)

The South Korean people give all North Korean refugees who come over in beggarly conditions 25.1 million won in settlement incentives, create jobs, and provide various other support funds so that they can live~ Where does the government money come from?

For example, if we have 30 million won in our pockets as seed money in these difficult times, and we give all that money to the North Korean people who came over to help them live well, where will all the people in South Korea get that money?

And there is one more important thing.
If all the North Korean people defect to South Korea, who will take over the North Korean land?

Even without that, China, whose path to the East Sea is blocked by North Korea and Russian land, is still glaring and drooling, what should we do with that ambition and drooling?

The message of unification that I'm talking about now is a historical mission and wisdom that South and North Korea must secure even North Korea as a safe stepping stone for the future.

Right now, Kim Jong-un must do whatever it takes to catch North Korean refugees, or South Korea will be able to handle the enormous damage from North Korea suddenly collapsing.

In addition, South Korea must move North Korea as a whole to save all of the North Korean people.
We must save the whole, not just a part, and secure the land intact to complete the basic weight class of the great Republic of Korea that will lead the great power of mankind.

2024.10.17./Seo Kyung-rye/We must save the whole of South and North Korea

국민교육헌장

우리는
민족중흥의 역사적 사명을 띠고
이 땅에 태어났다.
조상의 빛난 얼을 오늘에 되살려
안으로 자주독립의 자세를 확립하고
밖으로 인류 공영에 이바지할 때다.
이에,
우리의 나아갈 바를 밝혀
교육의 지표로 삼는다.

성실한 마음과 튼튼한 몸으로,
학문과 기술을 배우고 익히며,
타고난 저마다의 소질을 계발하고,
우리의 처지를 약진의 발판으로 삼아,
창조의 힘과 개척의 정신을 기른다.

공익과 질서를 앞세우며
능률과 실질을 숭상하고,
경애와 신의에 뿌리박은
상부상조의 전통을 이어받아,
명랑하고 따뜻한 협동 정신을 북돋운다.

우리의
창의와 협력을 바탕으로
나라가 발전하며,
나라의 융성이
나의 발전의 근본임을 깨달아,
자유와 권리에 따르는
책임과 의무를 다하며,
스스로 국가 건설에 참여하고
봉사하는 정신을 드높인다.

'반공 민주 정신에 투철한' 이라는 과거의 표현은 그 당시엔 필요한 국가의 방침이 맞습니다.
그러나 지금은 상황이 많이 변했고, 평화통일을 지향하면서 미래를 바라보는 2025년 지금의 상황에서는
적당한 표현이 아닙니다. 왜냐하면 아직도 북한은 공산당이 지배하고 있기 때문에 그들의 체제를 부정하는
생각이 담겨 있는지라 영광된 통일 조국이라는 가치있는 목표를 이룩하는 과정에서 방해가 됩니다.
따라서 북한을 평화적으로 통일해야 하는 대한민국은 '인류평화 정신에 입각한' 이라고 해야
미래의 국민교육헌장이 완성됨을 필자가 여기에 밝히는 바입니다.

인류평화 정신에 입각한
애국 애족이 우리의 삶의 길이며,
자유세계의 이상을
실현하는 기반이다.

길이 후손에 물려 줄
영광된 통일 조국의 앞날을 내다보며,
신념과 긍지를 지닌 근면한 국민으로서,
민족의 슬기를 모아 줄기찬 노력으로
새 역사를 창조하자.

1968년 12월 5일 대통령 박정희

국민교육헌장과 인류평화

필자가 인류평화를 이념으로 놓아야만 비로소 국민교육헌장이 완전해진다고 밝히고 있습니다. 국민교육헌장을 다시 자세히 살펴보면 그 시절의 상황이 고스란히 반영되어 있습니다.

미개하고 가난했던 그 처지를 약진의 발판으로 삼아 창조의 정신으로 나아가자는 대목은 너무나도 아름답고 건강한 그지식인들 생각을 드러내고 우리 국민의 성향과도 잘 어울리는 부분입니다.

그런데 그 당시 당대의 최고의 지식인들이 심혈을 기울여서 작성한 노력이 살아 숨쉬는 내용임에도 전체를 관통하는 정신을 유추해보면 우리나라와 우리민족만을 특히 강조했다는 것을 알 수 있으니, 생각이 지구촌 글로벌 국가가 되어야 한다는 원대한 이상은 미약합니다.

그것은 당연한 것입니다. 생산된 모든 문장은 그 시대의 철학이 고스란히 반영이 되는 것이라서 시절이 북한보다도 더 가난에 허덕이는 때였으니~

해서 필자가 거기에 부족한 "인류평화" 정신을 넣어서 미래비전III에 편집해 놓으면 이것이 새 시대의 국민교육헌장이 됩니다.

본시 "공산" 이라는 단어가 공익적인 것이라서 좋은 의미인데 독재자들이 공산당을 표방하고 독재를 하는 바람에 의미가 왜곡이 되어서 반공이라는 의미가 첨부되어 있으나,

인류평화사상으로 갈 때에는 저 독재국가들도 지적으로 경제적으로 성장시켜서 같이 가야만 평화통일이 가능합니다.

이 부분 아주 중요하니 우리 친구님들은 깊이 새기셔야 나라가 발전합니다.

필자가 얘기하는 북한을 사랑하는 방향과 남한에서 활동하는 저들 간첩들이 남한정부를 전복하고 북한을 옹호하는 것과는 차원이 완전히 다른 이념이라는 것도 분별해야 하겠습니다.

국민교육헌장을 만든 그 시절의
지식인 선배님들께도
박정희 대통령께도 감사드립니다.
우리는 더도 말고 덜도 말고
그 문장대로만 살아갑시다.

필자가 여기에 미래비전을 제시하오니
인류평화의 초석을 인류최초로
우리가 시작합시다.

2025.03.26./서경례/우리는 인류공영 시대로

체제가 다른 집단의 통일(22/40)

우리 친구님들은 미국 트럼프가 방위비분담금을 다시 트집잡아 연간 100억 달러 요구하면 그를 비난할 것입니다만 필자가 드리는 통일안이 가동만 된다면 아무런 걱정도 할 필요가 없습니다. 트럼프가 100억 달러 요구하면 거꾸로 대한민국이 200억 달러 준다고 제안을 하면 됩니다.

미국이 한국한테 저리 돈 욕심이 나오는 것은 당연한 것이니 남한을 호구로 보는 것조차도 다시 생각을 돌려 봅시다. 대한민국이 얼마나 똑똑하고 미래가치가 있으면 트럼프가 저리 표현을 하겠습니까? 머니 머쉰? Money Machine?

트럼프가 희망이 없는 난민한테는 저리 돈달라고 얘기하지 않아요. 그는 난민한테는 장벽을 쌓아버립니다. 진실로 말하면 미국의 희망은 바로 남한 대한민국이 됩니다. 그 대한민국이 통일하는 그 날, 미국도 서광이 비치는 것이니 우리 남한은 고마운 미국과 함께 가야 일이 잘 풀립니다. 왜냐하면 대한민국이 필요한 것 중 하나인 거대자본이 미국에 있고 국제적 힘이 아직은 미국에 있기 때문입니다.

북한의 인민들한테는 어떤 것도 줄수 없어 마지막 코너에 몰린 불안한 김정은이를 안심시키고 함께 가되(좌익이든 우익이든 탈북민이든 이젠 김정은이를 욕하는 것도 그만해야 통일이 수월하고 북한 인민 전체를 살릴 수가 있음)

2024.10.18./서경례/우리는 인류의 구원자로

Unification of groups with different systems (22/40)

Our friends are worried that if Trump is re-elected in the US, he will once again nitpick the defense cost sharing and demand $10 billion per year. However, if the unification plan I am proposing is put into operation, there is no need to worry at all. If Trump demands $10 billion, South Korea can offer $20 billion in return.

Let's reconsider the fact that the US is so greedy for money from South Korea. How smart and future-oriented South Korea must be for Trump to express himself like that? Money Machine?

Trump doesn't ask for money from refugees who have no hope. He builds walls against refugees. To be honest, the hope of the US is South Korea. On the day that South Korea is unified, the US will also see a ray of light, so South Korea should go with the US, which we are grateful for, and things will go well. This is because the US has one of the things South Korea needs, big capital, and the US still has international power.)

We must reassure the anxious Kim Jong-un, who cannot give anything to the North Korean people, and go together. (Therefore, whether you are a right-winger or a defector, you should stop cursing Kim Jong-un. Only then can unification be easy and all the North Korean people can be saved.)

2024.10.18./Seo Kyung-rye/We are the saviors of humanity

체제가 다른 집단의 통일(23/40)

트럼프의 요구는 미국의 한국에 대한 불만을 대변합니다. 그건 나토를 포함한 국제사회가 한국에 무언가를 요구한다고 보면 이해할 수가 있습니다. 북한도 한국에 오물풍선을 가지고 불만을 표시하고 있는 것이니, 북한도 남한에 바라는 것이 있고 요구하는 것이 있다는 것을 의미하는 것임을 알아야지 그걸 똑같이 비난만 해서는 지금의 국제정세가 왜 이토록 갈수록 첩첩산중 험악해져 가는지를 이해하지 못합니다.

우리는 차원높은 지혜를 가지고 미래를 같이 갈 우리를 살려준 파트너로 미국을 바라보아야만 지금의 요구를 이해할 수가 있고, 북한도 역시 중국과 러시아를 다시 말하면 북쪽 서쪽의 난폭한 독재정권 세력을 막아 준 희생양으로 남한 체제를 이토록 성장시키는 데 방파제 역할을 했었다는 사실.

이해할 수가 있을라나요. 미국도 서서히 힘이 빠지고 있습니다. 미국이 제재를 하는 바람에 북한은 더 말할 것도 없이 고사직전까지 온 터라 오죽하면 우크라이나 전쟁에 북한인민을 재물로 바치겠습니까? 돈때문에 살아있는 노동력을 노동할 일조차도 없다보니 러시아의 분쟁지역에 사지에 보냅니다.

2024.10.22./서경례/북한과 미국을 잘 보고

Unification of groups with different systems (23/40)

Trump's demands represent America's discontent with South Korea.

You can think of it as the international community, including NATO, demanding contributions from South Korea. North Korea is also expressing its discontent with South Korea by sending a sewage balloon, which means that North Korea also has something it wants from South Korea.

So if we just criticize them, we will not understand why the current international situation is becoming so dire.

We must look at the United States as a partner who has saved us and will go into the future together with a high level of wisdom in order to understand the current demands.

Can we understand that North Korea also played the role of a breakwater that blocked the violent dictatorship in the north and west and helped the South Korean system grow so much? The United States is also gradually losing its strength.

Because of the sanctions imposed by the United States, North Korea has come to the brink of death, needless to say. How difficult must it be for North Korea to sacrifice its people in the Ukraine War?

They send their living labor force to the battlefields of conflict zones in Russia for money.

2024.10.22./Seo Kyung-rye/Looking at North Korea and the United States

체제가 다른 집단의 통일(24/40)

김정은의 러시아 파병을 두고 전 세계가 난리가 났습니다만 그리 소란을 피우기 전에 김정은과 북한을 살릴 수 있도록 러시아 파병보다 더 좋은 대안을 제시하고는 있는지 돌아봅시다.

그들도 살기 위해 몸부림치고 있다는 사실. 그것보다 더 좋은 대안을 찾지 못했다는 사실 우리 대한민국이 푸틴한테 중재안을 주었더라면 북한을 찾지는 않았을터이고, 우리 대한민국이 김정은한테 통일안을 주었더라면 김정은이 푸틴한테 눈을 돌리지도 않고 저리 인민을 러시아의 재물로 바치지도 않았을 것입니다.

실력이 없는 한국이 평화로운 남북통일을 본인의 무능력으로 못하고 있으면서도 북러가 조약을 맺는다고 날뛰고 우크라이나에 북한군 파병한다고 난리를 치고 있습니다.

남북한 통일은 남한의 경제력을 덩치큰 미국과 나란히 GDP를 견줄 수 있을 만큼 껑충 올리는 미래비전인데

2024.10.23./서경례/통일안과 중재안이 필요하니

Unification of groups with different systems (24/40)

The whole world is in an uproar over Kim Jong-un's dispatch of troops to Russia. However, before making such a fuss, let's look back and see if South Korea is proposing a better alternative than dispatching troops to Russia to save Kim Jong-un and North Korea. North Korea is also struggling to survive.

If our Republic of Korea had given Putin a mediation plan, he would not have sought out North Korea, and if our Republic of Korea had given Kim Jong-un a unification plan, Kim Jong-un would not have turned his eyes to Putin and sacrificed his people as Russian treasure.

While South Korea is unable to achieve peaceful unification of the two Koreas due to its own incompetence, it is criticizing North Korea and Russia for making a treaty and sending North Korean troops to Ukraine. We must reflect on this.

Do you know that unification of the two Koreas is a future vision that will make South Korea's economic power comparable to that of the large United States?

2024.10.23./Seo Kyung-rye/Unification plan and mediation plan are needed

체제가 다른 집단의 통일(25/40)

북한이 러시아에 정규군을 파견한 데 이어서 노동자도 수만 명을 이미 파견했는데 그런데 북한 노동자들에 대한 러시아 고용주들의 평가들을 봅시다.

일단 노동 숙련도도 높고 세상에나 너무도 자금이 귀한 러시아한테 당장에 저임금인데다가 노조니 뭐니 하는 문제를 일으키지도 않아서 60만 명의 전쟁 사상자로 각종 공사현장의 인력난이 간절한 러시아로서는 완전히 땡큐 김정은이랍니다.

무지한 왕따 김정은이고 그 인민들한테 줄 것이 하나도 없는 김정은이지만 그를 보는 관점을 지혜롭게 편견없이 인류애를 가지고 바꾸어 간다면 보입니다.

남한에는 제조기술과 제조업은 있지만 노동력이 없어서 제조업은 이미 생산인력이 외국 불법체류자들한테 완전히 장악당한 현실을 직시할 수 있어야 하고 (국민은 소리없이 빠져나가는 자금유출이 어마어마한 금액이라는 것도 알아야만 하고) 그렇다면 언어가 통하면서도 살아있는 북한의 금싸라기 노동력을 볼 수 있을 것이고, 또한 금싸라기 땅으로 변할 북한 땅 전체를 우리 대한민국이 고스란히 껴안고 갈 수 있는 기회를 놓치고 있음도 알아야만 하겠습니다.

아! 슬픈 대한민국이여!!
너무나 안타까운 현실이여!
남들이 쳐다보지도 않는 부분이나 타국이 못보는 것을 보아야만 하거늘 체제가 다른 집단이기에 지금 우리에게 꼭 필요하고 없는 것들이 그곳에 있음을 보지 못하는 어리석음이여!
북한의 노동력과 땅의 가치를 아는가!
남한의 바보천치들이여!

대한민국이 도대체 어쩌다가 이모양이 되어 저질의 당파싸움만 일삼고 있으니~~

2024.10.24./서경례/북한의 노동력과 땅의 중요성

Unification of groups with different systems (25/40)

Following the dispatch of regular troops to Russia, North Korea has already dispatched tens of thousands of workers. Let's look at the evaluations of North Korean workers by Russian employers.

First of all, they say that their labor skills are high, their wages are low, and they do not cause labor union problems, which is very good. Russia, which has lost its labor force due to the war and is desperately short of workers at various construction sites, is completely grateful to Kim Jong-un.

Kim Jong-un is an international outcast, and North Korea has nothing to give to its people, but if we change our perspective on them wisely and with humanity, we can see it.

South Korea has manufacturing technology and manufacturing, but it lacks labor, so we need to face the reality that the manufacturing industry has already been completely taken over by illegal foreign residents.

(The people also need to know that the amount of money flowing out of the country without a sound is enormous.)
Then, we will be able to see the precious labor force of North Korea that is alive and well while communicating in the language. We must also realize that we are missing the opportunity for the Republic of Korea to embrace the entire North Korean territory, which will be transformed into a gold mine.

Ah! Sad Republic of Korea!!
What a pitiful reality!
We must see what others do not look at or what other countries cannot see, but we are fools who cannot. Because the system is different, we are foolish not to see that there are things that we absolutely need and do not have there! Do you know the value of North Korea's labor force and land? You fools of South Korea!

How on earth did South Korea end up like this, engaging in low-quality partisan strife~~

2024.10.24./Seo Kyung-rye/importance of North Korea's labor force and land

체제가 다른 집단의 통일(26/40)

우리 친구님들은 양당의 전통적인 지지자들이 많을 것입니다. 양당의 당원이라면 또한 친한파든 친윤파든 필자가 드리는 메시지를 게시판에 전달하시면 그것이 지금은 애국이고 인류애입니다.

선진국들 특히 미국과 나토가 북한군 파병을 가지고 심각하게 생각하니 우크라이나에 군대 파병을 고민하고 난리를 치겠지만 대한민국은 우크라이나에 절대로 살상용 무기를 직접적으로 지원하는 것만큼은 안된다고 전달해 주십시오.

그것은 미련한 자살행위가 됩니다. 그 대신 한 쪽 러시아엔 중재안을 서둘러서 제안하라고 하시고, 북한 김정은한테는 통일안을 서둘러서 제안하라고 전달하세요.

어떻게 어떤 내용으로 중재안과 통일안을 제시할 수 있는지 모를 것임을 필자가 이미 알고 있으니 필자가 도와줄 수 있다고 하세요. 저리 짝짜꿍을 시작한 북러조약은 정확하게 남한 우리 대한민국의 잘못입니다.

필자는 분명히 우크라이나 전쟁이 남의 얘기가 아님을 계속해서 밝히고 있다는 사실. 여러분들이 짱구가 아니라면 즉 지식인이라면 생각을 해봅시다.

김정은이 최근에 남북한 직접 왕래할 수 있는 육로인 경의선철도길을 완전히 폭파하고 장벽을 쌓는다고 공식발표하고 움직이기 시작했습니다. 김정은은 최근에 그네들 헌법에서 평화통일 조항과 영토 조항을 거론하며 이제는 평화통일은 안할 것이고 남한 저것들은 괴수 집단이라서 진짜 적국이고 이젠 맞서 싸울 것이다라는 극도로 강한 표현을 했습니다.

보세요. 이제서야 김정은이 경의선 철도를 파괴했다는 사실을 역설적으로 분석해 봅시다. 그것을 파괴하기 전까지는 남한 우리 대한민국이 도와주리라는 희망을 가지고 있었다는 움직일 수 없는 사실이 증명되는 것입니다.

남성들은 허세와 자존심 때문에 아쉬워도 도와달라는 말을 못할 때가 많은데요. 가난할수록 무식할수록 허접할수록 솔직하기가 힘든 것이랍니다. 북한 인민들이 시퍼렇게 쳐다보고 있으니 차마 김정은 공개적으로 도와달라는 아쉬움을 표현하지는 못하는 것이지요. 권력을 유지해야 하니까!

김정은이 남한의 경제적 도움을 간절하게 기대는 하고 있으면서도 (필자는 북한에 김성태처럼 돈을 주라는 의미가 아님을 명심해야 함) 그리고 간절하게 평화통일을 제안해 주기를 기대하고 있으면서도 차마 자존심이 있으니 그것을 공개적으로는 말할수가 없었던 것이지요.

기다리고 또 기다리던 그 간절한 기다림이 무너졌을 때에 분노하는 표현을 하고 있다는 사실. 즉 최근에 나온 헌법 조항 변경을 한다는 얘기들을 하는 겁니다.

2024.10.25./서경례/대한민국에 도움을 기대했던 흔적들

Unification of groups with different systems (26/40)

Friends, there must be many supporters of both parties.

If you are a member of either party, please forward the message I am giving you to the bulletin board. This is patriotism and humanity now. The advanced countries, especially the US and NATO, are seriously considering sending troops to Ukraine, but

Please tell them that South Korea should never directly provide weapons of mass destruction to Ukraine. That would be foolish and suicidal.

Instead, tell South Korea to hurry up and propose a mediation plan to Russia and to North Korea's Kim Jong-un to propose a unification plan.

You don't know how and with what content you can present a mediation plan and a unification plan. So, please say that I can help the leaders of both parties.

The North Korea-Russia treaty is exactly our Republic of Korea's fault. I have been continuously making it clear that the Ukraine War is not someone else's story. If you are not fools, that is, intellectuals, think about it.

Kim Jong-un recently officially announced and began moving to completely blow up the Gyeongui Line, the last land route for direct travel between North and South Korea, and build a wall.

And Kim Jong-un recently mentioned the peaceful unification clause and territorial clause in their constitution and said that they will no longer have peaceful unification. At the same time, Kim Jong-un made extremely strong statements that South Korea is a real enemy and that they will now fight against it. Shouldn't our South Korean president and his subordinates think about what that means?

Look. Let's analyze the fact that Kim Jong-un has finally destroyed the Gyeongui Line.

It proves the unmovable fact that until it was destroyed, North Korea had hopes that South Korea would help it. Is this what you call disprove? Men often cannot ask for help because of their vanity and pride. The poorer, the more ignorant, and the more sloppy they are, the harder it is to be honest.

Since the North Korean people are watching, Kim Jong-un cannot openly express his regret for help. Because he has to maintain his power!

Kim Jong-un was desperately expecting economic help from South Korea. (Please keep in mind that the author's message does not mean that South Korea should give money to North Korea like Kim Sung-tae did.)

And while he was desperately expecting a proposal for peaceful unification, he could not say it publicly because of his pride. Observe carefully the fact that people express their anger when their desperate wait has been broken. In other words, Kim Jong-un has only recently started talking about changing the constitutional provisions.

2024.10.25./Seo Kyung-rye/Traces of Expecting Help from the Republic of Korea

체제가 다른 집단의 통일(27/40)

통일김치

오늘도 점심 저녁을 밖에서 식사하는 바람에
중국산 김치를 먹었습니다.

내일도 어쩔수 없이
중국산 김치를 또 먹어야겠지요.

한국인은
한국산 국산김치를 먹고 싶어라.
아! 먹고 싶다.
낮에도 밖에서도 한국산 김치를 먹고 싶다.

한국기업인이 운영하고
한국인의 손맛과 기술이 들어가고
북한인민이 만든
통일된 북한 지역에서 만든
Made in Korea 표 김치가 먹고 싶구나.
그 언제나 먹어볼 수 있으려나요?

2024.10.25./서경례/김치하나부터 수백가지

Unification of groups with different systems (27/40)

In Korea, the home of kimchi,

I ate kimchi imported from China today because I ate lunch and dinner outside.
Tomorrow, I will have no choice but to eat cheap imported kimchi again.

Koreans want to eat domestically produced kimchi.
Ah! I want to eat delicious domestic products.
I want to eat Korean kimchi during the day and outside.

I want to eat Made in Korea kimchi operated by Korean businessmen,
with Korean touch and skills, made by North Korean people,
made in a unified North Korea.
When will I be able to eat that?

2024.10.25./Seo Kyung-rye/From one kimchi to hundreds of varieties

체제가 다른 집단의 통일(28/40)

북한군 용병

한국의 국방부가 러시아에 파견된 북한군 용병을 잘도 파악하고 있습니다. 그 말한대로 김정은이 용병으로 북한군이나 젊은이들 인민들을 러시아에 팔았다는 국방부 분석이 맞습니다. 그것이 맞아요. 러시아에 넘어간 용병들은 자주권이 없이 노예가 맞습니다. 목숨 값이 김정은한테 지불될 노예가 맞아요.

그런데 왜 김정은은 인민을 노예로 팔았을까요? 남한은 단지 김치 하나뿐만 아니라 수천가지 제조업 기술도 있고 수천가지 제조업 기업도 있고 관리자층도 있고 모든 시스템이 다 갖추어져 있는데 그 하나 단지 노동력이 없다는 사실.

그것만 뒷받침이 되면 날개가 달려서 훨훨 국제적으로 최고로 성장할 대한민국의 중소기업. 그 중소기업을 이끌고 가야 첨단기술의 대기업도 도약을 한 단계 해서 같이 살 수 있는데 이토록 귀한 노동력을 남한에서 지금까지 활용을 못하고 방치하고 있습니다.

생필품조차 생산할 능력이 없는 김정은과 북한 정권한테 중국도 도움대신 벽을 쌓다보니 버틸 방도가 없었습니다.

그래서 이젠 자신들의 인민을 사지로 내몰고 있다는 사실. 노예로 인민을 팔고 있는 것이 2024년 한반도 북한의 기막힌 현실입니다.

북한군 파병을 거둘 묘책이 무엇이냐 하면!!!! 러시아 푸틴한테 북한으로부터 인민들 지원받는 것보다 더 좋은 제안을 하면 지식인인 푸틴은 그것을 선택할 것이고, 북한은 북한대로 더 수익이 좋은 통일안을 제시하면 김정은은 미련없이 러시아 손을 놓아버립니다.

아주 미련없이 사람이나 국가나 우리 모두는 좋은 것과 유익한 것을 따라가게 마련이라서 그렇습니다. 그것을 진리라고 합니다.

우리가 북한과 러시아를 살리고자 하는 바람으로 바라보고 평가를 해야 바른 해법이 나옵니다. 대통령이나 지식인들이 살상용 무기를 주자는 말은 해서는 안 됩니다.

목숨걸고 깨끗하게 미래 정책과 해법을 찾아서 정답을 찾아서 정답대로 가야지 살상용 무기를 거론한다면 싸움을 뜯어말려도 부족한 판국에 기름을 붓고 뛰어들어서 같이 죽겠다는 발상. 그 어떤 이유와 변명을 해도 우크라이나 땅에서 남북한이 대리전쟁을 하는 것이 됩니다.

러시아나 북한이 남한을 무기로 공격하지 않는 한, 우리는 타국이나 북한인민이나 러시아든 그 어느 나라든 살상용 무기로 공격해서는 안됩니다.

(잘못된 유튜버들이 부추기고 있는 것도 필자가 잘 알고는 있지만 그건 정답이 아닙니다) 평화통일이라는 아름다운 고지가 바로 가까이 무르익어 눈앞에 있는데 이 무슨 망발이야 ㅠㅠ

2024.10.27./서경례/살상용 무기는 대리전을 만들고

미래비전Ⅲ 273

Unification of groups with different systems (28/40)

North Korean Mercenaries

The Ministry of National Defense of South Korea is well aware of the North Korean mercenaries dispatched to Russia. The Ministry of National Defense's analysis that North Korea sold the North Korean people to Russia as mercenaries is correct.

The mercenaries who went to Russia are slaves without sovereignty. They are slaves whose lives will be paid to Kim Jong-un. But why did Kim Jong-un sell his people as slaves?

South Korea has not only kimchi, but also thousands of manufacturing technologies and thousands of manufacturing companies. South Korea has the management layer and all the systems in place, but did you know that it simply lacks labor?

If only that could be supported, South Korea would have wings and grow to become the best in the world. There are many small and medium-sized companies in South Korea.

If we lead those small and medium-sized companies, large companies with advanced technologies can also take a leap forward and shine together, but that requires labor. South Korea has not been able to utilize North Korea's labor force, which is so lacking in South Korea.

North Korea has no way to endure because China has built a wall instead of helping Kim Jong-un and the North Korean regime, which do not even have the ability to produce daily necessities.

So, we are seeing that North Korea is now pushing its own people to the brink of death because it cannot survive economically. Selling its people as slaves is the shocking reality of North Korea in the Korean Peninsula in 2024.

What is the best way to stop sending North Korean troops?

If South Korea makes a better offer to Putin in Russia than receiving support for its people from North Korea, Putin, an intellectual, will choose it.
If South Korea presents a more profitable unification plan to North Korea, Kim Jong-un will let go of Russia without hesitation. People, countries, and all of us tend to follow good and beneficial things. That is the truth.

We must look at and evaluate North Korea and Russia with the hope of saving them, and then the right solution will come out. The president or intellectuals should not talk about giving them lethal weapons. We must find a clean future policy and solution and follow the right path.

If South Korea mentions lethal weapons, it is pouring oil on the fire and jumping in to die together when it is not enough to stop the fight. No matter what reason or excuse you give, North and South Korea are waging a proxy war on Ukrainian soil.

Unless Russia or North Korea attacks South Korea with weapons, we should not attack other countries, North Koreans, Russia, or any other country with lethal weapons. The beautiful highland of peaceful unification is right before our eyes, ripening, so what kind of nonsense is this?

2024.10.27/Seo Kyung-rye/Lethal weapons create proxy wars

체제가 다른 집단의 통일(29/40)

경의선 육로길의 의미

뉴스를 보니 국민의힘당 측 대변인이 나와서 북한군 파병이 당연히 위험한 북한의 잘못이라고 말을 하는듯합니다만 그리 단순하게 판단하고 머리통이 나빠서야 원~~
지금 이 정부 수준이 이토록 저급해서야 무슨 일을 할 수 있겠습니까?

남한과 북한은 급이 달라요. 등급이 다르다는 사실. GDP 10위와 최빈국. 그렇다면 윗자리에 앉은 자가 책임이 큰겁니다. 북한이 경의선 육로길을 이제서야 폭파했다는 사실은 다시 말씀 드리지만

첫째 누구도 믿지 못하는 왕따 김정은이 마지막 희망을 남한과의 통일과 교역을 통한 물자 왕래에 걸고 있었다는 것이고,
둘째 그런 희망이 있었으므로 북한은 남한을 무력으로 공격할 의사가 없었다는 것이 분명하게 증명이 되는 것입니다. 아유 바보천치들
셋째 그렇기 때문에 핵무기는 그들의 체제를 보장받기 위해서 보호용으로 만든 것임이 또한 증명되는 것

그런데 멍청한 남한이 그것을 눈치를 못채고 통일안도 없고 제안도 없다보니 체제 무너져 굶어 죽지 않으려니 도리없이 북한군을 팔았는데 남한에서 우크라이나에 살상용 무기를 주어서 그것 때문에 러시아의 쿠르스크의 북한군이 죽는다면 당연히 북한은 공개적으로 분노하고 이번엔 우크라이나가 아닌 한반도에서 그 보복을 할 수 있는 핑계가 생긴다는 사실.

어떤 경우에도 나토가 아무리 요구해도 살상용 무기는 허용해서는 안 됩니다. 대리전쟁을 하는 꼴이 되기에 아주 위험하고 미련한 짓입니다. 나토의 늪에 빠뜨리는 작전에 휘말려 들어가서는 안됨

우리 K방산의 성능이 아무리 우수해도 또 그것을 쓰고 싶어 몸이 근질근질해도 역사에 죄인이 되고 싶지 않으면 살상용 무기로 북한군을 죽여서는 안됩니다. 빌미를 만들잖아요.

2024.10.27./서경례/살상무기는 위험한 생각

Unification of groups with different systems (29/40)

The meaning of the Gyeongui Line overland route

When I saw the news, a spokesperson for the ruling party came out and said something.
He announced to the public that the dispatch of North Korean troops was obviously North Korea's fault, which is dangerous, but what can the so-called ruling party do if they judge so simply and have such bad heads?
How can we open the future of the great Republic of Korea when the current government is so low?
South Korea and North Korea are on different levels. Intellectuals also do not know that North and South Korea are on different levels. GDP ranks 10th and the poorest country. So the person sitting at the top is largely responsible.

The fact that North Korea has now blown up the Gyeongui Line overland route is, first of all, because Kim Jong-un, who no one trusts, was pinning his last hope on unification with South Korea and the exchange of goods through trade,
and secondly, because he had such hope, it clearly proves that North Korea had no intention of attacking South Korea by force.
Oh, our idiot intellectuals

Thirdly, because of this, it also proves that nuclear weapons were created for protection to secure their regime

But the stupid South Korea didn't notice Kim Jong-un's and didn't have a unification plan or proposal, so they had no choice but to sell the North Korean military so that they wouldn't starve to death when the system collapsed.
If South Korea gave lethal weapons to Ukraine and the North Korean military died in Kursk in Russia because of it, North Korea would naturally be publicly angry. And do you know that this time, they will have an excuse to retaliate not in Ukraine but on the Korean Peninsula?

In no case should lethal weapons be allowed no matter how much NATO demands. It would be a very dangerous and foolish thing to do because it would end up waging a proxy war. No matter how excellent the performance of our K-Defense Industries is, if we don't want to be a sinner in history, we shouldn't kill the North Korean military with lethal weapons. That would just create an excuse.

2024.10.27./Seokyeongrye/Lethal weapons are a dangerous idea

체제가 다른 집단의 통일(30/40)

이 자연에는 이 우주를 다스리는 질서에 해당하는 도도한 법칙이 있습니다.

미래에는 이 법칙이 특히 적용이 될 것인데, 그 중의 하나가 바로 여러분도 잘알고 있는 내용이니, 상대방을 살리고자 하면 우리 자신도 같이 살고 성장하고 도약하고, 상대방을 죽이고자 하면 같이 죽고 결국엔 본인도 망하는 원리가 바로 그것입니다. 그것은 정부의 정책에서도 적용이 되는 것이고, 양당의 당파싸움에서도 적용이 되는 것이고, 개인적으로도 적용이 되고 국가간의 합의문에서도 적용이 됩니다. 진리의 법칙이기 때문입니다.

여기서 주의할 점은 상대방에는 자신을 제외한 모든 존재가 됩니다. 국가적 규모로 따지면 우리나라를 제외한 모든 나라가 해당됩니다. 일본이 진주만 공습을 해서 결과가 어떠하던가요?

일본 국민을 잔인하게 핵무기의 재물로 죽여버린 것은 일본 정치인들 자신이라는 사실. 독일이 전쟁을 일으켜서 처음엔 이기는 듯 했으나 결국은 어떠하던가요? 견고하게 아성을 쌓은 푸틴이 기세좋게 약한 우크라이나를 공격해서 푸틴 계산대로 러시아나 본인이 승승장구하고 있나요? 저리 가다간 망합니다.

소련에서 쪼개져 러시아로 되다가 그것도 쪼개지고 와해가 됩니다. 지금도 러시아 경제가 나락으로 가는 건 뻔한 결과. 살인적인 인플레이션으로 러시아 국민의 실제 생활이 엉망으로 가게 되니 푸틴은 그야말로 불장난을 하다가 본인 스스로는 빠져나오지를 못합니다.

우크라이나에 살상무기 지원을 하는 것은 그런 푸틴한테 휘말리는 것, 물귀신으로 같이 들어가려하는가! 살상 무기는 독일이나 프랑스나 미국에도 차고 넘치도록 많으니 대한민국은 살상 무기를 거론하지 말아야 지혜롭습니다.

엄중하게 따져 봐야만 하는 것은 러시아 파병이 아니고 우리가 상대방 조건에 대해 모르는 것이 너무 많다는 사실. 역사공부는 그런 사실을 통해서 우리가 어떻게 생각을 돌려야만 하는지를 돌아보는 것입니다.

그런 원리를 녹여야만 하는 미래비전인 통일안과 중재안은 어려운 것이라 정부한테는 없습니다만 없는 것을 찾고자 해도 그 역시도 어렵습니다. 겸손함이 없이는 어떤 가치도 접근할 수가 없기 때문입니다. 우리부터 겸손을 미리 연습해 봅시다.

2024.10.29./서경례/오묘한 자연의 법칙

Unification of groups with different systems (30/40)

Law of Truth

There are great laws in nature that govern the order of this universe. In the future, these laws will be especially applicable, and one of them is the following, which you all know.

If we want to save the other person, we also live, grow, and leap together, and if we want to kill the other person, we die together, and in the end, we also perish. This principle is applied to government policies and to partisan fights between the two parties. And it is applied to individuals and to agreements between countries. Because it is the law of truth.

Here, the point to note is that the other party includes everything except ourselves. On a national scale, this includes all countries except ours. When Japan attacked Pearl Harbor to harm the United States, what was the result?

You should know that it was the Japanese politicians themselves who cruelly killed the Japanese people as a result of nuclear weapons. When Germany started the war and it seemed like they won at first, what happened in the end?

Is Putin, who has built a stronghold, attacking the weak Ukraine with great momentum, and is Russia or himself winning according to Putin's calculations? If things continue like this, both Putin and Russia will perish.
The former Soviet Union split into Russia, and then it split and collapsed. It is obvious that the Russian economy is going downhill now. Inflation will make the Russian people's real lives difficult.

Putin's misjudgment started the war, but he himself cannot get out of it.
What we need to think seriously about is not North Korea's dispatch of troops to Russia, but the fact that we do not know much about the other party's conditions.
Studying history is to look back on how we should think through such facts.

The unification plan and mediation plan, which are future visions that must be written by incorporating such intellectual knowledge, are difficult and the current government does not have them. Even if you try to find something that does not exist, that is also difficult.
Because without humility, no value can be approached. So let's practice humility first.

2024.10.29 /Seo Kyung-rye/The Mysterious Law of Nature

체제가 다른 집단의 통일(31/40)

민주당의 공짜로 25만원 주기 정책이라든가 정부여당의 우크라이나에 살상용 무기 지원 방안 등은 최악의 발상이라서 필자가 하는수 없이 설명하고 있습니다.

무기는 기술의 꽃.
다시 말하면 무기는 최고의 기술력이라고 필자도 언급을 했습니다.
대한민국이 기술은 연구에 박차를 가해서 최고로 가지고 있어야만 하고 항상 만일의 사태에 대비하고 군사적 모든 정보도 수집해야만 하는 것은 필수적인 것입니다.

그런데 전쟁이 결국은 인간의 결정에서 만들어지는 현상임을 알아야 합니다. 그렇다면 그 전쟁 자체를 만들지 않는 것이 가장 지혜롭습니다.

진실로 그러하니 지금 전쟁의 당사자인 러시아의 푸틴이나 북한의 김정은이 무엇을 생각하고 무엇을 찾고자 하는지 연구해 봅시다.
그들이 부족한 것이 무엇인지 그것부터 분석을 해야만 대한민국이 인류전체에 지도력을 발휘할 수가 있습니다.

우리는 아무것도 없는 듯 보이는 북한의 김정은에게 지금은 쓸모없어 보이는 북한의 노동력이 있다는 사실을 깊이 생각해야 하고(최고로 저렴한 노동력이지만 남한의 손길이 들어만 간다면 최고로 우수한 기술의 제품을 생산함) 중국과 러시아를 남한이 육로로 교역할 수 있는 귀한 북한 땅을 또한 가지고 있음을 눈치채야 하겠습니다.

북한 땅 전체를 잘 활용하고 북한의 노동력만 있으면 우리 대한민국의 모든 경제적 문제가 해결됩니다. 따라서 탈북을 유도한다는 것도 참으로 바보같은 짓이고(지금은 북한인민이 북한에 있어줘야 남한에도 유리함) 북한 인민 전체를 살린다는 생각으로 접근해야만이 조그만 남한 땅의 약점을 씻어낼 수가 있습니다.

북한 땅을 흡수하지 못하면 중국과 거대한 러시아로 진출할 수 있는 육로가 막혀 있는 꼴이라서 우리가 무역이든 군사력이든 힘의 한계를 가지게 됩니다.

2024.10.30./서경례/한 점 섬나라가 되어버린 상태

Unification of groups with different systems (31/40)

The Democratic Party's 250,000 won policy and the ruling party's plan to provide lethal weapons to Ukraine are the worst ideas, so I have no choice but to explain them.

Weapons are the flower of technology.
In other words, the author also mentioned that weapons are the best technology.
It is essential for South Korea to spur research on technology and possess the best, always prepare for contingencies, and collect all military information.

However, we must know that war is ultimately a phenomenon created by human decisions. If so, it is wisest not to create the war itself.

Since this is true, let's study what Putin of Russia and Kim Jong-un of North Korea, who are the parties to the current war, are thinking and seeking.
We must analyze what they lack first so that South Korea can demonstrate leadership for all of humanity.

We must deeply consider the fact that North Korea, which seems to have nothing, has a North Korean labor force that seems useless now. (The cheapest labor force, but if South Korea gets its hands on it, it can produce products with the best technology.) We must also realize that North Korea also has valuable land that can trade with China and Russia by land.

If we make good use of the entire North Korean land and have North Korean labor force, all of our economic problems in the Republic of Korea will be solved.
Therefore, inducing defections is truly foolish, and it is also beneficial for South Korea if North Korean people stay in North Korea now. And we can only wash away the weakness of the small South Korean land by approaching it with the idea of saving all North Korean people.

If we fail to absorb North Korean land, the land route to the huge Russia will be blocked, so we will have limitations in our power, whether it be trade or military power.

2024.10.30./Seo Kyung-rye/A state that has become an island nation

체제가 다른 집단의 통일(32/40)

현실부터 알아가기

임종석 전 비서실장은 제일 먼저 할 일이 그동안 국민을 이끌어서 봉사한다는 명분아래 본인이 통일에 대해서 뭔가를 아는 양 움직여 왔지만 결국은 자신이 한 일이 없음을 알고, 자신의 무지를 국민앞에 고백하는 일이 제일 먼저 필요합니다.

그래야 그의 지적인 성장이 다시 시작되고 다음에 할일이 보이고. 그의 지금까지의 노력이 다시 의미를 찾아갈 수가 있습니다.

그동안 국민의 혈세를 많이도 먹었잖아요. 이젠 우리 지식인들 조금 솔직해집시다. 그런 통렬한 고백이 없이는 과거의 모든 지적인 것들이 노출되는 미래로 전환할 수가 없습니다.

필자는 그가 마지막 인생에서 성공하기를 바라기에 언젠가는 필자의 메시지를 볼 것이고 우리가 같이 만날 것입니다. 통렬한 반성과 고백은 지식인만 가능합니다. 그것도 자신을 먼저 알아야만 가능하기에 무식한 자는 못합니다.

통일이 가져다 주는 효과가 엄청난데 그것을 설명하려 하니 김치얘기를 많이 하게 되네요.
우리는 현실을 직시해야하니 현실을 봅시다.

1. 여러분들 식자재가 고춧가루부터 배추까지 고사리까지 각종 나물이며 참기름이며 죄다 이미 중국에 종속된 사실.
2. 김치를 수입하는 엄청난 자금이 무역을 통해서 밑빠진 독에 물붓듯 외국으로 빠지고 있다는 사실(현실이 이러할진대도 우리가 김치의 종주국이라고 우길수가 있을까!!!!)
3. 그것도 모자라서 불법체류자들한테까지 또 한국인들의 주머니와 일자리가 탈탈 털리고 있다는 사실. 인정하시는지요?

중국의 GDP가 미국의 70%까지 올라간 것은 우연이 아니고 바로 여러분들 집안에 물건들을 찾아보면 온갖 중국산 생활필수품이 널려 있을 테니 그런 현실에 그 답이 있습니다.

다이소에 가서 물건들 표시를 다들 보세요. 전부다 Made in China입니다. 여러분이 쓰고 있거나 먹고 있는 중국산이 몇 종류가 될까요? 종류를 다 헤아릴 수나 있을까요?

2024.10.31./서경례/현실부터 직시해야

Unification of groups with different systems (32/40)

Learning from reality

Former Presidential Chief of Staff Im Jong-seok has something to do first. He has been acting as if he knows something about unification under the pretext of serving the people, but he must first realize that he has done nothing, and confess his ignorance to the people.

Only then can his intellectual growth begin again, and he can see what he needs to do next. His efforts so far can find meaning again. He has been pretending to know, but he has also eaten up a lot of the people's taxes.

Now, let's be a little more honest with our intellectuals.
Without such a strong confession, we cannot transition to a future where all the intellectual things of the past are exposed, so his reputation will decline as time goes by.

I hope he will succeed in his last life, so I know he will see my message someday. Only intellectuals can make strong reflections and confessions. That is only possible if you know yourself first, so the ignorant cannot do it.

Now, I will explain the effects of unification in earnest using only kimchi. We need to face reality, so let's look at reality.

1. Do you know that Korea is already dependent on China for all of our food ingredients, from red pepper powder to cabbage, bracken, and various vegetables and sesame oil?
2. The fact that a huge amount of money for importing kimchi is flowing into China through trade (How can we claim to be the leading country in kimchi when this is the reality!)
3. On top of that, illegal immigrants are also taking away Koreans' pockets and jobs. Do you admit it?

It is not a coincidence that China's GDP has risen to 70% of that of the United States. That is because if you look for things in your homes, you will find all kinds of Chinese necessities everywhere, and the answer lies in that reality.

Go to Daiso and look at the labels on the products. They are all made in China. How many kinds of Chinese products are you using or eating?
Can you even count them all?

2024.10.31./Seo Kyung-rye/We must face reality

체제가 다른 집단의 통일(33/40)

김치며 모든 식자재가 이미 중국에 점령당한 상태에서 그리고 모든 생필품과 기타 같은 악기 역시도 중국제품이 좋다고 선택하는 현실적 상황하에서 김치가 우리 음식이라느니 한복이 우리 옷이라느니 하는 아우성이 무슨 의미가 있겠습니까?

중국의 무례하고 고압적인 자세는 이유있는 것이니, 자유세계가 그만큼 무능하고 무지한 것 남한도 그러하고 트럼프가 중국을 이기겠다고 저리 벼르고 있지만 트럼프가 무슨 수로 중국을 이길 수가 있겠습니까? 관세폭탄으로요? 과연 관세폭탄으로 미국이 다른 나라들을 이길 수가 있을까요?

수많은 중국과의 교역품을 다 얘기할 수조차도 없으니 김치하나만 말씀드리면 나머지는 곱하기로 여러분들이 상상을 하시면 되겠습니다. 그런데요!!!! 북한의 김정은이 남한을 믿기는 믿는 모양입니다. 그래. 그네들을 무기로 군사적으로 무력통일하기 위해서 선제공격을 하지는 않는다고 생각하는 모양. 남조선 괴수라고 하면서도 북한군을 빼내어 러시아로 보내는 것을 보니 그리 답이 나오지요.

지금은 트럼프나 푸틴이나 김정은이나 시진핑이나 생각이 똑같습니다. 지적 수준이 같습니다. 그러니 미국이 푸틴한테 또는 김정은한테 북한군 파병을 주지도 받지도 말라고 경고한다는 것 자체가 우스꽝스러운 일이지요.

그것은 마치 배고픈 고양이 앞에 생선이 있는데, 그것을 먹지 말라고 으르렁 으르렁거리는 행태가 되는 것이니 당연히 먹어야 하는 배고픈 고양이들한테는 통할 리 없는 공허한 메아리가 됩니다.

그러나 북러 조약을 남북한 통일 조약으로 바꾸게 만든다면 미국을 포함한 국제사회는 모두의 희망이 시작됩니다.

동족이고 언어가 같은 한글인 한민족이라는 명분이 있는 특수한 상황이라서 할 수 없이 지켜볼 수밖에 없으니 성장이 멈춘 미국에 잘 설명을 해서 북한을 고사시켜 죽여버리려는 미국의 계획을 바꾸고, 대신 한국과 함께 투자할 수 있는 기회를 미국에 주어야겠지요. (통일과 동시에 남한은 미국에 진 빚을 갚기 시작함)

어쨌든 시작은 무리없이 김치나 작은 먹거리부터 시작하면 되고 남한은 자금이 그다지 소요되지 않으면서 하나의 작은 공장라인 하나부터 시작하면 됩니다. (기업은 지금소요되는 인건비 절감부터 시작해서 상상불가 엄청난 수익창출 시작함.)

남한에 공장이 있기때문에 따로 대규모 생산라인 신설은 필요없고 현재 외국인 노동자들이 잠식한 그것들을 나중에 이전하면 되니 아주 시범적인 소규모 라인하나만 깔면 됩니다.

2024.11.02./서경례/김치부터 시작합시다.

Unification of groups with different systems (33/40)

We currently have kimchi and all other food ingredients already taken over by cheap Chinese products. And in the realistic situation where we choose Chinese products for all daily necessities and even musical instruments, what is the point of crying out that kimchi is our food or hanbok is our clothes?

China's high-handed attitude is justified, and it shows how incompetent and ignorant the free world is. South Korea is also like that, and Trump is trying to beat China, but how can Trump beat China? Can he win with Trump's tariff bomb?

But!!!! It seems that North Korea's Kim Jong-un trusts South Korea.
It seems that he thinks that South Korea will not preemptively attack North Korea in order to unify them by force. Even though he calls South Korea a monster, he sends the North Korean army to Russia, so that's the answer.

Right now, Trump, Putin, Kim Jong-un, and Xi Jinping all think the same. Their intellectual level is the same. So the fact that the US is warning Putin or Kim Jong-un not to send or receive North Korean troops is ridiculous.

However, if the North-South Korea Treaty is changed to a North-South Korea Unification Treaty, the international community, including the United States, will not be able to stop it. This is because it is a special situation where the Korean people are of the same race and speak the same language, Hangul.

The international community has no choice but to watch, so we must explain to the United States, which has stopped growing, and give the United States a chance to change its plan to kill North Korea by starving it out and invest in it. (At the same time as unification, South Korea will start paying off its debt to the United States.)

Anyway, you can start with kimchi or small food without much difficulty, and South Korea can start with one small factory line that does not require funds. (Companies can start by reducing labor costs that are currently required and start generating unimaginable profits.)

Since there is a factory in South Korea, there is no need to build a large-scale production line separately, and since the foreign workers who are currently taking over can be moved later, you only need to build one small, experimental line. Let's study kimchi again here.

2024.11.02./Seo Kyung-rye/Let's start with kimchi.

체제가 다른 집단의 통일(34/40)

우리가 남한에서 김치공장을 하는 기업이 많습니다. 처음엔 북한에 작은 생산라인 하나만 가다가 안정이 되면 북한의 라인을 증설하고 비로소 남한의 공장을 하나씩 옮겨 생산을 시작합니다.

그리고 북한에 공장을 만들 때에는 증설할 때를 처음부터 대비해서 공장부지의 사이즈를 충분히 확보하고 또한 공원처럼 여유 있게 꾸며서 최고의 환경을 남한의 기업은 만들 수가 있습니다.

북한의 인건비는 인민이 현재 받는 급여와 장마당에서의 수입을 비교해서 그에 합당하게 하면 됩니다.

아무리 그래도 비싼 남한의 인건비에 비하면 인건비는 전혀 부담이 없는 것
남한에서 같이 가는 봉사요원들에게 일정금액을 주어도 충분히 남습니다.

거기서 남아도는 자금은 그대로 기업의 여유자금이 되는데 그때부터 직원들의 복지를 신경 써야 합니다. 인류가 진짜로 복지사회로 전환을 하는 역사적인 시점인 것인데요.

2024.12.24./서경례/인류의 복지사회 시작되다.

Unification of groups with different systems (34/40)

There are many companies that operate kimchi factories in South Korea.
Such South Korean companies initially move only one small production line to North Korea, and when things stabilize, they expand the North Korean line and then move the South Korean factories one by one to start production.

And when building a North Korean factory, they must secure enough size of the factory site from the beginning in preparation for expansion. Also, South Korean companies can create the best environment by decorating it like a park.

North Korean labor costs can be adjusted to match the income from the market.

However, compared to the expensive labor costs in South Korea, labor costs are not a burden at all. Even if you give a certain amount of money to the volunteers who go with you from South Korea, there is enough left.

The remaining funds become the company's spare funds, and from then on, they should take care of the welfare of their employees. This is a historical point in time when humanity is truly transitioning to a welfare society.

2024.12.24./Seo Kyung-rye/The Beginning of a Welfare Society for Humanity.

체제가 다른 집단의 통일(35/40)

인류복지시작

우리가 퇴직을 하면 불안한 이유가 무엇일까요?

재산이 많이 축적되고 이미 투자를 많이 하고 있는 재력가들이 아닌 대부분의 보통 사람들은 일을 못하면 한국이건 미국이건 당장에 생계가 막막해집니다.

나이가 적을 때엔 아무 노동이라도 해서 생계를 유지하는데 퇴직을 하게 되면 충분한 연금이 나오지 않는 이상 불안한 것이고, 또 연금이 나와도 그것으로 충분하지 않기 때문에 삶의 질이 떨어집니다.

특히나 먹을 것과 거주할 집이 있어야만 우리는 삶을 유지할 수가 있는데 이것을 준비하기 위해서 들어가는 비용이 식비와 주거비 임차료입니다. 우리 노동자들은 수입의 대부분을 식비와 주거비 임차료로 지출합니다.

따라서 먹을 것과 잘 곳과 작은 용돈을 쓸 수가 있다면 일단은 기본 생활을 할 수가 있음인데 그것만 해결을 할 수만 있다면 나이를 먹고 퇴직을 해도 기본생활의 불안감은 없앨 수가 있을 것입니다.

하나 더 남한의 공장에서 벌어지고 있는 현실을 예로 들어볼까요?

현재 남한에서는 서울이나 수도권 중심지에서 생활하는 가정을 둔 직장인들이 많습니다. 그들을 근무하게 만들어야 하다보니 그들이 일하면서 숙식할 기숙사들을 회사에서 제공하고 있습니다.

우리가 그것을 유심히 잘 봅시다.
그런 기숙사를 가족수가 2명이상 되는 이들이 생활할 수 있도록 25평형의 아파트 형태로 공간도 만든다면 기숙사가 곧 집이 될 수가 있다는 생각이 들지 않으십니까?

실제로 많은 이들이 거리가 멀어도 기숙사만 있으면 공장이든 관리직이든 근무하려고 합니다. 집과 일터가 가까워서 편리하니 좋고 집단생활이라서 멀리 있는 집에서 들어가는 생활비와 기숙사 유지비를 전체적으로 따진다면 비용이 적게 들어가는 경제적인 방법이 바로 회사가 운영하는 기숙사가 됩니다.

지금 이 기숙사를 외국인 노동자들이 그네들의 급여를 소비없이 저축하고 키워서 고스란히 본국으로 보내기 위해서 아주 적극적으로 활용을 하니 오히려 한국인들이 그런 혜택을 보지 못하는 역차별의 형국이 벌어지고 있는 실정입니다.

한마디로 외국인 노동자들은 공장의 기숙사를 활용함으로써 주거비조차 절감하고 실제 업무 능력은 질이 낮은데도 언어가 소통되고 경력이 농후한 한국인들과 급여는 시간당 똑같이 받아가고 거기에 야간작업을 통해서 다시 수당이 올라가니 실제로 한국인들보다 외국인 노동자들이 더 편하게 공장의 이익을 전부 가져가는 현실을 우리 국회의원들이 과연 얼마나 알고들 있을까요?

이런 현실을 새롭게 운영하는 북한의 공장시스템에 잘 적용을 해봅시다.

2024.12.25./서경례/기숙사조차도 외국인노동자들의 이익으로

Unification of groups with different systems (35/40)

Human Welfare Begins

Let's think about this again. Why do we feel anxious when we retire?

When people quit their jobs, whether in Korea or the United States, they immediately become insecure about their livelihood. When they are young, they can make a living by doing any kind of work, but when they retire, they feel anxious unless they receive a sufficient pension. And even if they receive a pension, it is not enough, so they become anxious again or their quality of life deteriorates.

In particular, we can only maintain our lives if we have food and a place to live, and the costs of preparing for this are food and rent for housing. Therefore, if we can have food, a place to sleep, and a small allowance, we can live a basic life for now. If we can solve this first, we will be able to eliminate the anxiety about basic living even when we get older and retire.

Let's take another example of the reality that is happening in factories in South Korea. Currently, in South Korea, there are many workers who live in Seoul or the metropolitan area. Since companies have to make them work, they provide dormitories for them to stay in while working.
Let's take a close look at this.

If such dormitories are made spacious enough for families of two or more to live in, don't you think that dormitories can become homes? In fact, many people would rather work in factories or management positions as long as there is a dormitory, even if it is far away. If dormitories can become homes, it is convenient because they are close to home and work, and there is no need to pay for living expenses from homes far away.

If you consider the overall cost of maintaining personal homes and dormitories, the most economical method that costs less is a company-operated dormitory.

Right now, foreign workers are actively using these dormitories to save and grow their salaries without spending them and send them all back to their home countries.

In reality, because of this reality, Koreans who want to use the dormitories are not receiving such benefits, which is a situation of reverse discrimination. There are many cases where Koreans want to work in factories, but the company does not hire them. Common sense tells us that Koreans just do not want to do hard work.

In short, foreign workers save on housing costs by using the factory dormitories, and although their actual work ability is low, they receive the same hourly wage as Koreans who can communicate with them and have a lot of experience. How much do our National Assembly members know about the reality that foreign workers actually take all the profits of the factory more comfortably than Koreans?

Let's apply this reality to the newly operating North Korean factory system.

2024.12.25./Seokyeongrye/Even the dormitories are for the benefit of foreign workers

체제가 다른 집단의 통일(36/40)

남한이나 미국이나 북한이나 사람사는 방법의 근본은 똑같은 것. 먹고 자고 입을 것이 있으면 기본적인 것은 안정이 됩니다. 약간의 생활비는 북한인민들한테 지급하는 급여로 그 소비를 하게 만들면 되는데, 주거비 부분만큼은 기숙사로 지원을 회사에서 하는 것이 가장 큰 복지가 시작됩니다.

복지는 물질적인 복지와 정신적인 복지로 나누어 볼 수 있는데, 정신적인 복지를 교육으로 해결하는 것이고, 물질적인 복지를 이렇게 기숙사 제도를 접목해서 삶이 주거와 식비를 해결하는 방법이 있습니다. 그리고 회사에 소속이 되면 삶이 끝나는 날까지 일을 할 수 있기 때문에 건강이 또한 유지됩니다. 적당한 일이 있어야 육체가 병들지 않는다는 사실도 중요하니 깊이 생각할 부분입니다.

회사는 통일 후에 인건비가 절감되면서 쌓이는 자금을 이 주거비 지원에 일부를 활용을 해야만 북한이나 남한이나 사람들의 미래의 주거문제가 불안하지 않게 해결이 됩니다. 회사에서 이 문제를 해결하면 정부에 내는 세금도 낮게 책정해야 하니 회사는 여기서도 벌써 기왕에 지불하던 지출부분이 절감되어 자금에 여유가 생깁니다.

정부가 기업으로부터 받던 법인세는 적어지는 효과가 되지만 정부는 그만큼 복지라는 이름으로 지불하던 각종 비용을 절감하는 것입니다.

사실 지금까지 정부가 했던 여러 복지 지출비를 다시 점검해 보십시오. 거의 낭비적인 절차적 요소가 많습니다. 지금 정부시스템은 그것을 악용하는 자들이 모든 수단을 동원해서 요리조리 빼먹고 있습니다.

회사에 많은 권한을 양보하면 정부는 자금운영 규모가 작아지고 낭비가 없어집니다. 정부가 하던 일을 회사가 대신 국민을 맡아주니 정부는 그만큼 책임이 가벼워지고 업무도 적어지는 효과가 있습니다.

2024.12.27./서경례/ 정부는 작은 정부로 가는 시발점

Unification of groups with different systems (36/40)

The fundamentals of how people live in South Korea, the US, and North Korea are the same. If you have food, shelter, and clothing, your basic needs will be stable. You can spend some of your living expenses with the salary you receive, but the biggest welfare starts when the company provides dormitory support for housing expenses. If the funds that accumulate as labor costs are reduced are used to support housing expenses, the future housing problems of people in North Korea or South Korea will be resolved without anxiety.

If the company solves this problem, the company will also have to set a lower tax rate, so the company will already have a surplus of funds by reducing the tax expenditure it was already paying.

The government will have the effect of reducing the corporate tax it received from companies, but the government will reduce various expenses it was paying in the name of welfare.

In fact, check the various welfare expenditures the government has made so far. There are many wasteful procedural elements. The current government system has many unreasonable elements that those who exploit it are using all means possible to take advantage of.

If the government cedes a lot of authority to the company, the government will have a smaller scale of financial operations and will not waste money. Since the company will take care of the people instead of the government, the government will have less responsibility and less work to do.

2024.12.27./Seo Kyung-rye/ The government is the starting point for a small government

체제가 다른 집단의 통일(37/40)

대기업의 퇴직자들 활용부문

대기업 퇴직자들이 더 일을 하고 싶어도 지금은 이들의 갈 곳이 없습니다.
그래서 가방들고 도서관을 기웃거리거나 등산을 하거나 삼시 세끼 집에서 밥먹는 삼식이가 되어 있는 형국입니다.

그런데 이들이 그동안 축적한 경험이 있고 이들이 아직은 일을 할 의지와 체력이 있으니 이들이 일을 할 수 있는 자리를 만들어 주는 것이 가장 큰 복지가 됩니다.

먼저 한국 사람들은 한국말을 잘 합니다.
따라서 이들이 지금 한국에서 일하는 외국인 노동자들의 한국어 교육을 담당할 수 있고, 앞으로 한국이 세계로 나갈 때에도 훌륭한 한국어 봉사자가 될 수 있으니 그것이 바로 이들이 해야 할 역할이 되는 것입니다.

또한 이들이 그동안 몸담은 집단의 사정을 아주 잘 안다는 특징을 기업은 잘 활용하면 됩니다. 이들이 퇴직할 시점 이후에는 과거의 급여 조건이 적용될 필요는 없고, 연구자로서 기업의 봉사자로서 할 수 있는 일을 맡기면 됩니다.

그럼 기업은 부담을 갖지 않을 만큼의 아주 작은 급여로 퇴직자들을 다시 활동하게 만들 수 있습니다.

또 퇴직자들은 퇴직 후에도 작은 용돈을 받을 수가 있고, 기숙사 등 기업으로부터 혜택을 받을 수만 있다면 이들의 노후복지는 해결이 됩니다. 뿐만 아니라 신체가 적당한 일을 함으로써, 자연스럽게 건강을 지속시킬 수가 있습니다.

적당한 일은 건강을 지키는 가장 좋은 보약입니다. 이것이 지금은 없다 보니, 회사를 나온 이들이 마땅히 할 일이 없어 건달이 되거나 각종 문화센터에서 시간을 보내거나 몸이 병들어 병원을 다니는 신세가 되어 있습니다.

대학을 나오고 기업에서 30년이라는 인생을 몸담았던 이들은 그 기업을 연구하는 연구원으로서 또는 사회에 봉사해야 하는 연구원으로서 충분히 그 마지막 인생을 보낼 수 있도록 정부는 하루빨리 중재안과 통일안을 우크라이나와 러시아와 북한과 미국에 잘 설명함으로써, 환경을 조성해야 하겠습니다.

2024.12.30./서경례/적당한 일은 최고의 보약

Unification of groups with different systems (37/40)

Utilization of retirees from large corporations

Even if retirees from large corporations want to work more, they have nowhere to go now. So they are either wandering around the library with their bags, going hiking, or eating three meals a day at home.

However, they have accumulated experience over the years. Also, since they still have the will and stamina to work, the greatest welfare is to create a place where they can work.

First of all, Koreans speak Korean well. Therefore, they can be in charge of teaching Korean to foreign workers who are currently working in Korea, and they can also be excellent Korean language volunteers when Korea goes global in the future. That is their role.

In addition, companies can make good use of the characteristic that they know the circumstances of the groups they have been involved in. After they retire, there is no need to apply the previous salary conditions, and they can be given work that they can do as researchers and volunteers for the company.

Then, companies can rehire retirees with very small salaries that are not burdensome. Also, if retirees can receive benefits from companies such as dormitories after retirement, their old age welfare will be resolved. In addition, they can maintain their health by doing work that is suitable for their body.

Moderate work is the best medicine for maintaining health. Since this is not available now, people who have left companies have no choice but to become gangsters, spend time at various cultural centers, or become sick and go to the hospital.

The government should quickly create an environment so that those who graduated from college and worked at a company for 30 years can fully spend their last years as researchers studying the company or researchers who must serve society.

2024.12.30./Seo Kyung-rye/ Moderate work is the best medicine

체제가 다른 집단의 통일(38/40)

복지완성과 평화지대

체제가 다른 남한과 북한이 이렇게 공개적인 통일문서를 나누고 협업을 통해서 엄청난 자금의 여유가 생기면 비로소 국민과 직원의 주거문제 해결이라는 복지가 시작된다고 말씀을 드렸습니다.

그리고 그런 집단의 아파트 시설이나 집단의 오피스텔이나 집단의 기숙사 시설에서는 항상 그 거주민들을 위해서 식당이 있게 마련입니다. 이렇게 생존을 위한 먹거리를 해결하게 만들면 주거비와 식비가 해결되어 국민의 중요한 물질적인 복지가 시작됩니다.

그때부터 국민이 사회를 위해서 진정한 봉사정신으로 사람을 대하는 법을 스스로 공부하는 정신적인 복지사회 대한민국. 드디어 나눔이 시작되는 미소 짓는 대한민국 인류최초로 평화가 정착이 됩니다. 이런 모든 것들이 남한과 북한이 통일을 해야만 그 여유자금으로 시작할 수가 있다는 말씀을 드립니다.

2024.12.31./서경례/통일은 미래로 가는 열쇠

Unification of groups with different systems (38/40)

Welfare Completion and Peace Zone

I told you that when South and North Korea, which have different systems, share this public unification document and collaborate to create a huge amount of money, the welfare of solving the housing problem of the people and employees will begin.

And in such group apartment facilities, group officetels, or group dormitories, there will always be a restaurant for the residents. If we solve the food for survival in this way, the housing and food expenses will be solved, and the most important welfare for the people will begin.

From then on, the Republic of Korea is a society where the people learn to treat people with a true spirit of service for society. Finally, peace will be established for the first time in human history in the smiling unified Republic of Korea where sharing begins. I tell you that all of these things can only begin with the surplus funds when South and North Korea unify.

2024.12.31./Seo Kyung-rye/Unification is the key to the future

체제가 다른 집단의 통일(39/40)

제 2 대한민국 건설과 인류통일

필자가 중재안과 통일안이 지금은 미래비전이라고 계속해서 지난 3년 동안 언급하고 있습니다. 지금도 수많은 젊은이들이 죽어가고 있는 저 러·우 전쟁을 보면서 국민이여!

무엇을 생각하십니까!
필자가 드리는 이 통일에 대한 메시지와 중재안을 하루빨리 러시아와 우크라이나에 주어야 합니다. 그에 대한 방법적인 모든 지혜는 필자가 제공할 수 있습니다.

러우전쟁과 지구촌을 우리 몸으로 비유하면, 우리 몸 한쪽 구석에 암세포가 자라고 있다가 터진 것이라고 보면 맞습니다. 그럼 빨리 이를 제거해야 하는데, 지구촌의 그 누구도 그것을 해결할 수 없다는 사실은 무엇을 의미합니까?

그것이 바로 우리 대한민국의 할 일이기 때문입니다. 중재안을 제공해서 그 처참한 전쟁터에 러시아와 우크라이나를 위해서 우리 대한민국 기업이 제2의 대한민국을 건설하는 것입니다.

남한처럼 마약이 없는 청정지역.
남한처럼 총과 무기를 소지하지 않는 안전지역.
남한처럼 밤에도 안전하게 쇼핑할 수 있는 꿈의 도시. 누구나 교육을 받을 수 있는 교육도시

모든 생필품을 자체적으로 생산하고 인류의 곳곳으로 수출하는 기술도시.
그곳에 거주하는 누구나 남을 탓하지 않고 서로를 배려하는 지성인의 신도시.
누구든지 일을 할 수 있고, 그 일을 하는 누구나 주거문제와 먹거리가 해결되는 복지도시.

2025.01.01./서경례/미래 신도시는 복지가 정착되고

Unification of groups with different systems (39/40)

Construction of the Second Republic of Korea and Unification of Humanity

I have been continuously mentioning that the mediation and unification plan are now a vision for the future for the past three years. Looking at the Russia-Ukraine War, where countless young people are dying even now, what do you think, citizens!

We must give this message of unification and mediation plan that I am giving to Russia and Ukraine as soon as possible. I can provide all the methodological wisdom for that.

If we compare the Russia-Ukraine War and the world to our body, it would be like a cancer cell growing in a corner of our body and bursting. Then, we need to get rid of it quickly, but what does it mean that no one in the world can solve it?

That is precisely what our Republic of Korea must do. By providing the mediation plan, our Republic of Korea companies will build a second Republic of Korea for Russia and Ukraine in that terrible battlefield.

A clean area without drugs like South Korea.
A safe area without guns and weapons like South Korea.
A city of dreams where you can shop safely at night like South Korea. An educational city where everyone can receive education.

A technological city that produces and trades all necessities on its own.
A city of intellectuals who do not blame others and care for each other.
A welfare city where anyone can work and where housing and food are solved for everyone who works. That place is called the second Republic of Korea.

2025.01.01./Seo Kyung-rye/The new city of the future will be one where welfare is established.

체제가 다른 집단의 통일(40/40)

그런 곳을 바로 제2의 대한민국이라고 합니다. 비록 러시아 땅에 있어도, 그 러시아도 우리나라가 사랑하는 우리나라가 되어 평화지대가 됩니다. 그렇게 우리는 러시아조차도 우크라이나조차도 인류의 평화롭고 풍요로운 대한민국의 분국으로서 통일하는 것이랍니다.

이렇게 평화가 정착이 되어야 비로소 푸틴과 젤렌스키가 위대한 인류의 지도자로서 추앙을 받는다는 사실을 그들이 알 수가 있을까요?

아직은 모릅니다만 머지않아서 알게 될 것입니다. 대한민국은 그들 지도자들을 빛나게 만들어 주어야 비로소 그 역할을 다하고 그들로부터 인정을 받습니다.

그렇게 러시아 중동지역 등 하나하나 분쟁지역을 지혜로써 다시 풍요로운 신도시로 탈바꿈시키면, 드디어 중국을 통일하고 러시아를 통일하는 것입니다. 우리가 그들을 사랑하면 우리가 그들 나라를 통일하는 것이고, 그들이 우리를 더 사랑하면 그들이 우리 대한민국을 통일할 수 있습니다. 사랑하는 자는 사랑받는 자보다 항상 크고 윗사람이기 때문에, 사랑하는 쪽이 모든 것을 품는 것이지요.

또 은혜의 나라 미국이 지금 힘들어하고 있습니다. 미국의 난민문제 경제문제 노동문제를 해결하도록 지혜를 올려서, 그 미국인의 마음을 우리나라로 돌리면 이름만 다르고 실질적으로 우리와 미국은 하나입니다.

그럼 통일국가가 되는 것이지요. 그렇게 미국 중국 러시아를 통일하면 나머지는 강대국들이 알아서 인류를 통일하고 모든 나라가 한국어를 배우게 될 것입니다. 미래는 영어와 한국어가 대세가 됩니다.

언어가 통일이 되고 사상이 인류애로 하나되고 서로가 무기를 스스로 줄여가면 드디어 인류는 하나로 통일국가가 되는 것이니, 이것이 바로 영광스러운 통일 대한민국이요, 하늘엔 영광이고 이 땅에는 평화가 되는 것이지요.

2025.01.01./서경례/하늘엔 영광, 땅에는 평화

Unification of groups with different systems (40/40)

Even though it is located on Russian soil, that Russia becomes a country that our country loves and becomes a peace zone. That is how we unify even Russia and Ukraine as a peaceful and prosperous branch of the Republic of Korea for humanity.

Will they be able to realize that only when peace is established like this will Putin and Zelensky be admired as great leaders of humanity?

They do not know yet, but Putin will know someday. The Republic of Korea will fulfill its role only when it makes its leaders shine, and we will be recognized by them.

If we transform conflict zones such as Russia and the Middle East into prosperous new cities with wisdom, we will finally unify humanity with love. If we love them, we can unify their country, and if they love us more, they can unify South Korea. In the law of truth, the one who loves is always greater and superior than the one who is loved, so the one who loves embraces everything.

The Unite States, the land of grace, is having a hard time right now. We must raise our wisdom to solve America's refugee problem, economic problem, and labor problem, and turn the hearts of Americans to our country. Then, we will be one in reality, with only different names. Then, we will become a unified nation.

If the United States, China, and Russia become one and unify, the other great powers will take care of unifying humanity, and all countries will learn Korean.

Only then will language be unified, thoughts become one with love for humanity, and only then will each side reduce its own weapons. Finally, humanity will become a unified nation, and this is the glorious unified Republic of Korea, glory in heaven, and peace on earth.

2025.01.01./Seo Kyung-rye/Glory in heaven, peace on earth